宁夏哲学社会科学（教育学）规划项目（16NXJB08）
宁夏大学西部一流教师教育学科建设项目
宁夏大学社会科学基金项目（SK16007）

教师职业生涯规划与专业发展的实现路径

马建宏 著

中国水利水电出版社
www.waterpub.com.cn
·北京·

内 容 提 要

本书以教师职业生涯规划为主题，从多角度论述了完善的职业生涯规划对于教师发展的重要性，并且根据当下发展趋势，提出建设性的建议，帮助教师在职业发展中逐步更加专业化。本书前四章分别从教师职业生涯规划的基本内容、发展理论，教师教育过程中的教育行为、教育管理，教师职业生涯中确立的目标与相应的程序设计，教师职业生涯中的社会环境和学校环境四方面论述了教师职业生涯规划的基本要求；第五章着重阐述了作为教学中的主体，教师在整个职业生涯中在对自我身份认同后，更要完成时时进行自我发展与培训发展的任务；第六章论述了如何保证教师职业生涯规划的顺利实施，以及在实施过程中应该怎么处理出现的问题；第七章以循序渐进的方式论述了处于不同时期的教师在当下应该如何做好本职工作以及规划好下一发展阶段，并且附有详细的教师职业生涯发展案例。

图书在版编目(CIP)数据

教师职业生涯规划与专业发展的实现路径 / 马建宏著. -- 北京 : 中国水利水电出版社, 2017.12 (2022.9重印)
ISBN 978-7-5170-6053-6

Ⅰ. ①教… Ⅱ. ①马… Ⅲ. ①教师－职业－研究
Ⅳ. ①G451

中国版本图书馆 CIP 数据核字 (2017) 第 285943 号

责任编辑：陈　洁　　　　封面设计：王　伟

书　　名	教师职业生涯规划与专业发展的实现路径 JIAOSHI ZHIYE SHENGYA GUIHUA YU ZHUANYE FAZHAN DE SHIXIAN LUJING
作　　者	马建宏　著
出版发行	中国水利水电出版社 （北京市海淀区玉渊潭南路1号D座　100038） 网址：www.waterpub.com.cn E-mail：mchannel@263.net（万水） sales@mwr.gov.cn 电话：（010）68545888（营销中心）、82562819（万水）
经　　售	全国各地新华书店和相关出版物销售网点
排　　版	北京万水电子信息有限公司
印　　刷	天津光之彩印刷有限公司
规　　格	170mm×240mm　16开本　12.25印张　214千字
版　　次	2018年1月第1版　2022年9月第2次印刷
印　　数	2001-3001册
定　　价	49.00元

凡购买我社图书，如有缺页、倒页、脱页的，本社营销中心负责调换

前　言

preface

近年来兴起的教师发展理论认为，教师不是单纯的任务执行者，而是教育的思想者、实践者、研究者和创新者，是决定教育成败的关键。教师要实现自己的专业发展，就应对自己的职业生涯发展进行规划，发挥主体能动性；否则如果只是被动发展，“会使教师陷入难以为继而不能可持续发展的状况”。要对自己的职业生涯进行规划，首先就要了解职业生涯规划的内涵，遵循教师职业生涯发展的规律，结合个体的特征和目标，围绕教师职业发展的核心，进行科学的设计。

尽管教师这个职业非常普通，但是却被赋予了极其重要的意义。故而从20世纪60年代中期以来，许多国家对教师“量”的急需逐渐被提高教师“质”的需求所代替，对教师素质的关注达到了前所未有的程度。进入21世纪以后，教师专业化已经成为世界性的潮流。高质量的教师不仅被要求是有知识、有学问的人，而且还必须是有道德、有理想、有专业追求的人；不仅是高起点的人，而且是终身学习、不断自我更新的人；不仅是专业学科领域的专家，而且是教育科学的专家。所以教师做好职业生涯规划对外来的发展显得尤为关键。

基于此种重要性的前提下，本书一共设有七个章节来阐述教师职业生涯规划与专业发展的实现路径，分别是揭开教师职业生涯的面纱——教师职业生涯规划与发展理论；严于律己，慎独慎微——教师的教育行为与教育管理；凡事预则立——教师职业生涯的目标与程序设计；天时、地利、人和——教师职业生涯的环境；学而时习之——教师的自我认同、发展与培训；行动是通向成功的阶梯——教师职业生涯规划的实施与调节；享受四时之景——教师职业在不同时期的发展。

本书的创作内容阐述多辅以数据和经典案例，视角新颖。值此脱稿付梓之际，深感欣慰。鉴于时间紧迫，以及作者的才力、学力有限，书中难免出现疏漏，望读者批评指正并提出宝贵意见。

作者

2017年9月

目　录　contents

第一章

揭开教师职业生涯的面纱
——教师职业生涯规划与发展理论

一个人的职业生涯是否成功，虽常受到机遇、环境等影响，但最根本的乃是取决于个体对职业生涯的计划和管理。教师作为一种特殊的职业，要获得职业成功，必须在对教师这一职业身份认同的基础上，通过有效的生涯规划和管理，使自己在教学能力、科研能力、管理能力等多方面不断突破和进步。

本章将详细探讨职业生涯规划的相关概念，如职业、职业生涯的概念、特点及相关外延，在此基础上，为研究教师职业生涯规划作铺垫。

第一节　职业与生涯规划

什么是职业、生涯规划？教师这一职业有何特点，具体有怎样的划分，什么样的教师才算是自我实现的教师、才算是有意义的教师职业生涯。

一、职业的概念和特点

（一）职业的概念

我们每个人，从农民到公务员，从工人到个体小商贩，从学生到企业职员，无论从事的是何种工作，其本质都是一种职业。教师也不例外。那么，究竟什么是职业呢？

“职业”一词在日常生活中出现的频率非常高，是一个范围极广、种类极多的领域，由于研究的目的和角度小同，人们对职业的内涵也有不同的界定。

在英语中，常用强调内在、心理使命感的 Vocation 和强调外在、客观的 Occupation 来表示“职业”的意思，而在汉语中职业是人们的一种生活方式，是指一个人所从事的行业或稳定工作。

（二）职业的特点

1.基础性

职业是个人和社会存在与发展的基础，因为职业给人们解决了生活的基础问题。人们为了生存必须从事职业活动，人们的各种社会活动、人文活动，大多建立在职业的基础上，“仓廪实而知礼节，衣食足而知荣辱”，有了职业生活，才有了其他一切社会生活的基础。如人类有了农业，有了

农民，就能够利用自然界提供长久的生存资料。

2.广泛性

职业问题涉及社会的大部分成员，也涉及社会、经济、心理、教育、技术、政治、伦理等领域，因而它具有广泛性。就个人而言，一个人生活的方方面面，都与大千职业世界发生着联系。

3.经济性

职业活动区别于其他活动的重要标志，就是职业是以获得经济收入、取得报酬为目的。没有报酬的工作，即使其劳动活动较为稳固，也不是职业。如父母养育自己的孩子不是以获取经济收入为目的，因而不能算是职业活动，而月嫂照看他人孩子从而获得一定的经济收入就属于职业活动。

4.差异性

不同职业之间可能在职业劳动的内容、职业的社会心理、从业者个人的行为模式等方面有着巨大的差异。一般来说，人类社会作为一个有机体，必然存在不同的社会分工，存在着多种多样的职业，这是社会发展的必然趋势。常言道，“三百六十行，行行出状元”，现代社会的职业种类成千上万，并且仍在不断分化出新的职业。不同职业间存在着很大的差异，不同职业其劳动条件、工作对象、工作性质都不尽相同。如推销员主要从事商品、服务推销；而营销师则从事市场分析与开发研究，为企业生产经营决策提供咨询，并进行产品宣传促销。

5.社会性

职业随着社会分工的出现产生，并随着社会生产力的发展而不断发展。生产力越是高度发展，社会分工也就越复杂越细致。从某种意义上讲：社会就是各种职业和职业活动的统一体。人的本质是具有社会性，人们从事不同的职业，就会获得不同的社会角色，同时，他们的经济状况、文化水准、行为方式也是各不相同的，并以此反映出他们各自的社会地位。

6.时代性

职业随时代的需求而产生，随时代的变迁而变化，不同时期会出现不同的职业，新的职业不断出现，在新行业产生与兴旺的同时，旧的、落后的职业逐渐消失，因而相应的职业也随之消失。此外，每个时代都会有自己的职业特征，所以，我们在选择职业时应紧跟时代发展的步伐。

7.层次性

尽管从社会需要的角度来看，职业间不应区分重要与否，也没有高低贵贱的等级之分。但现实社会中，人们对不同职业的社会评价确实存在着差别，因而导致职业具有一定的层次性。这种职业评价的层次性，主要根

源于不同职业的体力、脑力付出的不同和工作复杂程度的不同，以及工作的轻松性、教育资格条件，在工作组织权利结构中的地位等方面的差别[1]。另外，我们需要注意的是，这种层次性也不是固定不变的，它会随着社会文化的发展和人们观念的变化而变化。

二、职业生涯规划

(一) 职业生涯含义

关于职业生涯的认识与研究，一些学者从不同角度对其含义作了界定，如表1—1所示。

表1–1　不同学者对职业生涯的界定[2]

学者	年份	内涵
萨帕（Super）	1957	一个人终生经历的所有职位的整体历程
考夫曼（Coffman）	1959	含职业顺序、成就、权限或冒险的客观面与视生活为一个整体、解释所遭遇事物的意义的主观面
威伦斯基（Wilensky）	1960	一种相关工作的程序，而不是工作
克拉斯特（Elaster）	1964	一个较高职位或较专门角色的连续移动
达伦多夫（Dahrendorf）	1965	中产阶级的个人与社会中的高级职位的一种直接联结
麦克·法兰德（McFarland）	1969	一个人依据心中的长期目标，所形成的一系列职业或工作选择，以及相关的教育或训练活动，是有计划的职业发展历程
格伦（Clenn）	1971	一个人在其工作期间的工作领域进程
霍德和班那兹（Hood and Banathy）	1972	个人对职业的选择与发展，非职业性或休闲活动的选择与追求，以及在社交活动中参与的满足感
霍尔（Hall）	1976	每个人终其一生与其工作或职业有关的经验或态度

〔1〕 李晓波，李洪波. 大学生职业生涯规划与发展[M]. 北京：化学工业出版社，2010.

〔2〕 关培兰，张爱武. 职业设计与管理[M]. 武汉：武汉大学出版社，2009.

续 表

学者	年份	内涵
萨帕（Super）	1976	生活中各种事件的演进方向与历程，综合个人一生中的各种职业和生活角色，由此表现出个人独特的自我发展类型；生涯也是人生自青春期至退休之后，一连串有酬或无酬职位的综合，甚至也包含家庭和公民的角色
阿尔耶和梁（Aryee and Leong）	1991	一种与工作相关的价值观，反映个人对工作形态、绩效标准、工作内容认可等方面的偏好
格林豪斯（Greenhaus）	2000	贯穿个人整个生命周期的、与工作相关的经历的组合。一个人的职业生涯通常包括一系列客观事件的变化以及主观知觉的变化
卡西欧（Cascio）	1978	一个人工作生活中所从事的职位、工作或职业顺序
阿瑟和洛伦丝（Arthur and Lawrence）	1984	个人一连串的职位变换过程，这种过程能带给个人进步、成长、工作的意义
伊万切维奇和克拉切（Ivancevich and Cluck）	1989	个人工作生活中与工作相关的经验和活动结合的态度以及行为的顺序
林幸台	1989	包括个人一生中所从事的工作，以及所担任的职务、角色，但同时也涉及其他工作或非职业的活动，也就是个人生活中所有衣食住行及娱乐的总和
张添洲	1993	个人终身学习与所从事工作或职业有关的过程，属于整体人生的发展，包括生命、志向、抱负等
胡冬吟	2002	个人在有限的生命历程中，经由环境互动关系，发展出一连串与工作或职业有关的作为、经验、活动等

从上述观点我们可以看出，对职业生涯的研究由来已久，学者的观点有十几种之多，其概念的内涵也随着时间的推移和研究的深入而不断地变化。

(二) 职业生涯规划的概念

职业生涯规划也可以称为职业生涯设计，是组成职业生涯发展理论的核心要素。职业生涯规划历经百年的发展历程，由最初美国的职业辅导运

动不断发展形成一套系统的理论模型体系。大量有实践经验的成果为个人职业选择和企业员工等各个领域的职业生涯设计提供了有力的支撑。

其实从本质上来讲职业生涯规划的目的就是帮助自己弄清自身实际情况，然后再结合周围的客观环境，设计出适合自己的职业发展规划。是一个独一无二的规划，只能是适合自己的，未必适合他人的规划。最终的目的更进一步地增加了实现自我价值和理想的概率。拥有职业生涯规划的人，他的生活定是有目标、有意义的。我们要注意，在现实生活中，不是人人都有自己的职业生涯规划。即使是一个有工作的人，他也未必有职业生涯规划。职业生涯是一个长期的过程，找到一份工作仅仅只是开始而已。

第二节　教师职业生涯规划的概念

上一节对于职业生涯规划的界定，简而言之就是个人依据自身的实际情况以及周围环境的客观条件，制订出适合自己发展的职业生涯规划，并为实现这一目标做出行之有效的安排[1]。而教师的职业生涯规划只是研究教师职业发展的各个方面并且对各个方面做出详细的规划与设计。具体涵盖：对教师职业的选择，对教师职业目标与预期成就的设想，对工作单位和岗位的设计，对成长阶段的步骤以及环境条件的考虑。教师职业生涯规划通常具有以下四个主要特点[2]：

一、个体性与社会性的统一

教师职业生涯规划的主体是教师，而不是学校或其他任何教育组织，教师职业生涯规划应该是教师的“自我设计和安排”，但这并不意味着可以将其视为纯个人的行为，必须尽可能地与所在地区和学校的整体规划保持一致。

二、现实性与发展性的统一

任何职业生涯规划必须基于客观现实，教师职业生涯规划要从教师个人和时代、社会、学校发展的实际出发。此外，任何职业生涯规划还必须同时具有发展性，教师职业生涯规划要能够有效地促进教师的专业发展。

---

〔1〕　魏卫．职业规划与素质培养教程[M]．北京：清华大学出版社，2008.

〔2〕　金连平：《关于中小学教师职业生涯规划若干问题的思考与建议》，http：//mxzzx-life．xdxxbl09．com/chives/2006/200632482249．shtml.

三、规约性与机动性的统一

规划都具有约束性，规划一旦确定，就要按照规划进行，不可随便更改，反之规划将会失去它的意义。为了能够使规划不断完善，应纳入将来可能发生的而目前规划中未加考虑的事情，好的规划总是留有余地，给执行者预留适度的弹性和余地。

四、过程性与文本性的统一

教师职业生涯规划包括制定规划的行动和制定规划的过程，同时也指最终形成的文本。我们既要关注前期进行规划的行动和过程，也要重视最终形成的那个被称为“职业生涯规划”的文本，以行动为文本形成的基础，以文本为行动的规范。

第三节　教师职业生涯规划的内容与研究概况

职业生涯是以一个人开始选择职业为起点的。而教师这一项特殊的职业，要想在职业生涯上取得卓越的成就，是离不开紧密的职业规划和管理的，并且必须是沿着专业发展的道路前进，使自己的能力、技术、思想理念和价值观等不断进步。

一、教师职业生涯管理与计划的内涵

虽然一个人的职业生涯成功失败与否，会受到多种因素的影响。其中包括情绪、运气等等因素的牵制，但是最关键的还是是否拥有一套完备的职业生涯规划。正如爱迪生所言：“天才是 1% 的灵感，99% 的汗水”。而职业生涯规划就是那 99% 的汗水。

(一) 职业生涯管理与功能

在人力资源管理范畴内，职业生涯规划算是最核心关键的内容之一。具体是通过一些针对性的行动措施更好的服务处在职业阶段的员工们。为了加强员工与组织之间的联系，会帮助员工规范职业规划的设计以及提出修改反馈的意见。逐步实现员工发展与组织发展相协调一致。

职业生涯管理最终要实现的目的不仅是提高员工对低层次物质的满足度，最重要的是提升精神方面的需求满意度。反之，如果组织发挥的功能不仅没有提升职工的满意度，反而还没有达到他们的期望，那么组织所发

挥的功能会适得其反，形成一种威胁。因为处于兴旺发展阶段的组织，往往会创造更多更优的职业发展优势，吸引人才的涌入。相反，一旦组织不能给职工提供他们需求的职位后，就会导致人才大量外流，对组织内部是一种严重的危险，而且还会壮大竞争企业的力量，给自己职业发展设置一道障碍。所以，一旦学校发展遇到困难后，首先要对职业生涯管理有一个清晰的认识。

（二）职业生涯计划

职业生涯规划通俗一点理解就是将自己心里所希望实现的目标以书写的一种形式表示出来，而且还是与整个组织发展相结合的，不是只有个人发展孤立存在，是某个个体职业发展过程中应该结合内在的个人因素以及外在的组织和社会环境等因素去规划和设想未来目标。教师的整个职业生涯是相对的，发展和停滞、成功与失败都不是绝对的，往往会受多方面因素影响，当然真正起决定性因素的是内因，外因只是作为辅助条件存在。而且面对自己的选择和将来应该承担的结果，最为至关重要的是应该有一个勇于承担后果、忍耐、持续不懈追求的恒心，以及明白自己真正想要的是什么，千万不要本末倒置。

教育是一份神圣的工作，说小了是教书育人，说大了那就是在培养下一代接班人，所以说作为老师必须有当老师的样子，以身作则。因此，在整个教师职业生涯中不仅要提升专业知识，整体的素质修养提升也是极为关键的。但凡是一个取得成功的教师，那么他们的德行素质修养必是到达一定境界的，而且把对教学事业的热爱和贡献视为实现个人价值的一部分，是生命中极为重要的一件事情。并且在教学生涯中可以真正地体会到人生的幸福、乐趣，因为教学而变得幸福并且快乐着。

朱小蔓教授指出："现代学校教育立足于人的完整生命的塑造和健全人格的培养，而道德教育就构成了主宰、凝聚和支撑整个生命成长的进而获得幸福人生的决定性因素，倘然缺失了德行的成长，那么人生命的其他部分的发展都会受到限制。可见，教育中人的生命的完整性规定了道德教育的传统性。"教师职业生涯计划的最终目的要实现教师自主发展，当然这种发展并不是宏观意义上简单的提升专业知识和技术能力，更多强调的是个人品行的不断提升和持久保持。所以，教师这一职业是长久需要持续不懈的追求，那么反过来正是这种德行决定了职业生涯存在的意义及灵魂。

（三）职业生涯管理与计划的作用

人力资源研究和探讨的重要管理模式即为职业生涯管理与计划，从过

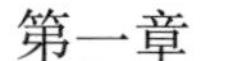

去的教育发展模式不难发现，关于这方面的研究还是相对匮乏的。整个教师队伍建设不论是从理论、政策还是从培训培养方面来讲都是相对静态、被动、不弹性的，而且这些条条款款还约束着各个等级各个方面的教师，规定着教师该做什么、不该做什么，对教师个性、潜力和自主开发创新能力是一种极大的约束。

不可否认的是，目前在研究教育理论这一话题时，更多谈到的是教师专业化建设、教师专业发展的问题，关于教师职业生涯管理和建设这一方面谈及的还是相对较为贫乏。所以，现代新型的教师培训必须是突破传统的和正在流行的表层性、刻板化的教师专业发展模式从理论和实践两个方面去研究教师职业生涯管理与计划，只有将学校培训与教师自主发展有机结合起来，真正纳入现代社会人力资源能力建设的整体框架中，才能使教师职业生涯计划与管理更具有时代性，更贴近人性和人的生命价值。

二、国内外关于职业生涯研究的概况

我们生活在一个以人力资源开发管理为核心的企业管理时代。在这个时代，企业的生命线是围绕人力资源的开发，同时人力资源开发也是职业开发与规划的重要组成部分，直接关系着企业的生存与发展。现代企业的职业管理，要想成为有组织的职业生涯管理，就必须有目的的将组织的要求与职业生涯规划相吻合、相匹配，只有这样才能提高人力资源的效率，指导着企业职业管理的有效运转。

(一) 国外研究情况

20世纪60年代学界开始有了关于职业生涯的管理学说。到了后期60年代末还是围绕员工个人的理想目标来论述就业咨询和职业生涯规划。直到八九十年代论述的重心才开始发生了转变。由20世纪80年代的在改善组织外部条件这一过程中逐步加入有组织的职业生涯开发已经成为常态，到90年代将组织和个人结合起来并且达到某种平衡。90年代所产生的这种格局，已经将有组织的职业生涯管理与开发看成一种战略方法，而最大化的开发个人职业生涯将成为组织实现成功的重要策略之一。

加拿大学者在大量调查研究的基础上，把教师职业成熟水平分为五个阶段:（1）角色确认;（2）角色适应;（3）角色成熟;（4）职业发展“高原”;（5）发挥骨干作用。斯蒂芬和沃尔夫在综合有关教学的理论研究和大量的教师教学实践活动的基础上，总结出教师专业能力发展的阶段性的规律，提出了描述教师成长的生命周期理论。这个理论认为任何一个终身从事教育的教师都要经历几个相互区别而又相互联系的发展阶段，即实习教师→新

教师→专业化教师→专家型教师→杰出教师→退休教师。并且认为发展最顺利的教师在5年内可以达到国家教师标准，即成为专家型的教师；如果发展不顺利则会停滞很长的时间，甚至退出教师队伍。根据斯蒂芬对美国情况的统计，新教师阶段大约有1/3的离开教师队伍，是教师流失最多的一个时期。

（二）国内研究情况

有关于职业生涯的理论最早是从欧美国家传入我们国家的，随着逐渐地发展直至今日才小有成就。

1.三阶段论

教师在整个职业生涯的发展历程中要经历角色适应、主要发展和最佳创造三个阶段。其中角色适应阶段最终要实现的是角色的完全转换。一名青年教师从刚踏出校园到被分配到教育岗位再到最终熟悉这个岗位的一个转换，通常这个时间需要3年左右的时间，当然也是因人而异，因为在这个过程中一定会遇到各种各样的问题，那么如何解决这个难题就要看一个人的真实能力了。

2.七阶段论

贾荣固提出，一名教师从23岁左右起工作到55岁或60岁退休，其职业生涯30多年。研究表明：职业的发展是有阶段性的。简要说教师职业生涯的发展阶段有：①职前准备期：主要指大学四年的职业学习及见习、岗位培训等；②上岗适应期：大约一二年时间；③快速成长期：从初步适应后到30岁高峰期；④“高原”发展期：30—40岁；⑤平稳发展期：40—50岁；⑥缓慢退缩期：50—60岁；⑦平静退休期：临近退休时，要有心理准备，平静地离开岗位。

3.五阶段论

通常会将教师的成长阶段划分为五个时期。首先是最初三年新教师刚入职的适应期；接下来教师需要3年的时间积累经验逐渐适应课堂教学这个环境，即稳定期；第三个时期是第7年到第23年的实验期，教师逐步适应环境后，开始尝试进行大量的教学改革实验；处于第四个时期的教师往往会滋生职业的自满骄傲情绪，存在失去专业发展的激情和热情，慢慢步入了第23至第31年的平静和保守期；最后一个时期便是教师职业生涯的终结期，即第31至第39年的退出教职期。

综合分析上述研究情况后，我们不难发现纵观全局，在对职业生涯这一领域的研究，国外已经相当成熟了，而且在职业生涯设计这一块也是研

究得非常到位；相较我国来讲，研究职业生涯也挺长时间，但是目前还处于研究和实施的起步阶段，最终形成的案例和研究也是少的惊人。

第四节 教师职业生涯规划的意义

职业生涯是我们在地球上生存所不可或缺的一个核心部分，而对这个部分做好规划，对我们是否能优质地生存起着至关重要的作用。职业生涯规划犹如人生之靶，为我们树立了前进的奋斗目标。通过确定职业生涯发展目标，坚持“预则立，不预则废”的原则，不懈地追求自己的目标，往往能使职业发展得更快、更好。一个没有目标的人，就会处于一种迷茫状态，工作就没有动力、没有热情，就会无所事事，“当一天和尚撞一天钟”。由于职业生涯规划通常是依据自身的特点设计的，有利于个体全神贯注于自己的优势领域，迎接挑战、实现人生的自我价值。相比其他职业来讲，做好职业生涯规划对教师这一职业来讲意义非凡。不仅体现在自身职业成长，更多的还有对学校发展的重要意义。

一、教师职业生涯对教师自身成长的积极意义

(一) 利于教师确立发展目标

长期以来我们一直缺乏涉及生涯规划这方面的意识，致使部分教师对自己要实现什么目标，哪个阶段要实现，自己身处哪个阶段，这些事情往往是处于模糊的，甚至不清楚的状态。平时的日常工作也是做到言听计从，主观能动性极差，一旦遇上困难，也是一味地归咎于他人，并未从自身找原因。但是如果教师能做好生涯规划，最起码明白自己要实现的目标是什么、哪个阶段要实现什么样的目标，由之前的被动变为主动，更好地实现生涯价值。

(二) 利于教师适应未来的竞争与社会需求

当前我国处于经济攻坚转型期，因此教师生涯所面临的问题除了有教育模式发生转变、学生们获取资源的渠道多且杂，还有来自社会、家庭等外来因素的影响，阻碍着教师的职业发展。

因此，教师有一套属于自己的职业生涯规划是非常关键的。首先来讲，详细的职业规划有助于教师及时掌握新的知识、并且帮助同学们理顺他们所掌握的知识。不至于被同学们的问题所难倒，其次就是教师清晰的生涯

规划也利于他们迎接社会、家庭所面临的各种挑战。

（三）利于缓解教师职业倦怠现象

教师是一个活到老学到老的职业，极其容易由于个体能力无法满足外界过度要求而产生身心疲惫、难于应付的职业倦怠状态。因此做好职业生涯规划，将教师这一职业归置于理性思考的维度之上，清晰且及时掌握教师的整个职业发展历程，促使教师的个人生涯得到极大的发展与提升。

二、教师职业生涯规划对于学校的发展的积极意义

（一）利于学校稳定与发展

教师进行职业生涯规划不仅对自身发展有着重要的意义，对学校的持续经营发展也是贡献颇丰。学校组织教师制定职业规划是学校稳定与发展的要素之一，表现在有利于增强学校的凝聚力，吸引和留住优秀人才；有利于增进学校管理者与教师之间形成良好沟通和互动。其实学校鼓励教师实施职业发展规划，也算是提供给教师的一项隐形福利。因为生涯规划给教师提供了强有力的发展支撑，使教师感受到来自学校的深层关爱、感受到学校的温暖，同时使教师体会到学校是对他们终生发展负责的，从而使教师对学校产生依恋，激发他们对学校的忠诚和信赖。另外，在学校与教师制定职业生涯规划的每一过程中，都是学校与教师共同协商完成的，在民主自由的工作氛围和宽松和谐的人际环境中，学校可以清楚地了解到教师真实的需求、倾听到教师的心声、清楚掌握教师的发展需求和心理预期愿望。有利于学校有针对性地将学校的发展与个人生涯发展联系起来。最终要实现的结合并不单单是策略和认识上的，更多的是情感和思想上的，而且这样的统一还可以增加教师的向心力与忠诚度，使教师感到学校的温暖，增强他们的工作热情[1]。

（二）利于合理配置人力资源

学校组织教师制定职业规划可以有效地进行人力资源规划，最大化地调动内部的人力资源，减少内部教师资源的流动，避免过度依赖外部教师资源。学校综合了解每位教师给出的清晰职业发展规划后，按照一定的比例标准进行合理调配教师资源，争取实现学校目标、教师个人愿望和学生

---

〔1〕 岳健．教师职业发展规划：学校与教师双赢的计划．中国教育先锋网，2007.

需求三方协调统一。从一定角度来讲这样的分配可以有效规避学校和教师双方发生分歧及学生对教师与学校的不满，以及“有人无位、有位无人”的不匹配现象导致的低效率教师资源流动，并且还可以减小对外界一些没有规划的教师资源的依赖。经过这样的规范实施后，人力资源规划的效率将会进一步提升，极大地发挥了人力资源规划在学校人力资源管理工作中的效力。

(三) 利于引导教师向更高层次发展

学校组织教师制定职业规划有利于发掘、培养、提升可用之才，引导教师向更高层次发展，进而有助于改进教师的教育教学绩效。俗话说：“资源是有限的、欲望总是无限的。”所以学校能为教师提供的资源总是有限的，所以如何能使有限的资源最大化的发挥它的功效，以达到促进学校发展和教师进步的目的。首先，当我们拿到教师职业发展规划了解其工作意愿后，依据他们的意愿以及实际能力合理调配相适应的岗位，比如，管理岗就该匹配有领导才能且又有意愿从事的教师；班主任一定是喜欢与同学们聊天、帮他们解解闷，使他们感到很幸福快乐，所以这样的班主任就不一定适合担任语、数、外的教师；这才称之为合理的最有效资源配置，而不是还按照传统的调配教师的方法。教师在学校提供的理想的人文环境和物理环境中，不断提升自己的发展空间、实现自我价值，向着更高的目标和更大的成就迈进[1]。

在合理规划教师的整个职业发展过程中，要想充分的调动起教师的工作热情和主观学习性，提升教学质量和绩效，为教师提供与其职业规划相匹配的工作岗位。

第五节　教师职业发展的原则与特点

教师作为一份极为重要的职业，决定着其别具一格的职业规划与职业发展模式，不论是对个人职业发展还是学校的整体运营都有着举足轻重的作用。当然了和其他职业一样，教师职业生涯规划也遵循着一定的发展原则和运行特点。

---

〔1〕 教师职业规划之个人成长与学校发展，http：//www. Yjbys. com/qiuzhinan/show-13875. html.

一、教师职业发展的原则

(一) 目标性与系统性原则

随着现代社会生活、经济、文化等变得越来越多元化，因此也需要教师具备多种多样的能力，成为全能型人才，因此教师在整个职业生涯规划中应该遵循目标性和系统性的原则。在整个教师职业生涯中，清晰明确的目标有助于教师提高职业能力，凭借外界的一些信息弥补和放大优缺点，同时依据社会现实情况逐步缩短目标与实践状态之间的差距，从而可以重新确立职业发展的起点，沿着目标不断地发展下去。从整体上来讲，职业生涯规划是一个极为复杂且与多元化目标相结合的一个系统，教师在理解职业这个概念和意义时会受职业状态影响，也决定了教师在选择不同职业与职业行为时的差异化，最终导致教师具有不同的发展水平。

(二) 主体性与主动性原则

教师这一职业发展的特性便要求教师要积极参与各类职业发展活动，以一个主体的身份决定这个职业生涯规划，同时教师还需要积极地参与与教学目标相关的职业发展活动，将教学内容与职业发展活动有机地结合起来，且还要满足不同学院不同学生的需求，这两种评价客观公正地分析评价教学发展水平。

(三) 多元化与主体评价原则

公正合理地评价教师职业活动成果是极其复杂和多变的。尤其是正确且无误地权衡教师在“改善和提高学生学习质量”上的成果几乎是难以实现的；尽管科学研究的成果是相对具体的，但是在整个研究的过程中会存在很多难以控制的因素去左右衡量标准，所以衡量起来相对复杂。当然至关重要的还是要匹配好来自教师自身的评价和社会的外在评价，因为这两种评价之间的关系将直接影响教师日后的职业规划和发展。

二、教师职业发展的特点

(一) 专业化

20世纪50年代初，欧美的一些学者提出了教师职业专门化的概念，认为教师职业必须被视为专业，教师职业的专业化问题受到越来越广泛的重视。教师职业的专业化特点要求教师努力成长为专家，不仅要成为本专业领域理论与实践的专家，还要成为教育教学的专家学者，形成教学专长和

职业专长。

教学是非常复杂的劳动，教师必须具有对不确定性和不可预测的教学情境做出解释与决策的能力，这种能力的形成需要一个逐渐发展和不断积累的过程，也是一个长期的、复杂的、内隐学习与外显学习相结合的过程。理论界对于教师专业化的内容与标准持有不同的观点。目前比较公认的教师专业化标准是从专事教育基本原理研究、专业知识与技能、专业道德、专业自主与专业组织等方面来界定的，要求教师具备科学先进的教育理念、丰富系统的理论知识、娴熟的教育教学技能、优良的伦理道德与健康的心理素质。

(二) 动态化

行业是一个种类繁多复杂的领域，但是不论怎样每个行业都有属于自身的特点，特别是对正在发展的专门职业而言，发展的模式更是千姿百态。而要想从历史发展模式的角度去分析教师职业发展的规律，那么必须要从产生与发展的历史背景、自身的独特性等多种因素加以考虑。而我们在研究教师职业能力发展的动态性感受体会到的是从历史时期、社会背景、教改背景这三个方面要求教师适应职业能力的动态化发展，教师的职业发展存在很大的不确定性。

(1) 强调教师拥有个人专业发展的自主性，教师应能够独立于外在压力，制定适合自己的专业发展目标、计划，选择自己需要的学习内容，而且有意愿和能力将目标与计划付诸实施。

(2) 强调教师实行自我专业发展，即无论在正式的教师教育情境下，还是在非正式的日常专业生活中，教师均应表现出实施自我教育的意愿和能力，并能在个人标准基础上对自己的专业发展实施评价。

(3) 强调教师能够自觉地在日常专业生活中自学。教师应以个人的专业结构完善为本，把教学工作看成是一种专业，教师应追求个人专业结构的不断改进并从中得到满足。

(三) 职业品质个性化

教师的职业心理品质在其人格特征中占有举足轻重的地位，而这个教师的心理品质需要经过长时间的教育教学实践才能逐步形成和发展起来。

(1) 强烈的求知欲、浓厚的学习兴趣是教师突出的职业心理特征。教师的求知欲是由教师工作的特点所决定的，并在长期的教育教学实践中不断发展与完善。

(2) 敏锐的观察力是教师重要的心理特征之一。教学是教师控制下的反馈活动，教学能否按照反馈的线路不断前进与升华，关键在于教师能否根据学生反馈的信息，有针对性地调整信息。

(3) 教师是传授知识的人，教学工作是创造性劳动。教育教学要求教师必须善于接受新事物，研究新问题，并及时地将其贯彻到教学中。

(4) 理智感是教师突出的心理特征之一，教师的理智感主要表现为科学的世界观和坚定的信仰、良好的个人修养、文明高尚的行为等。

(5) 教师的工作中有大量个别化的研究性、创造性活动。教师在工作中应该具有计划、控制和调节自己活动的独立工作的能力。

(6) 自尊感是教师重要的心理特征之一，也是教师的一种职业心理。教师日复一日、年复一年处于教育人的实践中，教师的职业实践使其形成自尊的职业心理。教师在职业劳动过程中所形成的体现时代精神的教育理念、多层次复合性的知识结构以及教育教学能力都具有个性化特点。

第二章

严于律己，慎独慎微
——教师的教育行为与教育管理

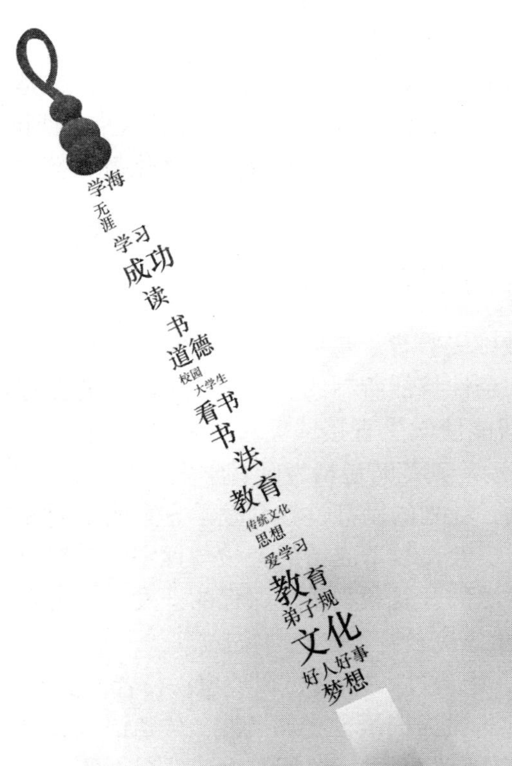

高校之间的竞争实际上是教师人力资源的竞争，教师是学校赖以存在的主体，是制约学校整体工作效能发挥的决定性因素。如何最大限度地调动教师的工作积极性和创造性，是高校管理工作中最为关注的问题之一，这既是实现高校组织目标，实现党对高校人才培养、科学研究、社会服务、文化传承创新的需要，也是教师本身发展的需要。本章将从教师的教育行为和管理行为两个方面展开论述。

第一节　教师的教育行为

教育教学行为是指教师在教育教学活动中的一切言行，这些言行是受其思想、心理、智能、人格等多种因素制约的。教师在做职业生涯规划时，要注意教育教学行为修养的提升。所以，本节在研究如何优化教育教学行为的同时，还重点论述了影响教育教学行为的几个因素。

一、教育教学行为研究的范畴

教师的教育教学行为是指教师受教育思想所支配，受培养目标、教育教学内容、特别是学生的共性和个性特征所制约，在对学生施行的教育教学活动中表现出的言行仪态，即能使学生直接或间接地通过耳闻、目睹、意会、感受体验到的教育教学活动。其范畴包括教师对学生的观察、了解、研究活动，教育教学目标的编制，计划的制订，教育教学方案的编制和实施，教育教学信息的分析与调控，教育教学成绩的考核与评定，教育教学失误贻害的分析与补救，教育资源的开发和利用，课程的开发、建设和实施，学生心理咨询与矫正，对学生家庭教育的支持与家访等。

古代思想家庄子在《人世间》中说过："言者，风波也；行者，实丧也。夫风波易以动，实丧易以危。"他告诫人们语言犹如风波，传达语言必有得失。风波易于兴起，得失中间容易生发灾祸。教师作为一份育人的职业必须慎言慎行，对自己的言行负责，因此要研究教师的教育教学行为的过程。

二、教育教学行为的主要特点

(一) 教育性

教师的一切教育教学行为都是在"教书育人""为人师表"的前提下进行

的，它的出发点、归宿以及行为过程的每一环节都是为了教育人、培养人。它将影响学生的知识、技能、身心健康、思想品德的形成和发展，影响学生的学习、做人、生活、审美、创造、世界观和价值观。所以，抛弃了教育性就谈不上什么教育教学行为。

(二) 服务性

教师的教育教学行为是为了学生的发展，是为了适应学生的学习实践而出现的。基于对人的发展的内因外因关系的规律性认识，教、学这对主要矛盾中学是主要的，教是为学服务的。大量事实证明，教师家长无论施加什么样的影响，也无论创造什么样的条件、创造什么情境，都只能是一种外部因素，学生的成长和发展是他们自己的事情，没有学生这一内部因素的积极变化，教是不可能发挥作用的。这就决定了教师的教育教学行为不仅要为社会服务，而且最重要的是为学生服务，帮助学生筹划学习策略、制订学习计划、掌握学习规律、排除学习障碍。一方面，离开了学生，教师的教育教学也就没有任何必要，也就不复存在。另一方面，家长把学生送到学校，学生付了学费，教师领了工薪就等于拿了学生交纳的服务费，理应提供学生需要的各种服务。服务是学校、教师的义务。

(三) 科学性

学生学习的主要内容是先进的科学文化知识，不论是认知学派理论的“信息加工”“知识建构”，人本主义学派理论的“自我认同”，还是行为主义学派的“条件反射”都是研究学生是如何学习科学文化知识的。不论先前的“以教师为中心，以教材为中心，以课堂为中心”，“脱离政治、脱离社会、脱离实践”的“应试教育”，还是现代的全面发展教育、科教兴国教育、主体教育、人本教育、素质教育和全民教育，教师的教育教学都是为了学生学习科学知识。教师会不等于学生会，从教师会到学生会这是一项科学性技术性都很强的工作。抛弃了科学，教师的教育教学就会变得分文不值，没有任何意义。反过来，教师的教育教学行为也极大地丰富了自身的科学文化素质，也极大地丰富了科学文化理论宝库。这一切都足以说明教师的教育教学行为具有科学性。

(四) 艺术性

为了学生的全面发展，教师的教育教学行为以及教师的人格都应具有艺术的魅力。教育教学行为的魅力是教师行为能符合学生的心理需要，具有凝聚力，使教师的行为能与学生目标一致，产生认知、价值上的共鸣，使学生欲罢不能，使教师在激励中促进学生排除障碍、克服困难，一步步走向成功。教师的教育教学行为具有艺术性，能传播较高的学习期望，能树立学生学习的信心，能唤起学生的多种心理动力。“善师者生逸而功倍，不善师者生劳而功半”就是这个道理。优秀的教师能创景生趣，以趣激思；设问引导，提问启思；布难设疑，以疑索思；实验演示，由感引思；理性升华，明理优思，这就是教师的教育教学行为具有艺术性的佐证。

（五）多元性

学生的相互差异是存在于所有学校、所有班级的，这是一个不争的客观事实。由于社会经济的差异、文化的差异、性别的差异、个性的差异、学习能力的差异、学习风格的差异、发展程度的差异等，有的人性格外向，有的人性格内向；有的人善于动手，有的人善于动脑；有的人善于形象思维，有的人善于逻辑思维；有的人聪明早慧，有的人大器晚成。这就要求教师要面对一切的学生，面对学生的一切，大以大成，小以小成，无以弃人，使每名学生都得到发展，而这一切都必然造成教育教学行为的多元性。

（六）有序性

教师的教育教学行为是有目的、有计划、有组织、有程序的人文主义的系统活动，既要有远程的目标，又要有中程、短程的目标，每一节课、每一次活动都应有不同的要求。没有远程的目标，就没有前进的方向，就不能从宏观上培养造就社会所需求的合格公民；没有中程、短程的目标，就不能把教育教学任务落到实处，就不能从微观上扎扎实实地促进学生的发展，所谓饭要一口一口地吃、路要一步一步地走就是这个道理。此外，学校的教育教学千头万绪，各科课程相辅相成，都得有序地进行。就某个教师执教的某一门课程来说，都有一个内在结构的前后顺序，每节课既是对上节课的继续和发展，又是对下节课的启迪，都有温故知新、承前启后、以新带旧的功效，即使是从消除帮助学生突破一个难点，也有及时铺垫、适当分割、减缓难度、水到渠成的程序。这一切都说明教育教学行为具有有序性。

（七）创造性

教师不能只是把知识简单地传授给学生，还需要把这些知识进行建构加工，使之易为学生所理解和接受。教师还需要选择多方面的资料和捕捉多方面的信息，采用一定的方法和手段，通过采用学生喜闻乐见的巩固措施，达到学生掌握的目的，更不用说进行思想教育、发展智力能力、培养良好的心理品质所付出的呕心沥血的劳动，再者，科学技术飞速发展，知识更新十分迅速，教师为了让学生掌握流动的课程的基本原理、基本知识、

基本概念、基本规律，应融进最新的现代的知识、理念，使之有新鲜感、时代感，让学生的发展和科学技术的进步同步，这就需要进行创造性劳动。面对多元化的不同个性的学生，教育教学的现场也是极其复杂的，教育教学的情景也经常有预见不到的情况，这就需要教师机智巧妙地去处理。总之，教师的教育教学行为需要创造品格、创造思维和创造劳动，这就是教育教学行为的创造性。

(八) 反思性

首先，教师在设计自己的教育教学方案时，要自然而然地反思自己接受教育时的情况，自己最喜欢哪些教师的教育教学风格、方式和方法，哪些教师的教育教学行为最有效；假设自己就是现在的学生，喜欢教师施行什么样的教育教学行为；教师在实施教育教学的行为过程中，要根据获得的反馈信息，考虑哪些目标达到了，哪些目标还没有达到，哪些行为是把学生引入歧路了；教师在自己的教育教学行为终结时，要反思自己的教育教学过程是否真的有效度、信度，是否有失误有贻害，怎样补救自己行为所造成的失误与贻害。这一切都离不了反思。其次，教师建立教学档案、学生档案、教学杂志，通过与家长沟通学生的学习发展情况，行之有效地设计自己的下一个教育教学方案的过程就是反思。再次，教师要考虑如何激发学生反思自己的学习，思考自己的优缺点，为自己设计学习目标，给其他同学提供帮助。这一切都足以说明教师的教育教学具有反思性。

(九) 示范性

教师的教育教学行为的示范作用是由教育教学内容、方法、手段与效果的一致性决定的。教师首先要理解要教的内容，使之融会贯通，把其中的知识、技能、世界观和思想感情转化为自己的东西，在了解学生知识水平、心理状况、家庭环境的基础上进行加工，并借助一定的教育教学手段通过自身的知识、技能、世界观、价值观、思想感情去教学生，这实质上是用自己的人格去教学生，让学生去观察、模仿。教师的教育教学行为的示范性也是由人的认识过程和心理过程的特点所决定的。一方面，人对知识技能的掌握都是以感情生活为基础的。具体的、现实的事物是最容易在心理中引起反应的，教师总是以自己的人格形象、语言形象和激情来表现知识的。另一方面，儿童的模仿性很强，他们把教师看成知识的化身、高尚人格的代表、最天然的模仿对象，教师的求知精神、科学态度、思维方式都对学生起着示范作用。这就是教师教育教学行为的示范性。

（十）后效性

“一年之计，莫如树谷，十年之计，莫如树木，终身之计，莫如树人。”这说明培养人的周期是很长的。学生成长发展的各个阶段都需要很长的时间，一个基本观点的形成、某种思想品德内化为素质也需要很长时间，不能一蹴而就，也不能一劳永逸。人们对于客观现实的认识也需要实践、认识，再实践、再认识，以至无穷。教师教育教学的效果也需要很长的时间才能得到检验，教育教学的内容也要顾及社会的发展和科学技术的进步，人才成长和教育教学效果最终要在学生参加社会实践后才能显露出来。这都说明教师的教育教学行为具有后效性。

三、教育教学行为的思想因素

教师的教育教学行为形成的因素很多，其最根本的就是支配行为的教育思想。平常我们所说的教育方针、培养目标、教育原则、教学原则、课程理念都是教育思想的具体体现，大量的客观事实证明教师的教育教学行为无不受某种教育思想所支配。

受孔子的“学而优则仕”“劳心者治人，劳力者治于人”“博学之，审问之，慎思之，明辨之，笃行之”“道而弗牵，强而弗抑，开而弗达”等教育思想的影响。由于这种影响，产生了许多优良的教师行为。但是也滋生了“两耳不闻窗外事，一心只读圣贤书”，轻视实践，轻视科学，“四体不勤，五谷不分”，“师道尊严”，体罚学生等不良教育教学行为。

受夸美纽斯、赫尔巴特等“以教师为中心”的教育思想的支配，认为学生主要学的是书本知识，教学时要唤起学生心目中已有的观念。以教师为中心的教育思想把课堂教学分为“明了—联想—系统—方法”四个阶段，对培养学生有效地接受前人所创的知识起到了一定的积极作用。但是，他们夸大了教师的作用，忽视了学生的自觉性、积极性、主观能动性，忽视了学习主体的内部因素。

受杜威“以儿童为中心”教育思想的影响。这种教育思想主张教学结合应模拟科研的过程，把教师看作集体中的一个成员来影响儿童，出现了实施“情景—问题—假设—解决—验证”教学模式的教育教学行为，推动了教育科学理论的发展，产生了较好的实践效果。但是，它忽略了儿童是“教”的客体，教师是“教”的主体这一客观事实，儿童的行为得不到应有的“监护”和“节制”，教学过程得不到有效的“调控”，儿童犹如“天马行空，独往独来”，教师行为的众多功能得不到最有效的发挥。此思想对我国教育的影响不深。

新中国成立后，对我们教师的行为影响最大的应为毛泽东的教育思想。毛泽东认为，“我们的教育方针应该使受教育者在德育、智育、体育诸方面都得到发展，成为有社会主义觉悟的有文化的劳动者”，“教育必须为无产阶级政治服务，必须与生产劳动相结合”，“知识分子劳动化，劳动人民知识化”，“以学为主，兼学别样”。在这种思想的影响下，我国的教育事业蓬勃发展，基础教育空前普及，培养和造就了一代代“又红又专”“德才兼备”的社会主义建设人才。但由于理解、执行方面的原因，工作实践中出现有“空头”政治、忽略智育、以劳代教、以劳代学等不良教育教学行为。

之所以罗列上述对我们较有影响的几种教育思想，目的在于找到我们所有教育教学行为产生的原因，以便从思想认识的高度规范我们的行为。

四、教育教学行为的心理因素

要想研究教师的教育教学行为，必须研究教师施行教育教学行为的心理活动过程和个性心理特征。

(一)认识

教师施行教育教学行为，必然基于一些教育因素的认识问题。比如对教育教学中人物角色的认识，对教育教学诸矛盾的认识，对自己学生的认识，对认知理论及相应的教学理论的认识，对教育教学内容内在联系的认识，等等。

1.对教育教学中人物角色的认识

如果教师把自己定位为课程计划的执行者，教师的作用就被局限在课程标准、教材、教学参考书修筑的围城里，就会总是对学生施行就范式的、接受式的、单向逻辑思维形式的行为。

如果教师把自己定位为课程的建构者，那么就给自己预留了充分的空间和余地，教师便可以开发教育资源、利用教育资源、调整课程进程、调整课程结构。

如果教师把自己定位为教育教学活动的管理者，认为想怎么调整教育教学过程就怎么调整，叫学生干什么学生就得干什么，教师总是根据自己的情感、态度、价值观看待和评价学生，总是根据自己设计的思路进行教学。那么学生只能服从教师，教一学一、教二学二，不敢越雷池半步，学生也只能逆来顺受，当驯服的工具。因而有了“三中心”之说，因而有了“体罚”和“变相体罚”的理由，让学生“胶带封嘴”“鼻子靠墙”，纵然你“哭两缸泪”“晒昏了头”，也不放过。如果这种角色定位不变，教师就会成为学生发展的制约者。

如果教师把自己定位为学生发展的指导者、合作者、服务者，教师将由居高临下的权威转向“平等中的首席”，甚至是“参谋”“配角”“助手。”教师和学生便形成了一个真正的“学习共同体”。课程也不再是固定不变的，而变成一种动态的、发展的、富有个性化的创造过程。在这种定位中，教师的行为主要是考虑学生发展成长到底需要什么，从而努力地开启学生的参与、学习、探究、创造的强烈动机，指导学生找准学习、探究的方法，挖掘学生的“潜能”和“灵感”爆发点，引导学生进行反思或自我评价，做学生发展的促进者。

如果教师把自己定位为裁判学生成绩的“法官”，教师就有了平时考查、阶段考试的教育教学行为，于是就产生了“拟定考试方案”“拟定命题计划”“拟定试题”“拟定评分标准”“评卷”“排榜”等教育教学行为，就会产生“考试如临大敌，三步一岗，五步一哨，全程封闭的不良行为”，甚至会出现“看着不顺眼，扣去二十分”“送礼加分”“送不合格学生上大学”的丑剧。

如果教师把自己定位为学生发展成长的促进者，教师就不会用评价甄别的功能和选拔的功能来刺激学生的学习动机，而会用评价的反馈功能和改进功能来反思自己的“过失”，改进教育教学策略、方法和手段。教师总是采取激励性评价行为，确定学生主流是否积极、其方向是否明确，而对其细节和小的利弊得失，总是采取“模糊”的评价行为。他们会针对不同个性的学生和学生的不同需要采用不同的评价行为。

如果教师把学生定位为教学活动中的客体，那么学生就会处于被动的局面。他们的自觉性和积极性就难以发挥，“潜能”和“灵感”就难以闪现，创造能力的提高就是一种空想。自然而然地产生了“你是学生，还是我是学生？”“是你领导我，还是我领导你？”“三天不打，你还想上房揭瓦哪？”诸如这样的语言行为，也就产生了不许“异想天开”，不许“班门弄斧”，不许“吹毛求疵”，不许“顾此失彼”，不许“无中生有”，不许“强词夺理”的教育教学行为，就会形成“一鸟入林，百鸟绝音”的教育教学局面。

如果教师把学生定位为教育教学活动的“主体”，那么学生成了生活的“主人”，教师就会想学生之“想”，爱学生之“爱”，恨学生之“恨”，供学生之“需”；就会出现“叔叔们把我抱起抱下，用动人的故事把我教诲；阿姨们为我修鞋补袜，还擦过我的鼻涕和眼泪”的局面；就会产生“动之以情，晓之以理，导之以行，持之以恒”的教育教学行为。

如果教师把学生定位为教育教学生活的中心，那么教师就会以教学集体中的一个成员来影响学生，就忽视了教师在“教”中的主体作用，就会忽视教师在学习中的导向作用，就会增长学生的无理需求的欲望，就会诞生“无政府主义”“我行我素”的不良念头。

如果教师以学生的发展为中心，就会产生“一切为了学生的发展，面对一切的学生，包容学生的一切”的教育教学行为。教师就会重视每个学生的背景、文化和语言风格，判断他们所处的阶段，帮他们充分理解正在学习的知识。教师会使他们互相学习、互相促进，必要时提供针对个人的帮助，使之在原有的基础上都得到发展。在教学时充分考虑到学生认识发展水平的多样性，允许学生拥有自己的学习、思考、认知风格和多种才能，产生一系列丰富多彩的教育教学行为。

2.对教育教学诸多矛盾的认识

教育教学行为过程中充满种种矛盾，在众多矛盾中有三对主要矛盾，它们是：教师和学生之间的矛盾、各种课程与人类早期对客观事物的认识之间的矛盾、学习的主体与客体之间的矛盾，其中教与学是教育教学过程中各种矛盾中的最基本的一对矛盾。矛盾的主要方面还是教师，因为教师是起导向作用和促进作用的。认识不到这一点，看不到矛盾，看不到矛盾的普遍性和特殊性，找不到解决矛盾的方法，就会产生一系列没有方向的不良教育教学行为。

3.对学生的认识

现在的儿童有的来自单亲家庭，有的与父母双方中的一方生活在一起，有的是隔代抚养，有的与亲戚生活在一起，常常有寄人篱下之伤感，有的在贫困中成长，有的在不适当的监管下生活，有的被视为“掌上明珠”，有的却被忽视或被虐待，甚至还有的正处在危险状态中，有的在家无所事事，有的在家却被“拔苗助长”。他们的经济、文化、社会意识都有差异，学习的文化、风格、能力也都有差异，发展的水平当然也有差异。如果教师对此一无所知，教育教学行为就不会行之有效。

对学生的认识，往往决定教师的行为。比如，有的学生的学习风格是冲动型，他们倾向于快速工作，迅速做出决定，招之即来、闻风而动，雷厉风行。但事前很少经过认真周密的考虑，执行任务通常不能细心，造成错误的后果。教师看到他们快速完成任务就过分赞扬，看到他们不细心出现错误就大加批评，这样都不能促进他们健康地发展。相反，有的学生的学习风格属于反思型，喜欢在分析任务并做出决定方面花费很长时间，他们通常在得出答案之前就已经考虑了好几种可能性，除了速度，他们更关心精确度。如果教师看到他们不能按时完成任务就批评或者置之不理，那就大错特错，因为这时他们很有可能仍然在苦苦地思索之中。

再如，有的学生喜欢整体地看待问题，他们看到的是系统的或形态的全部，以“观察整个森林”来代替观察其中的一棵树木。如果教师看到他们

在读解图表和汇总数据方面存在困难，不是适可而止地提醒而是盲目地批评，那么就不能促进他们的发展。相反，有的学生喜欢聚焦于“一棵树木”，喜欢求知，比较自信，不人云亦云、随波逐流，他们比较以任务为取向，在完成任务方面表现出色。如果教师无视他们的长处，看到他们“以小失大”“顾此失彼”就给予批评，也不可能促进他们的发展。

学生的主要任务是“学会认知，学会做事，学会共同生活，学会生存”，这也是教师的责任，是教师实施教育教学行为的出发点和归宿。要想达到这个目的，就必须帮助学生学好学习策略和计划，指导学生掌握学习规律和方法，并且不失时机地为学生排除发展的障碍。

学生智力落后、情绪障碍，大多是不良的环境影响导致的，教师可以通过热情地接触学生、关心帮助学生加以解决。学生学习上的障碍主要是指在获得和应用听、说、读、写、算能力及推理等方面出现的明显的困难。这些困难严重影响了学习效果，教师若对此熟视无睹，不是“望、闻、问、切”对“症”下药，而是整齐划一地泛泛地“指导”或教学，那么，教师所实施的教育教学行为是绝对不会收到好的教学效果的。

有的学生搞不好学习，得不到健康的发展，这是由他们在情绪感受中严重脱离现实造成的。他们以一种妨碍解决问题的操作和自我挫败、自我消沉、自我放弃、自我堕落的方式应付学习和生活，他们或者有抑郁情绪，或者对学校恐惧，或者对教师反感，等等。教师不了解这一方面，不去揣测心绪、洞察需要、动之以情、晓之以理、导之以行，而是盲目地实施教育教学行为，想收到好的效果是万万办不到的。

4.对于学习与教学理论的认识

现代学习理论很多，其中三种关于学习和教学的理论非常重要，它们分别是认知学派理论、人本主义学派理论和行为主义学派理论。它们的观点存在着很大的差异，看上去相对独立，但是它们拥有许多共同的观点，不管怎么说，它们的理论对教师的教育教学行为的设计都是有益的。

认知学派理论者关注学习内容的获取，他们研究的重点围绕着信息加工和意义学习展开。信息加工关注于注意力、短时记忆、长时记忆、回忆和遗忘等现象，意义学习聚焦于接受学习、互动式教学、探究学习和问题解决。皮亚杰的“发生认识论”“认知发展阶段论”，启示教师强调活动、操作技能发展的价值，重视认知结构同化、顺应、不平衡的作用。在教育教学活动中要善于不断设计“不平衡”的问题情境，以达到一个较高水平的平衡，促进学生认知的不断发展。不然的话，一次教育活动或一堂课宛如平静的湖水，没有风、没有浪、没有诗，教师又不善于向湖中投几粒石子，引起层层涟漪，给学生的印象将是极不深刻的，随着时间长河的流逝就会

逐渐忘却了。布鲁纳的“认知—发现论”强调学生的认知发展序列，强调学科的基本结构，提倡发现学习。启示教师在教学中，突出学习的认错过程，明确认知结构的含义，让学生积极参与，主动体验与实验，通过这些活动形成自己的知识与自我满足。否则，教师满堂灌，学生只能被动地接受。如果教师不注意灌的内容的趣味性，不注意灌的时间和环境，那么教师的教育教学行为就收效甚微了。学生就被培养成无所发现、无所发明、无所创造、无所前进的接收器了。奥苏伯尔的“认知—接受论”认为，学习可以分为有意义地发现学习和有意义地接受学习。启示教师，有意义地发现学习和有意义地接受学习分类比较合理，避免随意偏废一方。不让学生有意义地接受学习，人类几千年文明沉淀下来的大量的科学文化财富怎样掌握？总不能让学生重新回到那无理论指导的盲目的“刀耕火种”时代去实践吧？不让学生有意义地发现学习，创新精神没了，创新能力没了，创造技法没了，人类还会不会科学地前进？这是不言而喻的事情。

人本主义学派的支持者对个人发展以及自我感觉、态度、价值观的获取途径很感兴趣。他们认为学校学习过多注重了学业方面的学习，却对个人本身的学习造成了损害。他们提倡自我实现人格论及其患者中心疗法、知情统一的教学目标观、有意义的自由学习观、学生中心的教学观。他们鼓励那些提高自我知识和内容的教育教学实践和教师的效能实现最大化，指引学业成功、价值澄清，全面发展，不仅读书而且读人生、读社会。不然的话，学校和学校所在的社区“鸡犬之声相闻，老死不相往来”。学到的是剥落了泥土清香后建模出来的理想化的符号算式，不知道往哪方面用，也不知道怎样用，那么这种知识就变得毫无意义了。

行为主义学派支持者感兴趣的是发现外部环境中的刺激物怎样带来明显的教育教学行为反应，以及如何通过调整周边环境来改变个人行为，使行为沿着正确的道路发展。他们研究接触、刺激、古典条件反射、操作条件反射，以及社会和观察学习，将之作为改变行为的手段。他们提倡的教师效能感训练、吸引学业成功、价值澄清、道德和个性教育、多民族教育，确确实实地促进学生全面发展。不然的话，只注意学习知识、开发智力、培养能力，不注意学生学会认知、学会做事、学会审美、学会共同生活、学会生存，学生就不可能是人类社会有用的人才了。

（二）动机

动机是在需要刺激下直接推动人进行活动以达到一定目的内容动力。一个人的生产劳动、科学研究、发明创造，无一不是在动机推动下进行的活动。动机越强烈，人的行为目标也就越明确。教师的教育教学行为的效

果与动机的健康和强弱有关，尽管这些动机可能来自个体的外部，也可能来自个体的内部，可能是意识到的，也可能是未意识到的，它都黏附在教育教学活动中，直接影响到教师行为的结果。

1.被意识到的动机

教师有了正确的世界观、人生观、价值观、教育观、学生观，有了高度的上进心、事业心、责任心、义务感，这就激发起了他的教育教学动机。这种教育教学动机是经久不衰的，教育教学行为的效果就会正向发展。那些“春蚕到死丝方尽，蜡炬成灰泪始干”的“园丁”们，“千教万教教人求真，千学万学学做真人”的教师们的教育教学实践都雄辩地证明了这一点。

有的教师是以教谋生者，上进心不足，事业心不强，对学生没有足够的爱，对教育教学没有全方位的投入，当一天和尚撞一天钟，甚至连钟都不想撞。他们教育教学的动机是从众、是服从、是依从，没有强烈的愿望，没有独特的意向，不做鹤中鸡，也不做鸡中鹤，不期望当先进，也不愿被批评。他们的教育教学行为是走着说着，当然也收不到好的效果。

有的教师教育教学行为动机不纯，他们的教育教学行为是为了自己评先、晋升、加薪，不是为了学生的健康发展。这种动机是短期的，工作热情随着个人需要的满足而逐渐消失。

有的教师教育教学行为的动机很坏。自己受了领导或学生的批评，或者是受了“不公正”的待遇，就把感情发泄到学生身上。自己和儿童的家长、亲朋有隔阂，也把恶气撒在儿童身上。甚至是为了满足自己的生理需要，对异性学生进行性骚扰，其教育教学行为的后果是不堪设想的。

2.未被意识到的动机

教师教育教学行为的动机有些是未被意识到的。比如，受自己接受教育时教师对自己的教育教学行为和自己长期以来养成的教育教学习惯的影响，形成的教育教学定势。再如，教师没有明确的意识需要，当他的体验达到意向状态时，他还没弄清楚是什么东西吸引他，更体验不到究竟用什么方法才能获得它。这是教育教学定势和模糊不清的意向而形成的。教育教学未被意识到的动机在教师的教育教学行为的动机系统中，却起着重要作用。在教育科学飞速发展、理论创新与时俱进的今天，教师要克服定势和意向形成的教育教学动机造成的不良教育教学行为。某人上小学四年级的时候，有一天上体育课扔手榴弹。他抓住手榴弹，紧跑几步，想要把它扔到相当远的地方去，结果手一松，手榴弹落在自己身后。老师说：“像你这样扔手榴弹，炸不死敌人，却炸死了自己。”同学们哄堂大笑，笑得他很难为情，伤了自尊心。从那以后，他不再上体育课了。一直到现在，他都

不愿在公开场合进行体育锻炼。那位老师与他同村，他对老师很了解，老师是一个非常善良的人，老师绝对不是有意伤害他，但事实上却伤害了他。老师“伤害”的动机是未被老师意识到的，可能到现在老师还没有意识到。

3. 内在动机

教育教学行为的内在动机是自我激发的动机，或者是为了社会的需求，或者是为了学生的发展，或者是为了赢得他人的好感，或者是为了自我的陶醉，或者是为了自己的私欲，无须外力推动。动机如果是良性的，教育教学行为的正向效果就非常大；如果是非良性的，教育教学行为的负向效果也会非常突出。成就、挫折、自省、变革、坚毅都能加强或改变教师教育教学的内在动机。

4. 外加动机

教育教学行为的外加动机是个体以外的外力诱发出来的。有的外加动机在持续性方面不如内在动机，而有的外加动机的持续性并不低于内在动机。当外加动机与内在动机相同或相近时，就产生了一种莫大的合力，竭尽全力地达到目的。当外加动机与内在动机有冲突时，过强的外加动机会改变内在动机而发挥作用，不够强的外加动机会被过强的内在动机所冲销。社会上的舆论、领导和同行们的评论、学生的嘴巴、继续教育的培训、科学的晋升机制、优胜劣汰等都是实施良性外加动力的重要因素，教师应该努力学习所教学科和相关学科的前沿知识，努力学习与时俱进的教育教学科学理论，积极参加教师培训，把这些外加动机转化成内在动机。

（三）情绪

情绪是人与现实之间关系的反映，是认识现实时伴随的内心体验。这种体验反映了事物是否符合人的需要，并引导人去趋向或者退避。情绪可以在很广阔的紧张度范围内呈现出来，它可以弱到不易察觉，强到痛苦狂喜。情绪可以分为四类：①一个人达到了他所追求的目的所引起的情绪体验；②由目的受阻经受了不合理的挫折出现的情绪体验；③在失掉所追求的东西或喜爱的目标时产生的情绪体验；④想摆脱某种危险情景而又苦于无可奈何时产生的情绪体验。

教师满怀着对教育事业的爱、对所教学科的爱、对学生的爱，就会想方设法搞好每一次教育活动、上好每一节课、辅导好每一名学生，那么自己的教育教学行为也会取得积极的效果。

如果一个教师认为自己的知识、能力有限，不是努力提高它，而是怀着自卑的心理去实施教育教学行为，那他在学生中就没有凝聚力，就不能行之有效地指导学生。有个女教师上课时好走出去擦鼻涕，出去后经常被

学生拒之门外，于是感到自卑，再出去时常说："我还没有上完课，请不要上门。"像这样的教师在这个班就很难有好的教学效果。

有的教师有不良的认知、社交能力不足、人际关系不融洽，他对自己这种情况不满，甚至感到焦虑，久而久之便产生了孤独情绪。让他去从事教育教学工作，就不可能有效地调动学生参加的积极性，也不可能促使每一个学生都获得发展。

有的教师因为工作的问题，长期不能实现理想，或因为家庭问题，又不好对别人讲，产生了抑郁情绪。带着抑郁情绪的教师，不可能认真的设计教育教学方案，实施方案也表现不出应有的精细和耐心，这样也就自然而然地导致了不良的教育教学行为。

有的教师由于某种危险假设或不良幻觉而感到危险，想要躲避，以维护自身的利益，恐惧社会关系、恐惧教育教学活动、恐惧大庭广众，上课不敢直面学生，更不敢让领导和其他教师听课，不能正视学生的问难质疑。这样的话，产生无效甚至不良的教育教学行为也就在所难免了。

有的教师在自己的欲望和意图受到妨碍时会产生愤怒的情绪，带着满脸怒色去从事教育教学活动，不仅创设不了生动活泼的教育教学情境，而且还会破坏教育教学情境，甚至迁怒于学生，那就必然导致不良的教育教学行为，甚至会造成贻害。

有的教师在和学生的交往中，能使个人的感情与学生的感情相匹配，能用自己的感情指导学生的学习、生活，促进学生的发展，这类教师常常不严厉、比较平等、不爱惩罚。有深情的教师，学会了移情，其教育教学行为才能取得显著的效果。

与移情相联系的是利他主义情感，这是一种高尚的情感，教师职业要求每一位教师都应该具备这种情感。反之，教师和学生交往的目的不是为了学生的成长，而是为了满足自己的私欲，绝不会赢得学生的尊重。

（四）爱好

爱好和兴趣有着许多相一致的内涵，都是指人力求认识和趋向某种事物，并与肯定情绪相联系的个性倾向。爱好除了人对事物的认识、探索内心深处的秘密，还和活动相联系，是人从事某种活动的倾向。有兴趣的人不一定都能从事该项活动，但爱好某种活动的人既有认识主义倾向，也是积极从事该项活动者。

有的教师对自己爱好的活动就积极组织学生参加，对自己不爱好的活动就不组织学生参加，对自己爱好的知识内容不惜占用大量的时间，津津有味地宣讲，对自己不爱好的知识内容则走马观花、泛泛而过，见学生钻

研自己爱好的学科内容就热情地指导，见学生钻研自己不爱好的学科内容就等闲视之。诸如这样的教育教学行为，绝不会促进学生全面地、健康地发展。

还有的教师以批评甚至讥讽学生为嗜好，这样不仅挫伤了学生的自尊心，而且常常给学生造成伤害，这是教师职业的大忌。

为了促进学生的全面发展，教师应抛弃不良的、有害的嗜好，具有广泛的爱好，即使自己不爱好的活动、学科，也应该使学生“深受鼓舞，喜悦不已”。

(五) 气质

气质是不依活动目的和内容为转移的，是典型的、稳定的心理活动的动力特征。气质具有明显的天赋性，具有稳定性，“江山易改，禀性难移”就是这个道理。但它在生活环境和教育影响下，在一定程度上是可以改变的，古书《张子会书·语录抄》中就有“为学大益，在自求变化气质”之句。感受性、耐受性、外倾性、内倾性、反应敏捷性、行为可塑性、情绪兴奋性都是气质类型的心理指标。

具有胆汁质的人，精力充沛、表里如一、内心外露、率直热情，情绪发生快而强，言语动作难以自制。具有胆汁质的教师应怒到心口忍一忍，要想到“退一步海阔天空”。否则，如果遇到了不高兴的事，就会对学生暴跳如雷。虽然他们在情绪爆发之后很快就会平息，但其已经挫伤了学生的自尊心自信心。再者，具有胆汁质的教师虽然智力活动具有极大的灵活性，但在理解问题、制订教育教学方案方面常常不求甚解、粗枝大叶，因而必须时时提醒自己。

具有多血质的人，反应迅速、富有朝气、活泼好动、动作敏捷、情绪不稳定、内心少外露、粗枝大叶。因此，具有多血质的教师胸中要有长远的目标，也要有中程的、短程的目标，要牢记“认真”二字，避免粗枝大叶，在困难的时候，要看到成绩、要看到光明、要提高勇气。

具有黏液质的人常常稳重，但灵活性不足；往往踏实，但有些死板；沉着冷静，但缺乏生气。面对信息瞬息万变稍纵即逝的社会，面对科技迅速发展知识更新加速的时代，面对多元化的朝气蓬勃的学生，死板的教育教学行为显然跟不上时代的节拍，具有这种气质的教师应注意不断提高自己。

具有抑郁质的人，敏锐、稳重、体验深刻、外表温柔、易倦、情绪发生慢而强、胆小孤僻、行动缓慢、无力，这类教师对培养学生积极观察社会、学习社会、融入社会，往往会产生不良的教育教学行为。这样的教师

应积极投入社会，在与人的交往中改正自己的缺点，发扬反应敏捷、意志经久不衰的长处，引导学生发现问题、解决问题、能动地改造社会，才能产生良好的教育教学行为。

“人有悲欢离合，月有阴晴圆缺，此事古难全”。人的气质千差万别，上述四种气质类型仅是一种典型的划分，每一种气质的鲜明代表人物毕竟是少数中的少数，大多数人都是近似于某种气质，同时与其他气质混合在一起。它只是告诫我们“救寒无若重裘，止谤莫若自修”正像明晃晃的金银存放在阴暗的底面一样，因为我的改变被我往日的过失所衬托，将显得格外耀人夺目，格外容易博取国人的好感。

(六) 个性

上述五个方面虽没有直接写个性，但都从不同的侧面谈了教师教育教学行为的个性归因，但编者总觉还不全面，因此在这里再专门分析一下教师的个性心理。

个性指的是一个人总的精神面貌，它包括人的需要、兴趣、气质、能力、性格、理想、信念、世界观等内容。人的个性一旦形成，便具有了相对的稳定性，但生活条件的变化和教育的影响也能导致个性的变化。构成个性的各种心理成分相互联系、相互依存和相互制约，甚至还会有冲突。当冲突过分激烈时，个性这个有机整体就瓦解了。个性不同，各如其面，这种独特性也是生活条件不同、阅历不同造成的。个性作用于人对客观事实的反映，不是消极被动的，而是积极能动的，可以转化为人活动的动机，可以形成对待事物的态度，可以产生自觉的行为。

毫无疑问教师是有头有脑、有血有肉的一般人，他们的个性也必将影响到他们的教育教学行为。根据斯多蒂尔首先提出，迪格曼、高德伯格、霍根、麦克瑞、科斯塔也先后表示赞同的大五维个性模型，个性可以用五个广义的维度来描述，它们是：应变能力、情绪稳定性、责任感、情绪愉快和智力。

五、教育教学行为的智能因素

明朝文学家庄元臣说过：“圣人之智如日，贤人之智如月，士人之智如烛……如日者，无所不照，无所不彻也；如月者，无所不照，有所不彻也；如烛者，思至则见，不思不见也。”他道出了智慧、智能的重要性，就是市井人物也都需要有智力，智慧对于心灵犹如健康对于身体。因此研究教师的教育教学行为，必须研究他们的智能因素。

哈佛大学的霍华德·加德纳教授多年来致力于人类认知能力发展的研

究，他提出了新颖实用的智能概念，每一种智能必然具有发展特征，也必然能在某些特殊人群中展现出来。它们是“在实际生活中解决所面临的实际问题的能力。提出并解决新问题的能力，对自己所属文化提供有价值的创造和服务创造力”。他建立了一个更为宽泛的多元智能理论，把这一理论具体地应用到教育教学实践，产生了广泛而深远的影响。多元智能理论简述的智能主要有：①语言智能；②逻辑—数学智能；③空间智能；④身体—运动智能；⑤音乐智能；⑥人际关系智能；⑦自我认识智能；⑧自然观察智能。

（一）语言智能

语言有色，色彩斑斓，热的明快，冷的暗淡，赤橙黄绿，彩虹蓝天；语言有情，情跃纸面，催人奋进，跃马扬鞭，以言写悲，凄凄惨惨；语言有境，变化万千，娇莺自在，戏蝶流连，扑打格斗，硝烟弥漫；语言有声，如拨玉盘，巍巍汤汤，流水高山；语言有味，苦辣酸甜，以言化香，香气扑面，以言喻苦，如嚼黄连；语言有慧，智谋双全，遣龙出海，调虎离山，手不释卷，雄兵百万；语言传世，人类发展，前人经验，后人之鉴，抛砖引玉，扬长避短；语言可以望远，上下五千年，历历在眼前；语言可以显微，基因千千万，一一被揭穿。我们的时代和曹雪芹所处的清代是那么的遥远，但红楼一曲使我们看到了“一把辛酸泪”和“满纸荒唐言”。我们与鲁迅素昧平生，竟听到了他那匕首投枪的呼啸和震耳欲聋的《呐喊》！作为教书育人的教师，只有锤炼语言，才能促进新人的全面发展。在思维的拐弯处、在知识的生长点，用诱导启迪的语言给予适当的提醒和指点。在他们困惑时、在他们烦闷时，用幽默风趣的语言将他们的激情的火把重新点燃。当他们消沉时、当他们颓废时，用鲜活明快的语言使他们兵不懈怠、马不卸鞍，将其发展再次攀登高峰。

语言作为一种教师的智能，教师不仅要恰如其分地运用，而且还要注意开发学生的语言智能。教师要以学生学习语言运用语言作为教育教学的起点，并且时刻关注语言技能的自然发展；要把语言当成一个整体，而不是把教学成分肆无忌惮的分割成星星点点，教育教学语言要由浅入深、由易到难，既带有泥土的清香、电焊的弧光，又带有作家的睿智、演员的飒爽，自自然然，符合儿童心理兴趣和儿童的成长；要把握语言的火候，不能使儿童昏昏然飘飘然，也不能挫伤儿童，贻害无穷。语文教学还要注意读、写、听、说综合一体，要注意融入社会这个大课堂、生活这个大源泉。

(二) 逻辑—数学智能

数学作为一种智能，包含数学、科学、逻辑三个相辅相成的内容，源于儿童与环境中的物体的互动。吃两个果子，抓一个玩具，抽象为数，把具体事物抽象为数学符号，用抽象符号去处理抽象事物，从“感觉运算期”发展到“形式运算期”，由生活语言转换为数学语言，由数学语言转换为生活语言，重点是思维智能的发展。

有人说，数学是一系列单调的数字、算式、图形、函数、方程的垒砌，枯燥无味。也有人说，数学对于一般人来说没有什么用处。殊不知，花花世界人流于世，谁人能离开数学？要不是数学科学的飞速发展，那神机妙算的计算机就难以问世。也有人说，数学中经常有假设，好多都不符合实际情况，殊不知，那是为了便于研究、便于抽象、便于建模。如果没有这些假设和建模，也就没有今天这精神物质双文明的现代世界。人之可贵，贵在善于联想，捕捉那稍纵即逝的信息；贵在掌握认识论和方法论，运用之妙，存乎一心；贵在能创造性地思维，创造性地学习，创造性地工作。数学是一种工具，更是一种人人都离不了的思维方法和品质。发展数学智能，可以使人的思维深刻而广阔、敏捷而灵活，善于批判、敢于创造，使人们能用数理统计的观点即辩证唯物主义的观点去洞察周围的一切。

逻辑—数学这一智能不是数学教师特有的，而是所有教师都必须具备的。在设计教育教学时、在教育教学过程中、在反思自己行为时都离不开逻辑思维、形象思维和创造思维，都需要熟悉数量、图形、时间、空间和因果的概念，都需要科学地抽样、搜集并整理数据。解释数据及图表资料信息，综合出规律的东西，用样本估计总体，都需要形成假设、建构模式、发展例证、建立论点，进行确证和驳证。

但是，作为教材的数学被人为地剥离了客观的自然实际性，去掉了工程的宏伟和泥土的清香，教师在促进儿童逻辑—数学智能发展的时候要还给它本来的面目，让数学进入学生的生活。再者，数学有一套科学的体系，具有严密的逻辑性、高度的抽象性和广泛的应用性，要根据学生的年龄和发展的进程，由浅入深、由易到难地螺旋上升，自自然然地进行。因此，要让数学故事、数学游戏、数学谜语、数学魔术、数学对弈进入课堂。不仅要重视公式，而且要重视过程、重视思想方法。如概念教学，要重视形成过程，定理教学要重视发现过程和证明过程，计算教学要展示算理算法，应用教学要重视策略和思路的过程。要切记“数缺形时少直观，形缺数时难入微”，要联系相关学科解决实际问题。

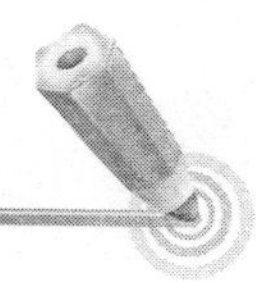

(三) 空间智能

空间智能是指人们利用三维空间的方式进行思维的能力，如航海家、飞行员、雕塑家、画家、建筑师所表现的能力。他们不仅能够知觉到外在的和内在的图像，而且能随时变换，甚至进行艺术化地处理直观的心理图像，创造图形信息，有效地调整物体的位置，有效地利用空间、装饰空间，在空间里自由自在地驰骋，“运筹帷幄之中，决胜千里之外”。

视觉与空间、智能与空间是人类处理信息的两种渠道，包括空间映像和视觉记忆术在内的所谓视觉化。尽管与视力并无直接关系，但它确是空间智能的核心，一个人如果没有视觉—空间智能，犹如灵魂没有眼睛，简直无法生存。

把视觉—空间智能作为专业教师的一种智能，往往被认为是空间想象能力，甚至误认为是数学教师特有的智能。数学教师特别强调数形结合、特别强调空间观念，具有特别强的教室映像的视觉记忆术。他们经常用黑板面、课桌面、书面、门板面、墙壁面、天花板当平面，用教鞭、书棱线、黑板框、门框、电棒当直线，深入浅出讲解线线、线面、面面关系。其实不然，视觉空间智能作为处理信息的主渠道，什么学科的教师都必须具备。比如教师进行课堂教学时，都有一个创设视觉化的学习环境的任务，进修学习需要记录视图化笔记，设计教案、板书教学流程图也需要视图化，每单元的总结复习提纲也都要视图化，这样才能有效地应用。给学生提供的材料也要符合视觉变化，教具、学具也要形象化，以融合视觉和语言艺术。具有提高视觉—空间智能技术，就像建筑师那样的思维、雕刻家那样的视觉、画家那样的眼力，使学生心灵触发、欲罢不能、不思不行。如果你的讲课、你所准备的一切不能成为学生脑力激荡的工具，那么想提高教学质量，则是一种难以实现的幻想。

(四) 身体—运动智能

大文学家苏轼说过：“日月以日行故明，水以日流故不竭，人之四肢脚以日动故无疾。”事实正是这样，日月因为每天运转不息，所以永远大放光明，江河的水永远奔流，所以没有枯竭的时候。人的生命贵在运动，心动、脑动、眼动、四肢动，经常运动才能身体健康、事业有成。运动员、舞蹈家善于支配自己身体，锻炼了身体、陶冶了情操、磨炼了意志、塑造了艺术、造福于社会、有功于人民。外科医生和手艺人都有着一双精巧的手，化卧病为健康、化腐朽为神奇、化瓦砾为珠玉，皆因为他们的触觉灵敏，优于外显思维，能巧妙地操纵工具和调整自己身体，这是他们蜚声社会的重要特性。

身体—运动智能往往被认为是体育教师、美术教师的特有智能。毋庸讳言，体育、美术教师在这一方面的确技高一筹，但其他学科的教师能创设身体学习的环境，能用彩笔描绘出自己的倾向，能用优美的身姿说出自己的心声，学生就会心领神会、产生共鸣、欲罢不能、自进不已、走向成功。不管哪一科的教学、哪一种教育活动，都必须有一个趋向鼓舞的环境和氛围，在教室和活动场地中设置人口区、储藏区、展示区、图书区、柔和区、动作区，让学生直接投入或参与其中，对于学生的多元化发展，将起着教师本人不能替代的、不可估量的功效。在教育学日益现代化的今天，这不是一件可做可不做的事，而是必须做、必须做好的重要工作。语文教师通过动作学习词汇，运用角色扮演来学习。数学教师通过演示理解算理，通过实验发现定理，通过鼓励学生做一做、切一切、摸一摸、比一比、量一量、算一算、想一想、议一议、说一说、用一用来形成概念表象。让游戏、魔术、美术、对弈进入课堂，将得到意想不到的成功。

(五) 音乐智能

豪放派词人辛弃疾词云："串玉一声歌，占断多情风调。清妙，清妙，留住飞云多少。"大意是幽雅、清妙、悠然的歌声，美得就像一串串宝玉那样放出光波，实在有说不清道不明的情调，怪不得天上的白云也能陶醉得停下脚步，在那里凝神欣赏了。

清人袁枚诗云："佳句。听人口上歌，有如绝色眼前过，明知与我全无分，不觉情深唤奈何。"诗人与唱歌的人素昧平生，但那优美的佳句、悠扬的歌声给诗人带来了无比的喜悦，就像看到了绝代佳人，便按捺不住自己的钟情一样。

如果每一位教师具有音乐智能，就能敏锐地感知音调旋律、节奏和音色，把音乐智能内化于自己的教育教学语言之中，准确简明、生动得体、色彩鲜明、韵律和谐、转换自然、亲切温和、发音准确、吐字清晰，再恰如其分地进行动作演示，就能在思想上引起学生的共鸣，使之鼓起参与的勇气和激情，"譬之时雨春风，沾被卉木，莫不萌动发越，自进不已"。

教师应把音乐引进教室，和电化教学手段、多媒体教学手段结合起来，构成音像教室。根据学生疲劳的规律（第一次疲劳大约在上课开始第15分钟到第20分钟之间，第二次疲劳大约在上课40分钟后）在学生疲劳时，以适当的方式有选择地播放音乐，如数学课播放数学故事、数学演唱、数学魔术，历史课播放历史故事电影片段或纪录片片段，自然课播放科教片片段、科幻小说片段，地理课播放配乐游记等。不过，背景音乐不可过长，几分钟即可，并且是偶尔使用，内容要刻意设计，这样对于促进学习将是

十分有益的。

（六）人际关系智能

人际关系智能是指能够有效地理解别人，与别人沟通有术，有与他人交往的能力，即参与社会的意识和能力都比较强，这涉及心智与身体运动的联系。人际关系智能强的人，具有影响同伴、组织同伴的能力，在社会上有一定的感召力。他们不仅经常有优异超人的魅力和表现，能对任何社会任何政治问题有与众不同的见解，而且很能体会别人的感受，对社会现象特别感兴趣，经常帮助别人，尊重他人的人格和价值，因而出类拔萃。

在现代社会中，一个人如果不积极地融入社会、不积极地与人交往，关起门来过日子，梦想“秀才不出门，全知天下事”，简直是痴人说梦。即使搞科学研究，不发挥团队合作的优势，单枪匹马，闭门造车，也是很难成功的。

教师这个职业，就人际关系智能而言是个弱者。把人际关系智能作为教师的智能，将是一场深刻的革命。“大鹏之动，非一羽之轻，骐骥之速，非一足之力”“蛟龙得水而后立其神，人主得民而后成其威”。富国强民，民族复兴大业要靠十几亿人民的共同努力。另外，“脱离政治，脱离社会，脱离实践”地死读书、读死书，无益于学生的全面发展。

把人际关系智能作为教师的智能，就要求教师能认识并使用各种心智与他人交往，能察觉别人的感情、思想、动机、行为、习惯，能洞察种种社会现象或政治议题的不同观点，能影响他人的意见和想法，能有效地调解人际关系，能团结同志一道工作，在集体活动中能承担上至领导、下至成员的各种角色的工作。

人际交往的能力与尊重他人、宽宏大度、礼之与人密切相关，“你敬他一尺，他敬你一丈”“宰相肚里能撑船”讲的都是这个道理。正像培根所言：“一个人若有好的仪容，那是与他的名声大有裨益的，并且，正如女王伊萨伯拉所说，那就是好像一封永久的荐书一样……”。

（七）自我认识智能

《孙子兵法》中说：“知彼知己者，百战不殆；不知彼而知己，一胜一负；不知彼，不知己，每战必殆。”意思是了解敌人、了解自己，百战都不会有危险；不了解敌人，却了解自己，胜败则可能各半；既不了解敌人，也不了解自己，那就每战都有危险了。这里讲的“知己”，是一种自我认识智能，它是一种自我知觉的能力，并且善于利用这种智能自我定位、自我规划、自我激励、自我反思、自我改正、自我导向自己的人生。

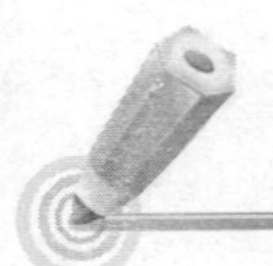

对教育事业执着追求的教师，不但要当“教书匠”，而且还要有当教育家的宏大理想。实现这种理想，就得具有自我认识智能，就得不断地自我检查、自我反馈、自我反思，确定个人真正关心的是什么、自己希望的是什么。要想实现这些愿望，必须具备哪些特征，哪些已经具备了，哪些还有待培养。找一位在该领域中博学的人士，担任自己的导师；找一位已经有所建树的教师作为自己的楷模和搭档，制订一个完成目标的短期计划和日常作息实施细则。

教师了解自我认识的过程，就应该想办法预设一个培养自我认识的环境，甚至可以成立一个由学校职员、学生、家长、社群组成的平等参与合作的组织，大家互相讨论，选定一些可以实现的目标，使学生的学习富有挑战性。教师要有作业计划、活动项目和提高认知的反思表格，自我指导学习，从而提高自我认识智能。

(八) 自然观察智能

自然观察智能是指人类能动地认识自然、利用自然、改造自然的能力。不仅是自然学科教师要具备自然观察智能，每个教师都应该具备这种智能，人人都要具备这种智能。人生在世都要吃五谷杂粮，都要识人间烟火，都要读书、读人、读社会。如果教师能兴致勃勃地探索人类和自然环境，积极开发利用教育资源，甚至创设自然观察的学习环境，上课举例论证就会有的放矢、饶有兴趣，讲的知识不是僵硬的死尸，而是活生生的自然现实，也能正确地回答学生的质疑问难。教师具备了这种智能，就可以组织学生成立自然观察活动中心，建立教室博物馆，把自然当课程，走出三间课堂，扔下“秀才”的帽子，去揭示大自然的真谛，提高学生视觉观察、非视觉观察的能力，科学地确定大自然各种族的关系和类别，关心物种变化和演变、生态环境和食物链，从而有效地利用自然、改造自然，保持人类赖以生存的自然环境，使学生真正成为全面发展、社会有用的人才。

六、教育教学行为的人格因素

(一) 人格

清朝诗人袁枚诗云：“精神为主人，形骸为屋舍。主人渐贫穷，屋舍亦颓谢。”他以主人贫困，所居的屋舍也就显得破败不堪，比喻一个人如果人格不美、意志颓唐，其外表也就显得衰微不振。一个教师如果没有高尚的人格，就得不到学生的敬重，他所教的班级也不可能有凝聚力，他的教育教学行为对学生发展的促进作用也不会大，甚至会给学生带来贻害。

一个人的完整人格，包括人格心理特征和人格倾向性两个方面。人格心理特征又包括能力、气质和性格，它们表现在人们活动效率和活动风格方面的差异上；人格倾向性包括需要、动机、兴趣、理想、信念、世界观、人生观和价值观。它们相辅相成地制约着人格心理特征。人格是人的整个精神面貌的表现，具有内在统一性。一个有血有肉的正常人，总是能够正确地认识自我、自我反思、自我品味，能及时地调控自己的心理世界出现的心理冲突，使得动机和行为相一致。人的人格特征各异，因而人的人格也是独特的。人的人格虽有先天遗传因素，但不占多大的比重，它是在后天环境和教育、阅世的影响下逐渐形成的，还明显带着社会文化方面的色彩，既具生物性，又具社会性；既具稳定性，又具可变性。因此，人的人格是可以塑造的。

(二) 人格因素

美国心理学家卡特尔研究得出，每个人身上都具有以下16种人格因素：① 乐群性；② 聪慧性；③ 情绪稳定性；④ 恃强性；⑤兴奋性；⑥ 有恒性；⑦ 敢为性；⑧ 敏感性；⑨ 怀疑性；⑩ 幻想性；⑪ 世故性；⑫ 忧虑性；⑬ 激进性；⑭ 独立性；⑮ 自律性；⑯ 紧张性。

虽然这16种人格因素在每个人身上都能找到，但表现程序有所不同，比例也不尽一致，这就构成了大千世界的七彩人生。

研究教师教育教学行为的人格因素，首先，应把教师看成是社会发展中的发展的人；其次，看待教师的人格要看他的整体人格不能割裂；再次，要以动态静态两个方面相结合地去品味教师的人格；最后，看待教师的人格，既要看到稳定性，又要看到可变性，教师是知识型的成年人，人格相对稳定又可变可塑。不然的话，研究教师教育教学行为的人格因素就没有什么实际意义了。

(1) 乐群性人格的教师性格外倾、以诚待人、乐于助人，能建立良好的师生关系，能和其他教师愉快地合作，能施行良性的教育教学行为。但不讲原则、随方就方、随圆就圆，事不关己、高高挂起，明知不对、少说为佳，不求有功、但求无过，有时也会产生不良的教育教学行为。

(2) 聪慧性人格的教师，把聪慧用到挖掘学生和自己的潜能上，即用到各项智能的开发上，用到促使学生的健康成长和自己事业的成功上，必然“无所不照”“无所不彻”“思至则见，见至则成”，教育教学成绩斐然。否则，要小聪明、卖弄小伎俩，则太强必折、太张必松，这同样会产生不良的教育教学行为。

(3) 情绪稳定性人格的教师，如果倾心于教育事业、倾心于学生，踏踏

实实、兢兢业业、持之以恒、善始善终，必能促进学生的健康发展。但是，不易接受新事物、不易激发活力，没有激情和朝气，甚至不思进取，和朝气蓬勃天真烂漫的小伙伴相处就显得不大协调，也就有损自身的事业。

(4) 恃强性人格的教师，如果对自己要求自强不息、对工作要求恃强不弱，咬定促进学生的发展不放松，干一行、爱一行、红一行、专一行，教育教学成绩必然显著。但对学生常显示出支配性、权威性，他们的班级富有组织性和可控性，闻风而动、雷厉风行，但学生却谨小慎微、唯唯诺诺，一旦矛盾激化，后果不堪设想。如果教师占有欲太强、倚大欺小、体罚或变相体罚学生，也会给学生的心灵造成创伤，其不良教育教学行为造成的贻害也不可低估。

(5) 兴奋性人格的教师，如果对学生倾入全方位的爱、对工作充满激情，胜不骄、败不馁，能激励学生乐观向上、健康发展，有那么一种拼命精神，其行为是十分有益的。但教育教学之道毕竟是一张一弛、有劳有逸的，应注意不可太强太张。

(6) 有恒性人格的教师，如果把这“恒”字用到自己的工作劲头上、用到促进学生的发展上，开弓没有回头箭，“不到长城非好汉”，教育教学成绩一定不错。但不能和调皮学生较劲，应对性格不同的学生采取不同的方法。

(7) 敢为性人格的教师，敢作敢为、敢说敢闯，敢破敢立，敢于做前人未竟的事业，在教育教学上敢改善改，其行为效果相当不错。但若敢为而不善为、敢说而不善说、敢改而不善改，有勇无谋、鲁莽行事，也无益于学生的发展。

(8) 敏感性人格的教师，把敏感用于了解学生性格上，可以发现别人难以揣摩的心理状态；把敏感用于教育教学过程中，能抓住那稍纵即逝的反馈信息；把敏感用于科学研究上，常常有“顿悟”“直觉”“灵感”应运而生。但不能神经过敏，处事也要大事清楚些、小事糊涂些，不必斤斤计较，否则，容易造成不良人际关系。

(9) 怀疑性人格的教师，敢于怀疑、敢于否定、敢于站在大人物的肩上继续攀登，能从报缝里看问题、能发现别人不易发现的情况，甚至还有可能发明创造，对培养学生思维的怀疑性、批判性、独创性大有益处。但不可怀疑一切，如坠云里雾里，也不可疑神疑鬼。要坚持身正不怕影子斜，要做到疑人不用、用人不疑，否则就不能建立活泼宽松的人际关系，有时会钻牛角尖、作茧自缚，甚至不能自拔，也不易形成学生正确的世界观。

(10) 幻想性人格的教师，善于构思、长于想象，春云可生纸上、秋涛可起胸中。幻想如果建于合理的基础之上，那就成了崇高的理想，她是人

们精神世界不落的太阳。为了理想而工作，行为也显得格外高尚，那正是太阳放射出来的绚丽的光芒。这样的教师指导的学生，将终日沐浴阳光而茁壮成长。但幻想没有真实作基础，没有执着的追求，云里来、雾里去，那将是一场空忙。没有收获，也就显得格外凄凉。苏联作家奥斯特洛夫斯基在他的著作《我的幻想》中写道:“从早到晚整天幻想，甚至夜间也想……一天又一天，一月又一月地翻来覆去，它是不断改换的，像太阳一出一没似的……幻想对于我好像是一种奇妙的充电，我就像蓄电池，我消耗很大能量我也发电。”

(11) 世故性人格的教师，好像看破了红尘，见了舞台就唱，见了好处就草草收场，虽然一团和气，出不了大的失误，但教出的“人才”也派不上什么大用场。

(12) 忧虑性人格的教师，忧虑学生的发展、忧虑自己追求的事业，忧虑祖国的建设、忧虑社会的需求，并不懈地工作、不懈地求索，那丰硕的果实必定挂满枝头。如果看这不中意、观那不理想，泪水独自流，学生也忧愁，那是解决不了现实问题的。他应往前看，沉舟侧畔千帆过，病树前头万木春，后天下之乐而乐，先天下之忧而忧。

(13) 激进性人格的教师，有激进性的思维、激进性的计划、激进性的工作，他带出来的学生朝气蓬勃、红红火火。但激进离开了现实、激进抛开了对象，多、快、好、省将会变成少、慢、差、费。殊不知，人的发展需要日久月化，科学文化在于日积月累，既要有朝气，又要有静气，要点点滴滴在心头，朝朝暮暮岁月稠。

(14) 独立性人格的教师，情绪稳定，不受外力影响，能独当一面，一步一个脚印地往前走，耳到、眼到、心到、口到、身到，高额的付出必将换回高额的回报。但要注意从众合群，与全体师生团结一致、互相合作。

(15) 自律性人格的教师，长于反思、善于自律，贵有自知之明，上行下效，果实丰稠，但要注意善待自己，不要苛求。

(16) 紧张性人格的教师，为了学生的发展紧紧张张，无暇放松，用心良苦，回报也低。但不能精神紧张、自添忧愁，应宽待自己，更要宽待小朋友，还他们一个乐动乐玩得愉快童年。

(三) 健全人格的几种模型

1. “成熟者”模型

美国人格心理学家奥尔波特在哈佛大学对心理健康的人进行了长期的研究，并把他们称作“成熟者”。立志做“成熟者”的教师，应做到以下7点。

(1) 有终身学习的思想，有开发利用教育资源的能力。

(2) 乐于与他人，特别是与学生交往，关系融洽，富有魅力。

(3) 情绪上有安全感、满足感。

(4) 具有现实性知觉，实事求是，与时俱进。

(5) 贵有自知之明，自尊、自爱、自重、自强、自信。

(6) 有一整套教育教学技能，特别是现代化教育教学技能，并专注于教育事业。

(7) 言行一致，表里如一，善始善终，为人师表。

2. “自我实现者”模型

美国人类潜能研究的先驱者、人本主义心理学家马斯洛，对“自我实现者”进行了研究，发现这些人都满足了自己自我实现的需要，所有能力都得到了运用，所有潜能都得到了挖掘，得到了“用武之地”。立志做“自我实现者”的教师，应做到以下 14 点。

(1) 能科学地认识现实、能科学地认识学生，有渊博的知识、有较高的教育教学技能。

(2) 对社会、对自己、对他人，特别是对学生能够最大限度地认同和接纳，乐观向上。

(3) 有自然、朴实和纯真的美德，深得学生的爱戴。

(4) 经常关注社会问题，开发利用教育资源。

(5) 有“身居闹市，一尘不染”和“操与霜雪明，量与江海宽”的超俗品质。

(6) 在工作中能不受文化和环境的约束，独当一面，富有创意。

(7) 有高品位的鉴赏力。

(8) 常有高峰体验，登高山复有高山，出瀛海复有瀛海，任龙腾虎跃。

(9) 能和别人特别是和学生建立持久的友谊，“结交淡若水，履道直如弦”。

(10) 具有民主的价值观，善于构建生动活泼、融洽向上的教学氛围。

(11) 遵纪守法，礼貌待人，“己所不欲，勿施于人”。

(12) 语言幽默，富有哲理，婉转生动，不伤他人。

(13) 能创造性思维、创造性工作，以创造教育来教育创造。

(14) 对待历史文化能吸取精华、剔除糟粕、批判继承、推陈出新，积极地适应现有的社会文化类型。

3. “功能充分发挥者”模型

美国人本主义心理学家罗杰斯认为：“功能充分发挥者”在许多方面都

一个刚出生的娃娃，“天然去雕饰，落地出芙蓉”，一个纯洁的自我，无阻的善美。认为幸福不在于所有生理需要都得到满足，而在于积极参与现实的心理倾向、在于持续地奋斗，而不是它的结果。立志“功能充分发挥者”的教师，应做到以下5点。

(1) 能借鉴古今中外的教育教学理论与实践，别人的经验理论都能正确地符号化地进入自己的意识领域，为自己的教育教学实践所用。

(2) 始终把自己当作一个普通劳动者，不骄不躁、不卑不亢，和别人融洽相处。

(3) 以自己内在的评价机制来评价经验教训，建构自己的知识网络。

(4) 自我教育、自我挖掘、自我反思、自我评价、自我总结、自我定位、自我改过、自我鞭策，且贵有自知之明，做到“清溪奔快，不管青山碍，千里盘盘平世界”。

(5) 具备利他主义的高尚情操，无条件地关心他人，特别是无条件地关怀学生，高度协调其关系。

4. “创发者”模型

美国心理学家埃·弗洛姆认为，每个人都有充分利用自己潜能成长和发展的固有倾向。之所以很多人的潜能没有发挥出来，是因为社会本身的压抑和不合理，病态的社会产生了病态的人格，阻碍了自身的发展，正像别人是灯泡，被安装在天花板上，我也是灯泡，比他们的更亮，但被安装在瓦罐里一样，他强调或许社会变革是产生大量健康的“创发者”的唯一途径。“创发者”可以使用自己的所有力量和所有潜能，“蛟龙得云雨，终非池中物”。立志做“创发者”的教师，应做到以下4点。

(1) 创发性地爱学生、爱教育事业，建立一种自由平等宽松融洽的人际关系，使人意识到关怀者与被爱者关系密切。

(2) 创发性思维、创发性工作，使人意识到对思维对象、工作对象有满腔的热忱和极端地负责任。

(3) 不图名、不图利，忘我地工作，有真正的、生机盎然的、充满活力的、爆发潜能的幸福的体验。

(4) 以利他主义的情操、人本主义的良心为其定向系统，毫不利己专门利人，实现个性的充分发展和表现，极大地完善自我。

七、教育教学行为的优化

古人云：“开源不亿仞，则无怀山之流；崇峻不凌霄，则无弥天之云。”意思是挖掘地下水，如果不挖得亿仞那样深，就不可能涌流出能够环绕高山

的泉水；堆土要是不堆到入云霄那样高，也就不会在上面弥散着铺天盖地的浓云。教师的教育教学行为就像这挖水、堆土一样，如果没有独具匠心的设计，不能整体地优化，就无法极大地促进每个学生的健康发展。教师会不等于学生会，教师的技能也不等于学生的技能，从教师会到学生会，从教师的技能转化为学生的技能，这是一个漫长的、科学性技术性都非常强的过程。教要有法，教无定法，贵在得法，贵在启发，重在实践。古今中外的教育教学理论和方法，都是他们从无数次的教育教学实践得来的，都是教育教学艺术的瑰宝，我们都可以借鉴。但他们都有当时历史的局限、地域的局限、文化的局限、实践的局限，都或多或少地有着个人因素。月有阴晴圆缺，此事古难全。在那个历史条件下适应，拿到当代就不一定能适应，在他们那个地域是好方法，在我们当地就不一定是好方法。教研科研、教育教学改革，不是随波逐流、不是为了赶时髦、不是简单地去掉旧模式旧方法，换成一个新模式新方法，不是翻烧饼似的从一个极端走向另一个极端，而是要批判地继承、扬弃地继承，“剔除其糟粕，汲取其精华”“古为今用，洋为中用”“百花齐放，百家争鸣”“推陈出新”“有所发现，有所发明，有所创造，有所前进”，而是要依据学生自身的特点和需要，依据培养目标和计划，依据教育教学内容的内在结构和联系，依据学校的设备和条件，依据教师自身的经验和素养。入山见木，长短无所不知；入野见草，大小无所不识。大胆实践，都能找到一套优化的适合学生发展的、带有教师本人特色的教育教学的模式、方法和风格。它的标准是什么呢？标准应该是适应学生的发展，能满足社会的需求，能得到实践的检验。那么怎样才能使自己的教育教学行为优化呢？下面从教育、教学两个方面来谈谈我们的看法。

（一）教育行为的优化

1.教育环境的优化

唐朝大诗人孟郊诗云：“谁言碧山曲，不废青松直？谁言浊水泥，不污明月色？”事实上，形状不正的青山会影响苍松长得挺直刚劲，月色倒映在浊水的泥塘之中，月光就变得不再那么亮洁皓亮了，这实际是暗喻人的发展与环境有关，“橘生淮南则为橘，生于淮北则为枳”也是这个道理。教师要善于创设一个有利于发展学生语言智能的环境，要善于创设一个有利于发展学生思维智能的环境，要善于创设一个有利于学生视觉化学习的环境，要善于创设一个有利于学生身体成长的学习环境，要善于创设一个音乐化的学习环境，要善于创设一个积极向上的人际关系环境，要善于创设一个培养自我认识的环境，要善于创设一个有利于自然观察的学习环境，即创设一个人人都民主平等的学习环境，创设一个宽松的任凭学生龙腾虎跃的发展环境。

2.学生社团组织的优化

教师应帮助学生组建一些自愿参加的学习研究社团组织，轮流担任从社长到干事的所有角色，让学生自己确立活动目标，制订活动方案，记下活动日记。在社团活动中，教师应实行松散管理、参谋指导，但不能撒手不管、放任自流。

给他们一个时间，让他们自己去主宰；给他们一个冲突，让他们自己去缓解；给他们一个困难，让他们自己去克服；给他们一个疑团，让他们自己去解惑；给他们一个现象，让他们自己去揭真；给他们一个案例，让他们自己去裁决；给他们一个反映，让他们自己去实验；给他们一个任务，让他们自己去决策；给他们一个问题，让他们自己去解决；给他们一个果实，让他们自己去采摘；给他们一个图纸，让他们自己去制作；给他们一个病例，让他们自己去诊切；给他们一个成果，让他们自己去推广；给他们一个项目，让他们自己去调查；给他们一个工程，让他们自己去建筑：给他们一个空间，让他们自己去涂画。

3.教育活动的优化

学校、班级组织的大型活动，要做到目标明确、方案科学、组织有序。活动的目的是为了导行，因而要注意在辨析中导行、在训练中导行、在创设情境中导行、在活动延伸中导行。

除了学校和班级开展的大型活动以外，还要开展各种各样的小型活动，如专题讲座、知识竞赛、参观访问、社区服务、时事报告、科技剪影、文艺表演、工艺美术、案例分析、故事比赛、法理探究、角色扮演、游戏谜语、发明制作、标本采集、博物展览等。

4.教育方法的优化

教育方法要灵活多样、潜移默化、因人因时因事因境制宜，内化于行动要求的释解上，内化于角色扮演的指导上，内化于个人表演的评价上，不能教师代包，不能千人一面，不能形式单一呆板。赞扬不过分，批评刁难不过激。教师要做到语言熏陶，风度暗示；情感感染，环境催人；典型引路，榜样示范；畅所欲言，励志明理；风趣幽默，发人深省；联系实际，生动得体；设疑布难，启迪思考；培养个性，促进发展；尊重人格，将正比心；“己所不欲，勿施于人”；动之以情，晓之以理，导之以行，持之以恒。

要牢记失败是成功之母，成功更是成功之母的道理。多表扬、少批评，在万不得已不批评不行的情况下，也要注意批评的艺术，以不伤学生的自尊心自信心为界限。批评的艺术有：①宽松的暗示式批评；②巧妙的鼓励式批评；③热情的商讨式批评；④和谐的换位式批评；⑤善意的指责式批

评；⑥刻意的示范式批评；⑦严厉的谴责式批评。要做到将心比心关心爱护、委婉迂回、声东击西、旁敲侧击、敲山震虎、绵里藏针、幽默调侃。另外，还要注意和学生多交流、多合作、多谈心。

5.师生沟通的优化

生活在多元化社会的多元化的学生，受社会环境、家庭环境的影响，产生各种各样的思想是在所难免的。教师要想促进他们的发展，必须贴近他们，增加交往、促膝谈心、积极沟通、加深了解，把握学生心灵上的疑点、难点、热点、困惑，做到细心解决疑点，以求顺心；热心解决难点，以求交心；诚心解决热点，以求明心；爱心解决困惑，以求暖心。教师和学生谈心，要注意谈心的最佳时刻，要注意谈心的最佳场所，要注意对象的性格特点，要注意谈心的最佳氛围，要注意谈心的最佳话题，要注意谈心的最佳方式，要注意谈心的最佳语气，要注意谈心的内容不向外传；要谈在他们的认识模糊时，要谈在他们感情的蛰伏时，要谈在他们的学习懈怠时，要谈在他们的知识欠缺时，要谈在他们选择机遇时，要谈在他们的行为偏执时，要谈在他们畏难自卑时，要谈在他们在态度冷静时。

6.支持家庭教育的优化

为了了解学生发展的需要、有效地促进学生的发展，教师要不失时机地做好家庭访问工作，支持家庭对子女的正确教育，改善学生的家庭环境。但要注意家长的个性以及家庭民主空气，使家长关爱子女、循循开导子女，配合学校对其子女进行教育。而不是简单的“告状”让家长打骂子女，必要时召开家长会，成立家长委员会。召开家长会时，班主任出面搭台，可以让小干部组织会议，可以让家长畅所欲言，提出对学校教育的意见，提升家庭教育的效果和层次；也可根据需要召开部分家长会议，解决班级的棘手问题；也可成立由学生、教职工、家长、社区群众参加的组织，使家长看到子女的进步，发现发展的障碍，促成健康的家庭教育。

（二）教学行为的优化

1.教学语言的优化

教学语言是指在教学活动中教与学双方所创造的一切语言的总和，其基本形式是有声语言、书写语言、媒体语言、姿态语言。这些语言直接作用于教与学双方的听觉、视觉等器官，对于学生来说，制约着他们学习的情感、注意力和思维力，甚至还影响着记忆的存储；对于教师来说，通过学生的姿态、眼神、表情、发言、板演等有声语言、无声语言来获得反馈信息，进行教学反思，进一步调控教学过程。因此，教学语言的优化程度

是提高教育教学效率的前提。这里，教学语言的优化主要是指教师的教学语言的优化，优良教学语言应具备的优良品质是教育性、规范性、科学性、生动性、启发性、精练性、严谨性、针对性、变化性、审美性、可接受性。有声语言要语言音量适中，语速快慢适度，节奏抑扬顿挫，语流流畅自然，风格风趣幽默，表意生动准确；不讽刺人，不挖苦人，不骂人伤人；书写语言要字迹工整、笔顺正确、结构匀称、大小适宜、位置适中、美观隽秀、提纲挈领、言简意赅，板书行间疏密得当，板面清洁整齐，书写快速流畅，手写口述一致；图形语言线段比例适当，数量关系清楚，线条流畅轻快，图形直观形象；媒体语言贴近学生生活，生动有趣，引人入胜，并注意时间顺序、空间关系、因果关系、并列关系、总分关系、交叉关系、对比关系；姿态语言要表情丰富、开朗大方、和谐适度、自然得体，富有魅力，以补充强化教学信息，沟通交流感情，指控交际过程。少批评、多表扬，常常出现的是舒展的眉头、晴朗的天空、信任的目光、赞美的微笑、肯定地点头、坚毅的拳头、象征性地挥手。时时避免消极的手势眼神，处处给学生带来巨大的精神力量。因此，教师要学习语法修辞知识，减少语言失误，利用反馈信息，纠正不良语言，利用教材的思维形式或思维方法锤炼语言，运用迁移规律优化语言，发挥姿态语言辅助教学，贴近学生生活，创造启迪语言。

2.课堂管理协调行为的优化

现在的课堂教学不能要求学生一直全神贯注、严肃紧张、永劳无逸、整齐划一，更不能要求教一学一、教二学二。有时候出现这样的情况：有的看书，有的演题，有的实验，有的讨论，有的吹毛求疵，有的班门弄斧，甚至辩论得面红耳赤，表面上看乱哄哄的，但确是积极向上的氛围，不但不能否定，而且应给予赞许式的肯定，但也不能无视纪律、有恃无恐、放任自流。教学过程中扰乱纪律的偶发事件有外扰型、困扰型、失误型三种，其原因有学生方面的，更有教师方面的。一方面，教师要自我反思，先找自身的原因。教师不认真备课或根本不备课，讲得枯燥无味、错误百出，使学生失去兴趣；教师讲授时无故出现停顿，学生感到莫名其妙，胡乱猜疑，无所事事，难免违反纪律；课堂提问设计不周，甚至随心所欲，无病呻吟，使人听了丈二和尚摸不着头脑，也难免引起哄乱；讲课内容过易过难，易者乏味，难者听不懂，不安分的学生便有机可乘；布置的作业含糊不清，学生听了无所适从，怎不嘀嘀咕咕；使用现代媒体不得要领，这里拉拉，那里按按，学生怎能不看热闹；有的教师不按时上课，随便走出教室，乱接手机，学生咋能不乱；教师衣冠不整出尽洋相，生涯岂能不破涕而笑；有的教师偏袒偏爱，亲亲疏疏，对优秀生期望很高，常给他们提供

机会和选择，而对落后学生很少给予帮助，甚至是置之不理，明眼的学生难免不平。这些现象大部分是教师无意识或不知情造成的，所以教师要经常对自己的行为进行洞察。一是要加强自身的修养；二是要注意问题的防范；三是要反思自己的行为，换位置进行思考，将心比心，及时矫正自己的行为。另一方面，对于原因来自于学生方面的问题，教师也要积极地疏通反馈信息通道，冷静地有效地观察课堂，积极进行解决，不要带个人成见，不要老是抱着自己的信念，不要太相信自己的经验。教师和学生之间存在着“代沟”，今天的学生不是昨天的学生，更不是过去的自己，要想客观地、实事求是地、恰如其分地分析产生问题的原因，就应该主动和学生交流，甚至需要请教学生，注意到正在发生什么、将要发生什么，尽可能早地准确地发现不恰当的行为，把这些行为扼杀在萌芽状态；不到万不得已的时候不点犯错误的同学的名字，特别是不知道是谁犯错误的时候，可以告诉附近的若干个同学应该做什么，不进行公开的批评，也避免不公正的批评；要让学生知道他们和教师是忘年之交，目标一致；尽可能地把学生的时间投入有益的学习研讨之中，就可以防范问题的发生，并把开小差之类的鸡毛蒜皮问题解决在发展成大麻烦之前。高效能的教师会同时做好几项工作，在与一个同学讨论时眼睛的余光会注意到其他同学，用适当的手势制止另一个同学的不良行为。教师促成纪律与任务促成纪律、集体促成纪律、自我促成纪律，四管齐下，相辅相成。对于偶发事件，则是临变不惊，尽可能冷处理；出于爱心，不激化矛盾；个别处理，不影响他人；实事求是，不文过饰非；是自己的错误，要当面承认，保护学生，敢于承担责任；打锅说锅，打盆说盆，过往不纠；因势利导，化消极因素为积极因素。教师要把眼光盯在学生的学习上，特别注意避免教学量的失控、度的失控、情的失控、法的失控，适时地进行环境制约。

课堂的管理与调控的优化程度，往往取决于教师的魅力，教师的魅力来自于他们的素质品质。重要的是，魅力型教师的行为能符合学生的需要，与学生目标一致，并能在共同的学习生活过程中表现个人品质的能力、战略素养和成功的经验，能展示对学生完成任务的信心，能唤起学生的多种心理动力。教师能另辟蹊径、出奇制胜、人格高尚、举止文雅、爱生切切，就有魅力，就能受到学生的爱戴和尊重，他所教的班级就有凝聚力，他的教学就会取得较大的成功。

3.教学辅导行为的优化

学生有多元的个性、基础知识的不整齐性，这就要求我们的教师在课后对有些学生进行一些必要的辅导。

教学辅导要了解每个学生的发展差异、要有明确的目的、要根据具体

情况，制订切实可行的辅导计划，要有针对性、要因材施导，要面向全体，抓住“两头”，对于待发展的学生要实施补讲性、方法性、讲评性，答疑性的辅导；对于学有余力比较具备天才的学生则要实施培优性、专长性、发散性、研究性、创新性的辅导。对兴趣小组的辅导则要实施活动性、实践性、趣味性、综合性的辅导。不管辅导对象如何，都要想方设法挖掘学生的潜能。

第二节　教师的教育管理

教育管理就是在特定的社会环境下，遵循教育的客观发展规律，最大化且合理的利用和整合各项教育资源，从而实现教书育人的目的。管理是一种社会现象，也是一种文化；管理是一门科学，也是一门艺术。教师在进行职业生涯规划时，要加强教育管理的修炼。

管理是一种社会实践，一种理性行为。教师的管理职责就是依据党的教育方针，国家教育法规政策和学科教学任务进行的社会实践。教师在实践的过程中，不仅仅是为了解决教育教学过程中产生的矛盾、出现的问题，更重要的是为了提高教育教学质量。

一、关爱学生是教育管理的基础

(一) 了解学生、打开关爱之门

关爱学生是教师从事教育的基础和前提。教师在了解学生生理、心理需求及变化时因势利导；在发现学生成长中的困惑时进行排解；在他们求学成才的过程中，不断地督促他们设立人生更高的目标，且为之不断地努力奋斗，做他们人生道路上的领航人；当他们遇到困难时能及时地开导并且协助他们克服困难，建立起学校的激情和热情，提高他们的学习能力，做学生学习的促进者和各种能力的培养者……关爱就是在这一系列的教育教学过程中，了解学生，叩开学生的心扉。

打开关爱之门，从了解学生生理、心理需求开始。心理学研究揭示：每个人天生都有被认同的强烈愿望，学生同样需要认可和鼓励。学生是教育管理对象，但绝不是被动的、机械的接受管理的个体，而是情感丰富、思维活跃、个性鲜明的社会的人。小学生会因为穿了件新衣服未被同伴注意而有失落感，青春期的学生会因为老师的忽略而变着法子表现自我。其实，认同也是关爱。“好漂亮的衣服啊”“长高了”“长壮了”“进步了” 一句话

语就是一种关爱。关爱的表达方法很多，一个眼神、一次抚摸都能给学生带来关爱的感觉。从这个角度来讲，教师对学生不要吝啬你的赞赏和鼓励，因为关爱是学生成长的催化剂，能收到意想不到的效果。人们总常说：老师的一句话，有时能改变学生的一生，影响到他未来的职业。认识、了解学生，是教师做好组织管理的基础。

(二) 尊重学生、铺平关爱之路

新课程注入的核心思想是一切以学生为中心发展，关注人、关注人的发展、以人为本的教育思想，是教育工作者的教育行为准则。

1.尊重学生的发展规律

教育管理者必须清楚地认识到：学生是“活物”，是遵循自然规律不断发展变化的。因此清晰地掌握、认识并且遵循其规律去实施教育教学活动，是做好组织管理工作的前提。这就增加了对教师的严格要求。需要教师不断地努力研究和学习，找寻学生自身发展的规律以及生理和心理需求，熟悉不同阶段的发展特点，积极开展有益于学生发挥潜力的教育教学活动。促使每个学生都可以成为积极的、具有培养前途的人，他们都是可以获得成功的。

2.尊重学生的独特个性

学生作为一个独立的个体，不单单只是学习者，还是富有感情和思想的人。每一个出生的个体会受家庭、社会风俗、所受教育等等因素的影响而呈现出千差万别的经历。从而形成了自身的独特性，所以，就有了诸如兴趣、爱好、动机、需要、气质、性格、智能等方面的差异。“世界上没有两片完全相同的树叶”，独特性就是个体的本质特征，同时这也就意味着差异性。教师要承认差异，尊重学生的差异，让每个学生在原有的基础上都能得到全面的、自然的发展。同时我们也应充分认识到学生和成人之间存在着很大的差别，应该“把孩子看作孩子”。

3.尊重学生学习的主体地位

学生就是以学习为主要任务的，且学生作为一个主体，是集感官、头脑、性格、意愿、知识、思想基础和行动规律于一体。每个学生的个体感知、观察、分析事物的认知过程，是任何其他人都代替不了的。

综上所述，学生是发展着的、具有独特个性和独立意识的人。认识了解这一独特的个体，不仅可以使我们明确了组织管理的责任，更可以为我们铺平一条关爱学生的道路。

（三）交流沟通、架起关爱之桥

在互相平等、互相尊重基础上的新型师生关系中，我们提倡教师要"蹲下身子和学生对话""用心灵和心灵对话"。

1.善观其变，学会倾听

基于学生是发展的人、独特的人的理念，在师生互相交往的过程中，教师对每个学生的观察是一条较直接的好途径。观察就是仔细地看、认真地听，学生在课堂上的学习状态、思维方式、作业完成情况，以及课间交流、活动组织等情况都是随时可以观察到的内容，从中可以获取学生多方面的信息。在观察分析的过程中，学生群体中存在的问题、个体发展的情况都会一览无遗地展示出来，你解决问题的能力会随着观察的细微而增强，学生也会因你熟知他们的心迹而更愿接近你，向你倾诉更多的秘密，爱戴你的学生也会越来越多。观察的目的性和持续性如何，直接影响到教师对学生行为效果的正确、公正的评价。

2.有的放矢，主动交流

在与学生交流时，应根据不同类型的学生进行不同方式的交流，其交流方式大致有以下几种：①对封闭型学生的交流方式。封闭型的学生性格怯懦，不愿抛头露面，总想藏在别人后面。这类风格的个体不喜欢与他人接触，很少有自我表现的勇气，自卑心理较重。与这类学生交流应以赞赏、鼓励为主，鼓励他们与周围人群交往、树立自信心。②盲目型学生的交流方式。盲目型的学生往往过于自信、傲慢自大，总以为自己最正确，但这类学生喜欢与别人相处，常把别人当听众。他们善于语言表达，不善于倾听，自我意识强。教师要有目的地引导他们学会倾听，要让他们明白倾听不仅是一种良好的学习品质，也是对别人的尊重。③开放型学生的交流方式。开放型的学生喜欢与人交往，懂得尊重他人，交流的方法比较灵活，亲和力强，乐于接受批评，积极听取别人的发言。适当的限制这类学生的随意性，他们会更受同学的欢迎。

3.结合具体情况，使用不同的交流方式

任何一种交流沟通的方法，都有其局限性。教师要想更深入地了解学生，还应根据具体情况选择不同的交流方式。比如对学生比较敏感、热门的问题，宜采取问卷的形式进行。这样，给学生回答思考问题的时间更充分，回答问题的干扰相对少些，便于思考发挥。

4.扩大交流范围，获取更多的信息

交流不仅限于师生之间，扩大交流范围可获取有关学生成长的更多的信息。优秀的教育者不会放弃与家长的沟通，了解学生家庭成员的情况、

家长的文化素养和教育观念，比照学生在校的行为表现和对人对事的态度，综合分析后，便可更有效地对学生进行教育管理。再者，还要了解学生所处社区情况、了解学生生活的社区环境、人员构成等基本情况，对学生的教育管理也是有帮助的。另外，还要与其他任课教师进行交流与沟通，这不仅是深入了解、公正评价学生的有效途径，还是及时修正沟通方式的绝好方法。这样从不同角度汇集来的学生信息，就是一幅学生的全息三维立体图，学生的情况便全方位、清晰地展现在你的面前了。

（四）爱在点滴细微处

优秀的教师有一条共同的经验——爱学生，师生教学活动配合默契是爱的魅力。学生能从教师的一个鼓励的眼神中得到自信，从一个抚摸中得到鼓励，从一个提示的目光中读出自责，所以教师对学生的关爱应体现在点滴之中、细微之处。

袁榕老师曾讲过她的一次教学经历：为写好一篇观察作文，她提前给学生布置了观察任务。在课堂汇报中，多数同学沉浸在对月季、凤仙花的赞美，对菠萝、阳桃的品位中，而另一个孩子却极有兴致地讲“我观察到茄子花是紫色的……”话未说完就引起了同学们的哄堂大笑。在一般学生的眼里，茄子花无华丽而言，无特别之处，大家都熟悉，怎么不笑呢？可袁榕老师首先考虑的是这个学生的感受。他本不是一个开朗的学生，有勇气大胆发言实属不易，他的兴奋表明他感受到了观察带给他的快乐，让他说下去。在老师的鼓励下，他没有退缩，有条有理地把茄子的颜色、形状描述了出来，赢得了同学们的掌声。袁老师由此进一步分析：茄子花对多数同学来讲司空见惯，而对这个同学来讲可能是第一次极有兴趣地认真地观察了，并较好地叙述了出来。最后，袁老师分别总结了他和那个学生的不同收获。学生的收获：①认识了茄子花的颜色、形态；②感受到了认知过程中的快乐；③能把这种感受和同学们一齐分享。老师的收获：①我帮一个学生树立起了信心；②我尊重了他独特的生活体验；③我的教学经验丰富了。教师点滴的关爱都能给学生以前进的动力。其实袁老师的成功教学，在于尊重了学生的个性差异和洞察学生心灵的敏锐观察力。这种高超的职业能力，是用关爱学生之心铸就的。

二、学生发展是教育管理的目的

不断发展是学生的特征之一。教师的组织管理应遵循“一切为了学生的发展”的理念，成为学生学习的促进者、人生的引路人。帮助学生发展，首先是对学生的学习能力的培养、人生道路的引导，帮助他们形成良好的

学习习惯、学会学习，帮助他们明确人生的目标、学会做人；其次是通过发展性的评价方式，促进学生自我发展、自我调控能力的形成。

(一) 建立融洽的师生关系是帮助学生发展的前提

1.增强法律意识，保护学生的合法权利

我们每个人生来具有神圣不可侵犯的权利，并且我们也在时刻宣称尊重我们生来赋予的权利。可就是如此，学生权利遭人侵犯的现象还是频频发生。其中最主要的原因，是教师法制意识的淡薄。因此，首先教师应该从内心深处去增强法律意识，从而理清师生之间的权利和义务关系，切实保障学生的合法权利。

2.加强自身修养，优化师生关系

师生关系是建立在教育关系基础之上的，遵循着一定纯洁性的特殊关系。加强自身修养，提高抵御不良社会风气侵蚀的积极性和抵御能力。树立以人为本的管理思想，营造利于学生进行创造的教育环境。

3.真诚相待，关心爱护学生

教师要对学生付出应有的爱心、关心、呵护，与每一位学生建立友好的师生感情，公平公正的对待每一位学生。特别是学习成绩比较落后的学生要多一份关心、多一份呵护和照顾，充分相信并且挖掘他们的潜质，帮助他们解决成长中的困惑和发展中的问题。

4.以自己的知识魅力和人格魅力，赢得学生的信任和爱戴

教师征服学生最好的法宝是他的人格魅力和知识魅力。率先垂范、为人师表，在日常教学和管理中，教师无时不在向学生展示自己的才能和个性品质。渊博的学识、灵活的教学方法，能激起学生学习的兴趣。在充满活力和情趣的教学过程中，学生的认知能力可以得到增强，情感体验可以深化，教师的形象在学生心目中也会渐渐变得高大。教师的人格魅力在于他拥有热情、真诚、宽容、负责且不乏幽默的优秀品质。有魅力的教师，也是最有效的教育管理者。

(二) 培养学生良好的学习方法，是促进学生发展的关键

现代教育理念要求采用以弘扬人的主体性为宗旨，以促进人的可持续发展为目的，用多维度、不同层次的开放系统来帮助学生形成主动学习、独立学习的能力。同时，尊重学生学习过程中的独特性和个性差异，让学生在亲身体验和解决问题的过程中完成知识的积累、情感的体验和学习风格的形成。

1.调动学生学习的主动性

主动学习是现代学习方法的首要特征，是“我要学”的具体表现，“我要学”是学生对学习的一种内在需求。学生学习的内在需求，一方面表现为学习的兴趣，学生有了学习的兴趣。学习活动对他们而言不再是一种负担，而成了一种享受、一种愉悦的心理体验，学生会越学越想学、越学越爱学，越能体验到学习所带来的快乐。另一方面表现为学习的责任。学生如果意识不到学习的责任，不能把学习跟自己的生活、生命、成长、发展有机地联系起来，这种学习就不是真正的自我学习。教师应培养学生的学习兴趣，让学生主动地承担起学习的责任。

2.培养学生学习的独立性

学习的独立性表现为“我能学”。每个学生都有相当强的潜在的或显在的独立学习能力，有一种表现自我独立能力的欲望，学生在校学习的过程实际上也就是一个争取独立、日益独立的过程。尊重学生的独立性，积极鼓励学生独立学习，并创造各种机会让学生独立学习，发挥学生的独立性，培养学生独立学习的能力，是教师在促进学生发展方面的职责之一。

3.尊重学生学习的独特性

每个学生都有自己独特的内心世界、精神世界和内在感受，有着不同于他人的观察、思考和解决问题的方式。学生独有的个性、各自的学习方式，本质上是独特个性的体现。研究表明，有效的学习方式都是个性化的。多元智力理论指出，每个人的智慧类型都不一样，他们的思考方式、学习需要、学习优势、学习风格也不一样，方式也不相同。这就要求教师在帮助学生发展的过程中，尊重每个学生的独特个性和具体生活的差异，为每个富有个性的学生创造发展空间。

三、相信依靠学生是教育管理的保障

学生是教师教育管理工作的对象和主体，发挥其主观能动性，增强其主体意识，相信其具有发展、进步的巨大潜能非常重要。把学生看作能动的、发展的、可自我约束的人，看作渴望关怀、需要激励、能自我管理的人，要充分发挥调动学生自身的各种积极因素，使其主动参与到自身成长过程的体验中。调控、规范学生成长过程中偏离发展目标的行为和现象，使学生逐步形成积极向上的人生观和良好的学习习惯，是教师指导学生自我发展的内涵，也是教师作为主导者应发挥的作用。

(一) 对学生自我约束自我管理意识的培养

学校是有目的、有计划地对学生进行系统教育的组织，承担着为社会发展培养人才的义务，而学生则是这个组织中不可缺少的一部分。在学习方面，学生以个体为单位时可以依据自己的特点和所喜欢的学习方式进行学习活动、把握学习进度，但其在学校班级组织中，他们必须为完成组织的共同目标而具备协作意识和协作能力、目标意识和相关信息联系的品质。管理者在管理引导的过程中，要满足学生精神和物质的需求，及时认可和肯定他们成长中的进步和成绩，让学生随时能体会到教师的关怀、成长的快乐，从而迸发出积极向上的动力，自觉参与到自我管理的过程中。学生在自我约束中学会协调、认识自己在集体中的位置，明确自己应尽的义务，应有的责任。

1.培养学生自我约束意识

学生由家庭到学校，由低一级学校教育到接受高一级学校教育，环境和学习生活的变化很大，一是社会角色的转换，二是目标任务的变化。从家庭到学校，学生应形成由学前儿童到学生身份的社会角色意识。虽然这时的儿童并不能描述或准确认识自己社会角色的转换，但在教师有意识的教育和引导下，学生会逐步感知到学校环境、社会和家庭环境及生活环境的不同。如通过入学教育，让新入学的儿童明白，家庭和学校是两个不同的社会单位；再通过学习任务的明确，行为习惯的规范，逐步让学生认识到在学校和在家庭里不一样，在学校应该做什么、不该做什么，上课时该怎么样、课间时该注意什么。有了这种意识，在教师的有序引导和不断强化中，学生自我约束的意识也逐步形成，并逐步养成一种良好的行为习惯。学生具有较强的适应性和群体意识，教师只是要在发现、发掘学生的这一潜能时多付出些爱、多些认可和激励，以刚入学的一年级学生为例。他们入学5到8周内在有经验的教师的引导下，就有了较好的自我约束意识和自我控制能力。在有经验的教师的指导下，学生的课堂常规、协作意识、集体意识逐步形成，表现在能与各学科教师配合并能完成学习任务，能通过教师的语言指令统一行动约束自我，能理解教师肢体语言所表达的意思，并据以调整自己的行为，能根据教师的暗示纠正自己的言行……这足以说明，只要调动学生的主观能动性，学生就会有融入集体的热情和意识。教师的责任就是在此基础上的巩固和强化，把学生的意识锻造成良好的行为和品质。

2.培养学生自我管理意识

学生自我约束意识和自我管理意识的形成，是两个联系紧密的意识行为

过程。后者是前者的继续和发展，前者是后者发展的前提和基础。培养学生自我管理意识的最佳教育阶段，当属学生可塑性最大的中小学时期。这一时期的学生身心变化很快，自我意识不断增强，渴求知识，渴望友谊，急于个性的张扬和情感的宣泄，但对老师、对同学、对班级的依赖性也同样很强。教师应抓住学生这一时期的心理、生理特点，给予充分的信任，放手让他们在自我管理中，学会协调、学会尊重，感受教育的快乐。这一时期学生很喜欢一些类似春游和野炊的野外活动，我们应该利用这些活动来培养学生的自我管理意识。但中小学生有预见性差、随意性强的弱点，有好奇心强、参与组织活动的热情高的优点，这些弱点和优点恰好给学生一个很好的实践锻炼机会。通过活动可以使学生明白，和谐的集体组织活动需要每个个体的协作才能圆满完成。类似的活动，学生都是充满着希望和强烈的心理需求来参加的。在教师的有效组织管理下，学生在为满足自己的心理需求时，约束自己行为的自觉性和驱动力也最强。所以说学生的自我管理意识和自我管理的能力，是在有效地参与各类实践活动中加强和培养出来的。正因为如此，资深教师们都有深刻的体会：在学生参与喜欢的活动时，他们的自律性最好。像春游野炊之类的活动，学生在大自然的怀抱里少了课堂上的拘谨，在与大自然的亲密接触中展现了才能、收获了友谊。这也是天真活泼、蓬勃向上的值得信赖和骄傲的学生，展示给我们的自我发展的能力。

(二)对学生的管理能力的培养

魏书生老师成功的班级管理经验告诉我们：学生具备自我管理的能力，我们应该调动学生参与管理的积极性和主动出击解决问题的能动性，我们要尊重学生，有事多征求他们的意见。魏老师组织管理经验的核心，就是相信依靠学生来完成组织管理工作。他相信学生具有很大的发展潜能，转变了一个又一个学习有困难的学生；相信学生具有较强的自我约束和组织管理能力，培养出了一任又一任有能力的班干部。在魏老师的班级里，人人都是被管理的对象，人人又都是管理者。在教师指导下的自我管理过程，是学生成长自律发展成熟的过程。也正因为如此，魏老师的班级能在他经常外出讲学、开会半月二十天的情况下，学生自己上课、自己组织团队活动、自己接待外来听课的老师，学生们出色的组织管理和自学能力得到了广泛的认可和赞扬。这是魏老师相信、依靠学生的结果，也是他新的教育观、学生观具体实践的结果。

1.把学生看作一个成长的、发展的人

有什么样的学生观就有什么样的教育行为，就有什么样的教育效果。学生成长过程中出现的偏颇、差异、学习成绩的起伏变化，都应视为学生

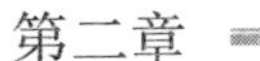

成长中的正常现象，并非是认识问题或主观问题。没有人会因为小树长了歪枝斜杈，不去修整而砍了它；没有一个婴孩因为生了个小疤小疮而被丢弃。这实际上是学生成长发展中的一种宽容。宽容不只是一种心态，在教师手里，宽容为学生扩展出了一个更广阔的思维和学习的空间；宽容可以让一个怯懦的学生树立自信，让一个偶尔“出轨”的学生找回自尊。其实，这就是对学生最大的信任。相信他们能在成长的过程中，不断完善人格，增长学识；在发展的过程中，克服前进中的困难，改正自身的缺点。有了这种认识并灵活地付诸教育实践，你将是真正理解并实现了“一切为了学生的发展”的教育理念。

2.把学生看作具有主观能动性的人

学生的主观能动性随着他们的成长历程日益增强，所发挥的作用也日益强大。在学生的成长过程中，我们会遇到很多类似小学生不会系鞋带的情况，更有甚者会遇到不会吃没有剥皮的熟鸡蛋的情况。这些学生不是没有解决此类问题的能力，而是他们缺少解决问题的主观意识，由此可见培养学生主观能动性的重要性。在教师的正确引导下，学生的主观能动性是能发挥巨大的作用的，很多后进生的转化就是例子。

总之，对学生自我管理能力的培养，关键在于我们对学生的认识。我们首先要把学生看成是一个成长着的、发展着的人，要把学生看作有主观能动性的人，也就是说，我们要相信他们是可以进行自我管理的。只有这样，我们才能够使学生在班级的组织管理中、在各种活动的组织管理中，大胆地让学生进行实践锻炼。

(三) 学生集体观念的培养

在尊重学生个体的前提下，对学生进行集体观念的教育和培养是必要的，这是相信和依靠学生的基础。没有组织的个体是一盘散沙，没有组织观念的群体是无效率可言的群体。但在新理念下的集体观念不是盲从、愚从，而是以自我发展为前提，以积极的态度参与其中，在参与中学习自我管理和协调组织管理，在参与中完善自我人格，促进学生发展及能力形成，达到自我管理、自我教育的目的。

“我”是集体中的我，教师要帮学生明确自己在班集体中的位置、责任和任务。班集体是学生在学校生活学习中组织严密的集体组织，每个个体都应明确地意识到“我”是集体中的我，而不能随意自我发展。集体需要每个成员承担一定的义务，每个成员都有责任为了集体的利益而规范自己的行为、调整自己的前进目标，都应有为集体发展进步作出努力和牺牲自我利益的精神。我们在对学生进行集体观念培养时，要因人而异、适时点拨，切忌简单粗暴的行

为。从日常行为中检验，在细微处着力，放手让学生去实践，打造出全新的班级管理理念，同样是学生主体作用的发挥和对学生信任的体现。

(四)培养使用好学生干部

培养使用好班干部是班主任从繁杂事务中解脱出来的法宝，又是改变教育观念的具体体现。班主任包办代替多了，学生参与管理的机会就会少了，学生的多种能力又从何而来？教师忙了累了，用于钻研教材教学研究的时间少了，教研教学能力势必弱了。培养使用学生干部应注意以下4点：

1.注意班干部选用的民主性

选用学生干部可采取投票选用和自我推荐相结合的方式进行，给每个学生一个公平竞争、积极参与和行使权利的机会。这个根据全体学生意愿进行选举的过程，也是培养学生民主意识的过程。

2.班干部任用的广泛性

心理学研究表明，每个人都有被别人认可的强烈愿望。班级的事是大家的事，大家的事就要由大家来管理。教师可以把班级工作细化一下，再根据每个学生的性格和特长，给每个人都分配一些任务，形成人人为班级、班级为人人的格局。教师要相信每个学生都有巨大的管理才能，把学生放到具体的管理环境中锻炼，让他们在实践中不断闪烁智慧的火花，在为班级服务中学会协作、学会尊重和理解、具备管理的才能。

3.注意用其所长和经常变化

学生个性鲜明，能力喜好各有差异，因此教育方法要灵活多样、用其所长，发挥每个学生的最大优势和作用。憨厚耐劳的可负责班级劳动事务的组织和领导，发挥其耐劳的表率作用；活泼好动、组织能力强的要委以文体活动的组织者，发挥其长。但并不是能劳者恒劳、善说者恒说，反其长而用之也不失为一种培养学生潜质的较好方式。

4.注意“扶上马送一程”

每个学生虽都有组织管理的巨大潜能，但这并不等于已经具备了管理能力。所以教师在班干部培养和使用上，还应扶上马送一程，这是对学生的负责。这有利于班干部尽快对班级管理流程的熟悉，有利于事务处理技巧的掌握。这种帮带不是干预和制约，而是对新的学生干部的指导和栽培，只有这样才能真正达到相信依靠学生进行组织管理的目的。

四、班级管理是教育管理的重点

现代教育是以“班级授课制”实施管理，进行教育教学活动的。班级是

由一批学生组成的集体，是教师以学生集体为指导的教育对象。陶行知先生强调：集体生活对于人才成长有着至关重要的作用，是儿童自我向社会化道路发展的重要推动力，为儿童发展所必需。陶行知认为通过丰富、合理、进步的集体生活，集体与个人间的相互作用，可以促进儿童多方面的发展，造就“有集体生活能力、创造能力的学生”。这就要求作为班级组织管理者的教师，应具有明确的角色意识和良好的专业素质、科学管理的方法、以人为本的管理思想。只有这样，才能把教育管理目标落到实处，形成良好的班风班纪。

（一）角色意识的确立与准确的职业定位

教师是学校教育的主要承载者，班级管理的实施者，学生成长和社会化过程的引导者，学生的楷模，知识的传授者……在现代教育教学活动中，教师担当着多种角色，随着社会的发展，教师所承担的任务会越来越多，同时社会对教师的心理期待也会越来越高。因此，准确的职业定位和角色意识的确立，是教师自我行为认知和规范的过程。处于复杂社会关系中的教师，应承担哪些角色？由于社会的多元性，价值取向的不同，人们对教师担当的多种角色也有不同的认识。一般认为有以下几种。

1.充当学生的“家长的代理人”角色

教师是儿童继父母之后的另外一个社会权威，教师代表着成人世界的价值系统和期望。家长送孩子上学也就是将教育管理孩子的责任部分地移交给教师，儿童入学后常常自然地把许多自己父母具有的特征、行为模式，及与父母相处的经验、体会，推及教师身上。因此，教师首先扮演学生的“家长的代理人”角色。这一角色的变化，能促使教师产生一种父母般的爱，表现在对学生无微不至的关爱，并起到学生在校时的安全和保护的监护人的作用。但教师毕竟不是父母，教师既要对学生关怀，又不能让学生把自己等同于父母。教师要恰到好处当好这个角色，必须懂得儿童心理发生发展的规律，因此要学习一些儿童心理学知识。

2.充当“学生的楷模”角色

率先垂范、为人师表，说的就是教师的楷模作用。教师是学生的模仿对象，这就要求教师不仅是社会道德准则的传递者，更重要的是社会行为规范的代表，具有较高尚的道德能力，有资格做学生模仿的榜样。这个角色形象正是社会对教师的职业期待，教师也因此被人们赞誉为“人类灵魂的工程师”。

3.充当“知识传授者”角色

这一角色是教师最显著的职业标志。对于求知的学生来说，教师是知识的象征、是活的教科书。教师的角色特征决定教师必须拥有丰富的知识，必须具有较高的文化素养。在人类历史发展的各个阶段，科学发展和社会发展对知识的需求首先体现在教师具有的知识结构中。教师的功能就是把人类已有的知识经验传授给学生，使年轻的一代获得发展的较高起点。真正出色的教师对教育工作及所教的学科都应充满热情，善于调动学生学习的积极性，以恰当的方式向学生传授知识，依靠教学活动本身的吸引力诱发学生学习的动力，激起学生的认知兴趣，激励学生自觉学习，准确理解和掌握教师传授的知识，使知识的传授成为一种双向互动的、充满乐趣的过程。

4.充当学生的“朋友和知己者”角色

现代学校中的学生，不仅希望教师成为他们步入科学殿堂的引路人，也非常希望教师成为他们真诚的、坦率的、无话不说的挚友。这就要求教师必要时应淡化一下自己的领导管理地位角色，应认识到教师与学生在人格上是平等的，教师应该是值得学生信赖的朋友。教师值得学生信赖，学生心中有话才敢于毫无拘束地告诉教师而不必有任何负担，学生才会敞开心扉，把自己的困难、苦恼、高兴或过失尽情地诉说出来，甚至把不愿告诉父母的话告诉教师，从而得到情绪的发泄和紧张情绪的解除。教师应当成为学生的朋友，体会他们的兴趣、欢乐和忧虑。教师只有成功地充当这一角色，才能走进学生中间，洞悉学生内心的奥秘，和学生一起克服困难、一起感受欢乐和忧愁。

(二) 以人为本的科学管理形成自己的管理风格

以人为本的管理思想是现代教育管理的新思想。学校作为一个不断发展的组织、一个以培养人才为目标的特殊组织，其服务对象是活生生的人，因而更需要确立以人为本的管理思想，从学生成长发展的需求出发，采取有效的方式进行科学管理，带出积极向上、凝聚力强的班级。

1.以人为本

以人为本，制订出符合学生成长规律、便于操作的管理制度，是班主任班级工作思路的体现。在以班级为授课单位的现代教学模式中，班主任在学生成长中作用巨大。他除具备一般教师所应具备的职责外，更多更直接地担负着学生安全的监护、心声的倾听、品德的修养、人格的完善、心理的疏导、行为的培养和学生间矛盾的调节以及各种突发事件的处理等工作。有效的班级管理离不开符合学生认知规律、有利于学生发展和集体成

长、每个班级成员须共同遵守的班级规程。

构建自己的班级管理平台。班级平台基本上是教师对学生进行管理的信念和态度，这就要求教师在担当这一职务之前，对自己的管理信念和态度有个明确的认识，对所任班级学生的特点有充分的了解，然后来调整自己的班级规则。在制订班级规则时必须考虑到班级学生成长、变化的特点，学生在不同年龄段的认知水平和各个方面的需求的不同，学校教育目标的体现等。故应注意以下几点。

(1) 尽早对学生进行班级规则的介绍和解释

最佳时间应是在开学初对学生进行班级规则、管理秩序及教师对学生行为和学业的期望的介绍，并通过组织学生对班规的讨论、理解加以强化，以利于在今后的实践中师生共同努力将规则和行为定型化，成为学生自觉遵守、共同实施的常规。

(2) 规则应详细明确

如小学一年级新生的班级规则对课堂纪律的要求：发言、提问、寻求帮助等应遵循什么样的程序，都应有详尽的要求。并在实施中不断强化，使之形成一种行为习惯。

(3) 规则在实施中的渐进性和随机性

在你管理的理念中，开学可以为班级制定出十条或数十条规则，但在实施过程中不可能一下子全贯彻下去，这样反倒让学生无所适从。更有效的方法是结合教育活动，在日常的班级管理中实施相关规则。如在学校大型集合前，讲大型集会的行为准则管理要求，并在学生活动实践中加以规范、强化。这样，规则才会更好地发挥作用。

(4) 规则应以积极的语言表述

如上课铃声响起，老师伴着铃声提示："要坐好。"学生回应："就坐好！"在融洽的和谐氛围中，师生共同完成了上课秩序的组织过程。"要坐好"是上课规则，"就坐好"是学生积极的心灵回应。这种进入课堂学习的心理准备和调整的行为实践，是在教师积极引导下学生自觉的实践中完成的，自然优于"上课了，快坐好"命令式的表述。

(5) 规则应与学校管理规则一致

一致的教育目标不至于引起学生执行时的目标不清，否则学校的整体管理就会混乱。

(6) 规则应是简单明了的表述

太长、太转弯抹角的规则学生难以理解，理解不了的内容，是无法准确地变为行为实践的。

(7) 有效的规则，是在教育实践中，不断思考、反思、修整中形成的，

这个过程是规则不断完善的过程，应保持规则的相对一致性和实践过程的持续性，这是班主任工作常做常新的法宝。

2.优化教学环境

优化教学环境，面向全体，促进学生全面发展是班主任科学管理班级的措施。当前不少学校存在两大问题：一是教学设施相对落后，二是班级学生人数过多。就现有条件，尽可能地为学生营造一个良好的学习环境，可以从以下方面考虑。

(1) 优化教学环境

教室是教学活动的场所，如何在有限的条件下为学生创设出一个良好的学习环境呢？除采光、通风等硬件设施教师无能为力外，充分利用四壁营造一个具有鲜明个性的文化氛围，创设一个利于学习、竞争、展示个人才能的空间，这是一般教师都能做到的。教室内板报的开发，励志、导行警句的悬挂，展示台的多功能设计等不一而足。如小学班级的红花榜演进为小队(组)成长的业绩展示，由个体的进步里程渐进为团队间的竞争等，都反映出班主任教育理念的进步，这些更注重学生团队精神和学生协作意识的培养。有些班主任还极具创意地结合学生的喜好特点，在学生活动小队(组)的名称上创新，如以学生喜好的卡通人物命名，以学期课程内容命名等。在尊重的基础上，调动了学生参与的积极性。这些设置和创意，有效地利用了空间，优化了教育教学环境，使原本狭小的空间、拥挤的学习环境，充满了活力和生气。

(2) 座位编排的科学性和人性化

受我国教育资源现状所限，大多数学校不可能借鉴国外小班授课的模式，采用圆桌形、半圆形、马蹄形等座次编排的形式，多数只能采用行列式的座次编排法。在受条件限制的情况下，教师在座位编排中首先要保证教室内行列间道路的通畅。这既是方便学生进出，也是安全的必要，更是教师克服由班额过大形成的师生交流中空间、人际距离差异，情感分配不均的一种补救方式。由此也可改变教师独立讲台的原有授课模式，在走动中把关注的目光投向全体学生，让每个学生都感到你的关怀。不变的教室空间，既定的座位排列，如何体现人性化管理呢？除传统的高低个儿排序外，还应照顾到学生的个性差异，男女生的比例搭配，学生学习行为、习惯培养，学习中的互相影响等方面的互补性和共进性等多重因素，座次的安排在有利于学生动静相融、自律互助、协调发展的前提下调整。同时，发挥班干部的作用，安一组“天地”，定全班“乾坤”。小组以前后相邻呈“口”或“田”形四人小组或六人小组为佳，参照以行或列的分组方式，在空间距离、方便交流、亲和力等方面都有较明显的优势。转身相向，很快

地进入学习小组活动；前后相近，有利于小组负责人的管理和团队制约作用的发挥；近距离的接触，大家学习态度的变化使小组成员能直接地感知，利于互助互学的针对性和成效性；人员较少，提高了小组成员间交流的频率和效益。同时这样的安排，也体现了教师对于学生作为“人”的尊重，尊重了他自我成长中的独特体验。

(3) 帮助学习、成长有困难的学生发展是班主任的责任

由于学生个性特点不同、遗传因素的作用、家庭环境的影响，造成了学生学习、成长进程的差异。尊重学生的这种差异，不嫌不弃，付出更多的关怀，帮助他们克服困难，使他们在原有的基础上进步、发展，是班主任的重要工作之一。对于这类学生的关怀和帮助，应从了解他们暂时落后所造成的原因入手，而后有针对性地制订出帮教计划，实施教育引导行动。但班主任和这些学生普遍存在沟通上的障碍，因为成长中的挫折会使其变得敏感、多疑，自尊心受挫。不良心理因素的积累反映在行动上，便是极强的抵触性和对抗性的情绪。这就要求班主任在对此类学生的管理中有更多的耐心、热情，用爱温暖他们的心灵，做更细致的工作，从多方面获取学生成长发展中的有用信息，从这些信息中筛选出利于学生发展的优势，或问题产生的症结所在，进行有的放矢的教育；充分利用与家长的及时沟通，获取家长的积极配合；积极与其他各学科教师互通情况，全方位地了解学生，客观地分析研究；不放过一次激励表扬的时机，帮他们树起自信、自尊，认清自我发展优势，发动他们成长的内动力；同时结合同学间的互助行动，为这类学生的成长构建起又一座桥梁。

3.不断地实践完善

不断实践不断完善，形成自己的管理风格是班主任工作的更高追求。社会是不断发展和变化的，学生也是不断成长变化的。要使自己的管理不落后于时代的需要，有利于学生的成长发展，就必须在教育实践中不断学习更新自己的知识和管理理念、管理方法。不断学习是教师职业的要求，是提高自身综合素质管理能力的需求。21世纪是知识经济社会，知识信息更新的周期越来越短，陈旧的知识、落后的理念，肯定适应不了变化发展着的教育教学工作。另外，学生是社会的人、不断发展的人，他们在特定的社会环境中生活，信息获取的多渠道性，也促使教师要不断学习更新知识结构，转变教育观念，在不断的自我完善中，研究学生发展的特点，实践自己的教育理念，有创意地开展班级工作。以发展的眼光看待学生，以发展的目标培养学生，以反思的态度审视自己的工作，逐步形成自己独特的班级管理特色，应是班主任工作的更高追求。

4.形成系统的教育机制

养成教育的落实、良好班风的形成是班主任一项常规的工作。教育的长效性、多变性决定了教师工作的艰巨性和灵活性。学生良好的学习习惯和行为习惯的养成，是教师在日常教学和管理工作中培养和训导出来的。学生品质的优劣，与他们的智力水平不成比例关系。由此可知后天培养的作用，较之知识的掌握又有不同之处。学生学会做12+8=20算式，并不意味着他已养成了良好的学习习惯，具备了良好的学习品质；学生能写出关于拾金不昧的好作文，同样也不意味着他已具备了这种良好的行为品质。良好的行为品质，是学生在学校教育环境和社会环境中和在与人交往的过程中，所反映出的对人对事的态度、处理方法及责任心的表现。如在对学生进行爱护公物行为品质的培养中，学生的认知扩展基本要经过如下几个步骤，才会真正体会到爱护公物的内涵：爱护班级公物—爱护学校公物—爱护社区公物—爱护自己所能触到的公物—爱护公共设施、国家财产等。而把这种意识训练成学生的行为习惯，使之形成良好的行为品质。更是一个漫长而艰难的教育引导过程。这个过程体现在帮学生明确爱护公物的意识，并伴随学生的成长过程有层次有目标地训练强化上，体现在日常管理中的每个细节中、在明确的意识形成中、规范行为上，如此反复层层递进，逐步提升培训目标。良好的学习习惯的形成，学习品质的提高，也有相似的教育过程。小到执笔、写字的姿势的纠正，大到思维方式的整合、良好学习品质的形成，都需要教师敏锐地观察、耐心地指导。在日常教学和管理中，做细致的工作，认识清楚，指导到位，不断强化才能日久成习。每个学生的共同成长、进步，构成了良好的班级基础，配合教师个性化的管理，良好班风才能在师生和谐共进中形成。

五、课堂管理是教育管理的要素

有效的课堂管理，是建立一个协调、成功的教师课堂行为系统。这个系统包括建立和维护课堂秩序，引导学生的学习行为，保持学生良好的听课状态和学生的作业指导等。

(一) 课堂管理的目标

传统的课堂管理以控制学生的课堂行为为主，教师忙于应对解决课堂上发生的违纪现象。他们认为只有把课堂管理好，学生处于教师的完全控制下时他们才能用心学习。因此，他们往往把时间和精力过多地集中在控制学生上，而不是让学生自己自主、自由地进行学习。研究表明，这种以控制学生为中心的方法，费力很多收效却不大。他们没有把以学生参与学

习为重点的课程安排，清楚、连续、节奏明快地表现出来。实际上，当学生主动的把时间和精力用在学习上时，他们用于非学习活动上的时间就少了，学习效果自然也就好了。

因此，创造和维持一个良好的“教与学”的行为环境，是课堂管理的目标。要达到这一目标必须建立必要的课堂管理规则，以实现教师所期望的课堂环境，并掌握引导遵守课堂规则的方法和技巧。教师要从应对性管理中跳出来，采取有效的预防性管理，以职业的前瞻性和预见性来化解和预防课堂上学生不良行为的产生。

（二）建立良好的课堂秩序

良好的课堂秩序，是师生和谐“教与学”行为的保障，是教师管理能力的体现，是学生主体意识、责任感已形成的体现。而这就需要建立一些课堂规则来防止课堂不良行为的产生，为学生营造一个有利于学习的课堂环境，形成一系列的课堂惯例来控制和协调学生。具体说，如何建立良好的课堂秩序，应遵从以下几点。

1.建立课堂规则

有效的课堂管理具有前瞻性和预见性。课堂规则的制订除考虑教室的自然环境和学生的心理因素外，师生间的相互信任和尊重也是重要的因素。所以，听取学生的建议对建立具有民主氛围的课堂规则也是一个必不可少的条件。在以信任、尊重为基础，充分考虑学生的意见和要求的前提下制订出的课堂规则，学生更容易明白教师对他们课堂行为的期望，遵守规则的自觉性、主动性才会更强。在制订规则时，还应意识到规则不宜条目太多，语言的叙述应简洁具体，使学生乐于接受、易于做到。规则在实施中，随时依环境和学生需求的变化而修订，以保持规则所应有的约束力和顺应学生发展的活力。

2.形成课堂惯例

课堂惯例的形成，有利于教师的有效课堂管理和学生的良好学习习惯、行为习惯的形成，也是对课堂规则的细化和实践。回顾学生一天的学习生活，梳理一下整个管理流程：从早读到一天学习生活的结束，上课节次的渐进、学科的转换、课间活动构成了一个有机的运转体系，每个环节的顺利过渡与否都直接影响到课堂能否正常运行。因此，无论是管理和教学，都有常规下的章法可循。但习惯的形成，需要教师周密地设计，逐步地引导并实施。

（1）学生有遵守课堂惯例的义务

课堂是师生“教与学”的行为过程。没有学生主动的参与和支持，再

好的规则也无从落实。从另一方面讲，学生是学习的主体，也应是管理的主体，他们具有参与管理的权利，更有遵守规则惯例的义务，是学生对自己负责的具体体现。这种观念的确立，应从学生入学的第一天（学年的第一天）开始教育和强化。教师要提出具体的要求和实施的步骤，清楚明白地告诉学生应该怎样做、不应该怎样做，并在以后的管理中不断重复要求，进行强化，直至惯例形成，使学生能迅速准确地按照教师的暗示、提示或肢体语言，做应该完成的工作或活动。学生的责任感、自我负责的意识，应在遵守课堂惯例中逐步形成。

(2) 学生有适应课堂惯例的需求

以班级授课形式的课堂，以集体学习为主要特点。学生的群体意识和从众心理，也有利于课堂惯例的形成。如课前准备的惯例，在教师"看谁做得最快、最好"的提示下，学生在渴望得到教师认可、赞扬，不甘落后的心理支配下，能够较好地完成课前准备工作。又如课堂讨论发言的惯例，学生因为急于发表自己的意见或见解，而违反了发言的程序，在教师的暗示或提示下，他会为强烈的表现欲和急于沟通的心情而规范自己的行为，从而遵守规则。把握学生心理，有效调整、满足学生心理需求，强化其遵守惯例的自觉性，最终达到形成良好行为习惯的目的。

(3) 教学惯例的形成是师生"教与学"的默契配合

教学惯例是教师在教学中确立的惯用的做事程序和方法。如低年级老师善用的且有效的暗示或动作提示，学生会根据老师提示而进行有序的准备或学习；如音乐教师一个旋律的奏起、一个音符的弹奏，学生会随之而起的律动或歌唱；如实验课上，实验的准备、过程的进行、结论的得出、整个流程的顺利进行……这一密切配合、流畅和谐的教学过程，是在教师精心设计、训练、培养下，形成的教学惯例中完成的。课堂教学的成功是师生共同努力的结果和默契配合的结晶。

(4) 课堂惯例促进了学生良好习惯的形成

良好的课堂惯例是教师管理理念的体现，也是教师日常管理中一个个具体的要求、一次次不良习惯的纠正。良好行为的强化训练，是学生在教师关怀指导下所形成的自觉遵守的习惯。整个形成过程，必须体现教师对学生的充分信任和尊重，所有规则和惯例只有在学生感觉良好、乐于接受的情况下，才会激起学生参与的积极性。学生对规则惯例的良好感觉，甚于对规则的理解、对要求的明确。乐于接受是付诸实践的前提，教师的示范和表率是学生践行的必备。学生在教师训练、培养、引导强化下，具备了按惯例行事、按规则做人的意识和行为，也意味着他们已具备了良好的行为习惯和学习品质。

（三）有效的课堂调控

即使学生已经熟悉了课堂规则，掌握了做事的许多习惯做法，但教师的管理工作仍然没有结束，因为学生个体的变数决定了课堂的不稳定性，从学生成长发展的规律来分析，他们行为的随意性和不稳定性，也需要管理者的不断维持和强化，这样才能建立良好的课堂秩序，保证教学过程的畅通。

1.教师职业的敏感性

面对个性各异的学生、瞬息万变的课堂，教师任何时间都能注意到每个角落的学生的行为，好像背后长有眼睛一样，学生的一切行为和情绪变化都在教师的控制之中，其实这就是教师的职业敏感。这敏感性来自于对学生个性、行为、心理、情绪变化的了解和准确的预见，来自于教学管理的实践。有经验的教师即使在板书时，也不会忽视自己对学生的监管。他眼睛的余光也能发现并制止学生学习精力的分散；他能预料到学生是学习中遇到了问题，还是在违纪违规，并能迅速地处理好。所以说敏感的教师不仅能及时防范课堂问题的产生，还能促使学生获得更大的成绩。

2.教师同时兼顾的能力

有效的管理者在课堂上能同时兼顾到多种活动，这种能力被称为“同时兼顾”。如教师在指导一组学生扮演时，还能够使其他同学安静有序地自己做习题，同时还能顾及有无学生违纪或及时解决个别学生学习中的问题。这种兼顾能力既保证了整个课堂节奏和过程的通畅，又减少了学生进行捣乱的时机。要达到这样的效果，教师的注意力应该是在整个班级而不是个别学生。当教师把课堂任务清楚明白地告诉全体学生，并被全体学生理解接受时，教师不要过多注意学生非主体的行为，可采取目视等非语言性暗示使其自律，以减少对课堂主流的干扰。这种“同时兼顾”的能力，是教师随着教学实践的不断积累而炉火纯青、效力日现的。

3.保持集体注意力集中的策略

集体注意力集中是指吸引和保持全体学生的注意力，让学生为自己的行为和学习负责的行为。在课堂的组织和调控中，教师可以提醒学生明白他们应做什么和他们应遵守的规则和惯例，并以此来检查纠正他们的行为。如进入学习过程前发现两个学生在说话，教师明确地提醒“我发现两个同学在讲话”。期待性的提示利于学生的接受，不仅可以使违纪学生终止行为，也可以使集体注意力很快集中。同样在教学过程中通过对不同听课状态学生的提问，也可以达到相同的目的。如提问那些自动举手的同学，保持其积极参与学习过程的积极性；提问那些非自愿发言者，以激起他们参与学习过程的积极性，同时也能引起其他同学对被提问者表现的一种期

待心理，形成悬念，从而使学生保持较强的注意力。课堂进度的把握，学生完成学习任务的时间分配等因素也会影响学生注意力的集中。时间过于宽泛，可引起学生完成任务后的无所事事，注意力不集中；时间太少又会引起学生担心、紧张、沮丧等不良情绪的滋生而导致注意力不集中。巡视是教师的控制力情感分配的再调整，也是教师有效调控学生注意力的好途径。走近行为不良的学生，让他意识到你与他们的近距离接触，他们会因你的到来而调整自己的行为，从而重新集中精力学习。这个行为的实施中教师应调整好自己的心态，以一种友善的角色出现，以一种宽容的心态对待，不至于使学生产生紧张情绪而干扰了他们正常的学习心态。这种宽严的“度”同样需要教师在教育教学实践中探索和积累。

4.发挥奖励和强化的作用

影响学生课堂行为的另一种方式是使用强化和奖励。从心理学角度分析，每个人都有强烈的被别人认可的需求。得到奖励的行为，在奖励的过程中得到强化，也容易引起连锁反应。从另一方面讲，得不到认可和奖励的行为最终会消失。这种正面强化作用满足了学生个人心理需要和期望，它可能会成为影响个人行为最有效的方式。就我国目前的教育现状而言，由于班额过大和教师忙于事务的时间过多，往往忽略对学生许多正确行为的及时鼓励和认可。通过对学生正确行为的观察和承认，教师及时强化了这种行为的正确性和重要性。正确运用强化来影响学生的行为，成效是明显的，但在实际运用中应把握好适当的时机，运用恰当的方式。

(1) 强化的及时性。教师应在学生出现令人满意的行为时及时进行强化，不然强化的效果会打折扣。

(2) 强化的具体性。强化不能泛泛而言，要有具体的指向。如一位不爱发言的同学，一次主动的提问或发言，教师对他的进步应有具体定向的鼓励，而非泛泛地用“你进步了”来表示。

(3) 强化的针对性。学生的个性不同，心理需求也不一样。比如赞扬对一些学生有效，而对注重公众认可的学生则效果不大。一位羞涩不事张扬的学生，教师对他一个认可的微笑、关爱的抚摸，可能会比大庭广众下的赞扬更具强化作用。

总之，鼓励和强化的作用应因人而异，采用不同的方式方法，把握最佳时机，发挥其调控课堂、强化学生行为的作用。

(四) 学生不良行为的应对

学生的个性差异、生活背景和自我约束控制能力等因素，决定了学生课堂行为的差异。管理实践也告诉我们，学生良好行为的形成是在教师的

引导下克服不良行为的结果。通常把教师认为学生破坏课堂秩序的所有行为视为不良行为，这些行为从非常细小的动作到暴力行为形成了对正常教学秩序的干扰。中小学生的不良行为大致可分两类：一是不合时宜地讲话，如不按程序发言、交头接耳、不必要的讲话等。二是不合时宜地活动，如出风头和发笑、同桌间的争斗、私自离开座位等。常见的其他不良行为，如上课不专心听讲、拖拉懒散、不带课本、不能按时完成作业等。

1.了解不良行为的成因

要想有效地干预学生的不良行为，首先应搞明白学生不良行为产生的原因。研究表明，学生不良行为受两个方面因素的制约。从学生需求方面分析，第一，学生有引起别人注意的需求，他想成为大家关注的中心，往往会采取吵闹、骂人，或做出有碍课程进展的举动来引起老师和同学的注意。第二，一些同学的捣乱是因为他想显示自己的力量，想让事情照他的方式来做，为了显示自己的“能耐”，而不遵守纪律或向人挑衅。第三，由于心胸狭窄而对在以前的冲突中受到了羞辱或不尊重的事耿耿于怀，是寻机报复而做出的不良行为，这种行为往往有暴力倾向。第四，是一种懦弱心理的体现，这往往产生于家庭、教师对其期望值过高的学生中，他们以逃避的方式故意拖拉、不完成作业，希望别人不要理他，从而达到对他期望的失望不再施以压力。其结果是，逃避的心理更进一步地被助长，教师对他们的失望也更挫伤了他们的自信心。从教师的教育行为方面分析客观地讲，学生的一些不良行为是教师造成的。一是教师准备不足、计划不周，不能很好地激发学生的学习积极性，使学生学习目标不明，从而开始捣乱。二是不能公平正确地对待学生、厚此薄彼，造成学生心理失衡，形成对抗。三是语言的侮辱、讽刺、挖苦，挫伤学生的自尊心，会导致学生在报复心理下进行捣乱。四是教师处理不良行为的方式方法不被学生所接受，他们认为不公平。了解了学生不良行为的动机和教师的行为对学生的影响，教师在调整自己心态和行为的同时，亦应优化自己解决处理问题的技能和技巧。

2.应对不良行为的方法

好的课堂管理者同时也是明智的决策者，当学生不良行为发生时，教师必须明智地做出决定，采取适宜的方式进行干预，尽快地恢复课堂进程。一般的干预方式有以下几种。

(1) 消除法

有效的管理者，一般会有意识地忽略较小干扰或不良行为。如果一个学生违反课堂纪律的目的只是为了引起教师的注意，当教师注意他时，他

就会停止这种行为，这种干预的策略即为消除法。消除法是一种非指导性的干预方法，也就是说，学生可以停止不良行为，但他们仍不知道应该如何去做。因此，关键不是教师如何应对捣乱的学生，而是如何对待班上做得正确的学生。在忽略捣乱行为的同时，要表扬捣乱学生附近的另一个学生的正确行为，这样可以使捣乱的学生意识到他应该怎样做。虽然消除法可以有效地消除学生的许多干扰行为，但实践起来有一定的难度。一是它与教师以前所受到的训练相悖，一个是要密切关注课堂上的一切，“将不良行为扼杀在萌芽状态”，而另一个则让教师忽略他。其实，消除法的原则就是不直接向学生表明教师是在对他的行为的注意，而是对做出正确行为的学生给予鼓励和正面强化。

(2) 停顿

有效的管理者都很善于运用非语言性动作和小小的停顿处理课堂可能出现的严重干扰行为。如运用眼神注视、摇头、运用脸部表情、走近、接触或打手势、转移视线等来干扰较小的不良行为，而且又不会打断课程的正常进行或干扰别的学生。讲课时细小的停顿也很有效，放慢语速、声音的抑扬变化、简短的停顿等，这些动作都能给学生以提示，暗示他去调整自己的行为。同时也把教师对学生的期望和尊重表达出来，学生容易接受。长期的训练和磨合师生，会使师生达成很好的默契。

(3) 责备

教师课堂上的口头责备很常见，一般是在消除法和停顿法制止不了的情况下才运用的。有经验的管理者一般不采用当众责备学生的方式，而是采取个别交流的方式进行。这样的教育也更有效，它能让学生真正地明白自己的行为错在哪里，并能让学生心悦诚服地接受教师的行为指导，还能使学生明白再继续错误行为的后果和不良行为对同学、对班级所带来的不良影响。

(4) 重复改正

对一种不良的行为习惯，学生不可能经教师的一两次干预而彻底纠正。重复地引导，不断地强化乃是管理者经常要做的事。如引导一位不能按时完成作业的学生，摸清他不能完成作业的原因，施以完成作业责任义务的教育。及时准确完成作业能力的培养等一系列的工作都需要一个重复强化的过程和改正进步的经历，这里是由学生成长发展的特点所决定的。

另外，课堂节奏的把握、观察技能的培养和学生合作学习的组织等课堂管理技能，这里不再论述。

第三章

凡事预则立——教师职业生涯的目标与程序设计

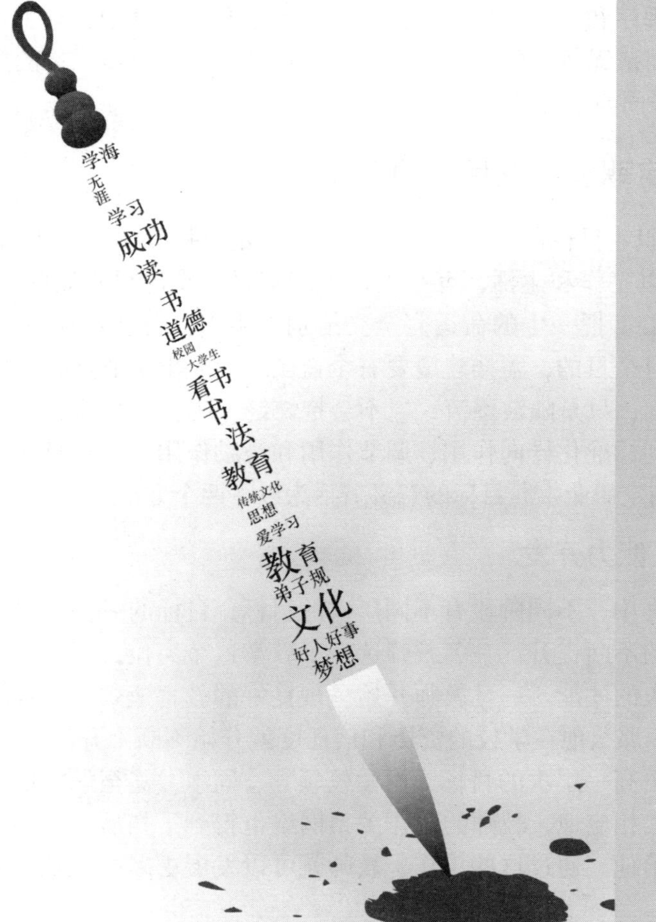

教育事业的发展固然依靠经济的增长，但最重要的，还应依靠教师的进步。而教师队伍建设的关键在于教师素质问题。其中，教师的职业生涯自我规划能力是贯穿于教师素质发展的主线，这不仅能够引导教师创造积极完美的个人生活，更关系着教育质量和水平的持续提升。

第一节 教师职业生涯的目标确立

教师职业生涯的目标是教师这一职业所应预期呈现的成果，是教师职业生涯规划内容、程序和方法的依据和前提。在整个职业生涯中，有了目标才会找准方向，而茫无目标的飘荡终归会步入迷途，内心那座无价的金矿，也会终因不开采而与平凡的尘土一样。

一、教师制定职业生涯目标的意义

很多人不了解职业目标的意义与作用，认为设定目标只是一种形式，有没有目标照样可以工作和生活；有些人认为制定目标是件很麻烦的事，不愿意为此煞费苦心。把一生的命运完全交给别人主宰，自己盲目服从，岂不知坐车乘船要有个目的，盖楼建厦要有个蓝图。而人生事业这么重要的事情却没有个目标，只是随波逐流，岂不会抱憾终生吗？一般来说，目标对职业生涯能起到标准化导向作用、调节作用和激励作用。[1]更具体一点来说，可将教师制定职业生涯目标的意义概括为以下两个方面。

（一）加强个人能力开发

在整个职业生涯中，不同阶段有不同层次的目标，目标的一一实现也就意味着个人能力的不断提升。一名教师选择了教学这个岗位，那他就应在该岗位上施展个人的才能。一旦教师开始呈现良好的教育成效，自身的专业水平得到提高，那么他在学校的资历和信任度就开始不断上升。此时，教师会为自己制定更高一层次的目标，而学校领导、同事，甚至学生也会给予他更多的关注。相应地，教师的工作关系网络也得到了拓展，一些重要的工作也将分配给他。通过这些工作，教师就可以发展更多的专长，因

〔1〕 程振响. 教师职业生涯规划与发展设计[M]. 南京：南京师范大学出版社，2006.

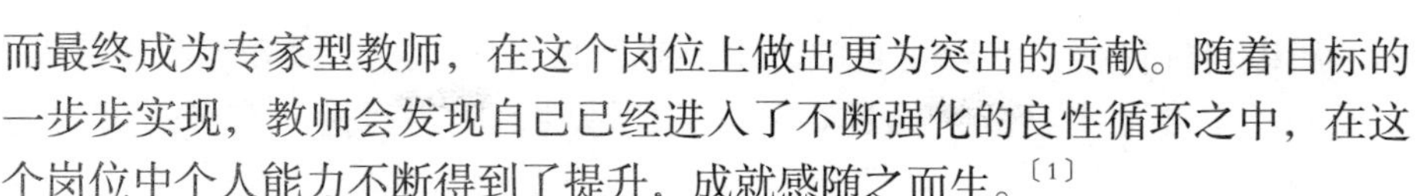

而最终成为专家型教师，在这个岗位上做出更为突出的贡献。随着目标的一步步实现，教师会发现自己已经进入了不断强化的良性循环之中，在这个岗位中个人能力不断得到了提升，成就感随之而生。[1]

(二) 制定目标能对个人起到激励作用

正如拿破仑的一句名言："不想成为将军的士兵，不是一个好士兵。" 作为一名教师，有了这样的目标，才能不断地激励自己。现代社会变得越来越信息灵便、机会均等，从这个意义上讲，现在已经到了一个 "你想成为什么样的人就可以成为什么样人的时代"。在学校这个环境下，有了合理的目标会对教师个人有着极强的激励作用。何况，这些工作完成得好坏，可能与奖金直接挂钩(长远来说也与自己的晋升联系起来)，所以目标的激励作用是非常强烈的。更重要的是，这种激励与学校及学生的目标直接挂钩，对学生会产生积极的影响，对教师个人而言，也容易产生成就感。

教师制定了自己的职业生涯目标，就会有一定的前进动力，这对教师所在学校的发展能产生积极效应，有利于学校的稳定发展和可持续发展，反过来，学校又会给教师带来更多的希望和动力，从而形成良性循环。

总之，对于处在职业生涯中的教师而言，目标能使教师不会拖延倦怠，有助于教师集中于特定目标上；能使教师重视有效能的事，有助于节省时间，测知自己的效率，促进自己的专业发展；能使教师建立新的目标，有助于继续努力，快乐地工作，达到自我实现。

二、教师确立职业生涯目标的原则

教师职业生涯规划作为一种专门的职业规划，既有一般规划的共性特征，又有其职业的个性特征。因此，在制定教师职业生涯规划时，既要注意遵循一般规划制定的基本原则，又要从教师的职业特点出发，遵循以下几个基本原则。

(一) 水平适度原则

篮球之所以有如此众多的爱好者，篮球架子设置的高度是功不可没的，因为它既不是高不可攀，又不是触手可及，是 "跳一跳，够得着" 的目标。对教师而言，自身职业生涯目标的设置也要恰到好处，目标定得太低，轻而易举即可实现，这样就失去了目标管理的作用。唾手可得的目标会使人享受不到成就感和荣誉感。目标定得太高，实现不了，又会使人产生挫败

〔1〕 张再生. 职业生涯规划[M]. 天津：天津大学出版社，2007.

感。所以目标应该是实际可行的，不能犯盲目自大、过于保守等主观错误。在此基础上要使自己的目标具有一定的挑战性，因为目标只有经过努力能够实现才有意义。

(二) 梯度合理原则

首先是在时间梯度方面。教师应该把职业生涯目标分解为若干个阶段，并且划分到不同的时间段内完成。每一时间阶段又有“起点”和“终点”，即“开始执行”和“完成目标”两个时间坐标。如果没有明确的时间规定，会使职业生涯规划陷于空谈、最终失败。例如，某教师的短期职业生涯目标是在刚入职这一学期内能出色地完成教学任务，下一时间段能当上优秀班主任。所以，目标的确立必须充分考虑不同时间段的特点，遵循时间梯度的原则。

其次是目标幅度方面。在设定目标时目标幅度是宽一点好，还是窄一点好呢？一般来说，专业面越窄，所需的力量相对较少。也就是说，用相同的力量对不同的工作对象，专业面越窄的，其作用越大，其成功的概率越高。所以，职业生涯目标最好是选一个窄一点的范围，幅度不宜过宽，这样投入全部精力后容易达到目标。

(三) 适合自身原则

不同的人有不同的特点，每个人都有自己的优势和劣势。据此制定出适合自己的目标，是一种睿智，俗话说：识时务者为俊杰。

教师要了解自己的优势，如兴趣、爱好、知识专长等。只有将目标建立在自己的优势之上，避开自己的劣势，处于主动有利的地位，目标才容易实现。确立一个通过努力可以达到，既充满信心，又不敢掉以轻心的目标，使自己的特点与自己的目标方向一致起来，只有这样的目标，才具有较大的驱动力。同时也要发挥主观能动性和创造性，解决新的问题或用新的方法处理常规问题，才能动态创新地规划自己的职业目标和人生目标。如果说，有目标我们不再迷惑的话，那么有适合自身的目标我们将不会困惑。随之，我们就不会盲目攀比，不会空虚苦恼，而是朝着自己的方向前行在属于自己的天空。

(四) 目标的明确性与挑战性相统一原则

目标的明确性是指教师职业生涯规划是多元化目标有机结合的系统，是一个复杂的目标系统。从时间上说，职业生涯发展的各个阶段不同，其目标任务也不同；由于职业生涯的发展不仅包括外在的工作岗位、任务、待遇等发展目标，同时也包括教师内在的情感、态度、价值观的心理发展，

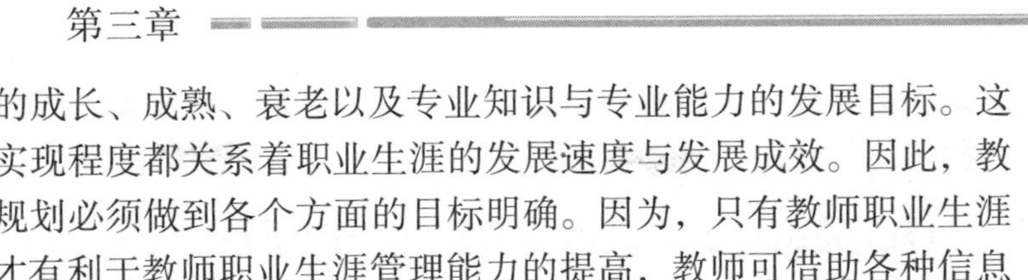

还包括身体的成长、成熟、衰老以及专业知识与专业能力的发展目标。这一切目标的实现程度都关系着职业生涯的发展速度与发展成效。因此，教师职业生涯规划必须做到各个方面的目标明确。因为，只有教师职业生涯目标明确，才有利于教师职业生涯管理能力的提高，教师可借助各种信息了解自身的能力与不足，评估当前状态与目标要求状态的差距，从而确定职业发展的起点、新目标，促进自身职业生涯的持续发展。

目标的挑战性是指教师职业生涯的目标定位要充分考虑自己的潜能、环境的支持程度等因素，把目标确定在对自己的现实能力有挑战性的位置，这样目标才有激励作用，才能激发教师的潜能。如果目标低，职业生涯发展就会陷入平庸；如果目标过高，当教师跳一跳也达不到的时候，目标就失去了激励作用。所以，目标适度的挑战性对于教师职业生涯的发展会产生较好的激励作用。在教师职业生涯规划过程中，既要注意教师职业生涯发展各阶段目标的明确性，同时又要注意目标的挑战性。

(五) 主体性与主动性相统一的原则

主体性是指人在实践过程中表现出来的能力、作用、地位，即人的自主性、能动性。主体性就是自主性。人一方面是自然的主人，能够控制自然；另一方面又是自己的主人，能够决定自己的行为，把握自己的命运。因而主体性的另一个重要内容就是自由，作为主体的人，他是有自由意志的。主体性就是主体的能动性。这种能动性体现为人不仅能够认识和改造客观世界，还能够创造客观世界，把世界改造成更符合人们要求的状态。教师职业生涯发展规划制定中的主体性是指教师是职业生涯规划的主体，教师有决定自己职业生涯发展的方向、发展道路和发展目标的自主权，同时有实现职业生涯目标实施策略的选择权等。

主动性是指个体按照自己规定或设置的目标行动，而不依赖外力推动的行为品质。它由个人的需要、动机、理想、抱负和价值观等推动。主动性的一般行为特征表现为：坚持力，在面对障碍与困难时也不放弃；了解及把握机会；超出工作要求的绩效表现；事先准备面对一个尚未发生的特殊机会及问题等。

在制定教师职业生涯规划时，坚持主体性与主动性相统一的原则。一方面是指尊重教师作为职业生涯规划的主体和自己职业生涯发展的主宰者的权利和自由，尊重教师对自己职业生涯发展的方向、道路、目标的个性化选择；另一方面是指教师在职业生涯规划实施策略的选择上，要注意选择主动发展的策略，例如要积极、主动参加与学校的教学目标相关的职业发展活动，要注意确立相对高些的专业发展标准和工作绩效标准；要注意

主动、客观地评价自身的职业发展水平，对自身职业发展的前景和机遇进行科学的预测，以便更好地把握自身职业生涯发展的主动权。

（六）突出重点与兼顾全面相统一的原则

突出重点是指教师职业生涯发展的内容是多元的、全面的，教师职业生涯发展不仅包括专业发展、情感、态度、价值观的发展，还包括职务、职称和工资待遇的发展，同时，与其相关的家庭发展也是影响教师职业生涯发展的重要环境因素。其中专业发展是教师职业生涯发展的核心和重点。

兼顾全面是指教师职业生涯发展既要照顾内在的职业知识、职业能力、职业情感以及职业幸福的精神的发展，也要考虑外在的职务、职称与工资待遇的可见的物质发展；既要照顾专业发展，也要考虑家庭的发展。

在制定教师职业生涯规划时，坚持突出重点与兼顾全面相统一的原则，是指一方面要把专业发展作为教师职业生涯发展的重点抓紧抓好；另一方面也要注意兼顾职务、职称和工资待遇以及家庭等其他方面的发展，确保以专业发展引领其他方面的发展。

三、教师职业生涯目标的种类

职业生涯目标是个人职业生涯规划的首要内容，是人生的指针。有了目标，便有了人生奋斗的方向。个体职业生涯的目标是多种多样的，大致可以归为如下几类。

（一）按时间划分

短期目标是一种现实性和具有实际价值的目标，是以长期目标为发展方向的行动性、操作性目标，可以是自己选定的目标，也可以是上级安排的目标。[1]短期目标具备可操作性、具有具体的完成时间、切合实际、适应教学环境、能服从于中期目标等特征。在教学中，学期目标、学年目标都可看作是短期目标。

中期目标是与长期目标一致的目标，相对长期目标要具体一些，一般在三到六年。中期目标应既有激励价值，又要现实可行。

长期目标是个体基于自身的能力和社会经验来“树雄心，立大志”，它勾勒出了个人职业前景和职业生涯高峰。教师的长期目标一般是十年左右，甚至更长时间，它是教师的职业人生目标，具有未来预期、宏观综合、人生理想、发展方向、引导短期、自身可变等特点。

---

〔1〕 http://www.doc88.com/p-31890130938.html.

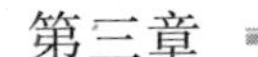

在规划职业生涯目标时，要把长期目标和短期、中期目标结合起来，统筹考虑，合理计划。

(二) 按性质划分

施恩把人的职业生涯分为“内生涯”和“外生涯”。[1]职业生涯目标也由此可以分为内生涯目标和外生涯目标两个层次。外职业生涯目标一般是具体的，它侧重于职业过程的外在标记。一般包括职务目标、工作内容目标、工作环境目标、收入目标、工作地点目标五项[2]。如成为教务主任就是职务目标；教师在未来十年中教学、科研、社会上达到的成果就是工作内容目标；收入直接关系个人和家庭的切身利益，如希望自己在一定时间内月收入或年收入达到一定的数目就是收入目标。

有的教师可能从一进入学校就在追求职务目标，没有职务的升迁，就认为是职业生涯要走到尽头了，而往往忽视了自己的职务目标并不是自己设立的职业生涯目标。所谓的内职业生涯是指一些基本的知识、观念、从业经历、内心感受等一系列的因素在整个职业生涯中发展的过程。它是别人无法替代和窃取的人生财富。内职业生涯目标通常涵盖提高工作能力的目标、增加工作成果的目标、提高心理素质和改变观念的目标等。工作能力是对处理职业生涯中各种工作问题的能力的统称。对教师而言，工作能力通常包括通用能力、学科能力、课堂管理、教学和及时应变能力、心理辅导能力、和探索能力等。作为教师，自己想要达到的工作能力目标应当切合实际，并具有一定的挑战性。工作成果目标是指发现和应用新的管理方法，发表该领域的研究成果，创造新的业绩等。心理素质越来越受到职业人的重视，把提高心理素质纳入职业生涯目标已为平常之事。观念目标是指在职业活动中对人、对事、对世界的态度和价值观。对教师来说观念上要与时俱进，就是要随时更新自己的观念，跟上时代及教育发展的要求。

外职业生涯目标是内职业生涯目标的表现形式，内职业生涯目标才是职业发展规划的核心内容。如果仅仅注重外职业生涯目标的设计，那么在为之努力的过程中，往往会容易迷失方向，出现急于求成、急功近利的行为。

---

〔1〕 卜欣欣，陆爱平.个人生涯规划[M]. 北京：中国时代经济出版社，2004.
〔2〕 王荣发. 职业发展导论——从起步走向成功[M]. 上海：华东理工大学出版社，2007.

（三）按生涯的内容划分

教师职业生涯的目标可以按照生涯的内容分为两类，一是职业生涯广度方面的目标，如教师个人规划自己成为教学者，或是研究者，抑或是组织策划者等；二是职业生涯深度方面的目标，如教师规划自己成为教学能手、教学专家，或者是往领导层发展，如成为校长等。

当然，教师职业生涯的这些目标是平行存在、互不矛盾的，教师职业生涯过程中可以同时实现两个或两个以上的目标。有些目标之间互为因果，相互促进。比如工作能力目标和工作成果目标是原因，则职务目标是结果，工作能力提高彰显工作成果目标，然后促成职务提升。再如一名教师在授课方面表现突出，同时他又对教学进行研究，得出科学结论，这样的两个目标之间就存在着互补的关系。尽量使内职业生涯目标和外职业生涯目标，个人事业和家庭生活全面均衡发展。

四、教师职业生涯计划的需求与目标

教师职业生涯管理与计划的需求与目标，是由教育自身发展决定的。从国家、政府的政策层面上讲，确立其目标的一个核心问题是如何将一所学校或一个地区，乃至一个国家范围内的教师人力资源开发与以促进每一个教师自主发展为导向的行为联系起来。在铺定战略性的教育人力资源规划时，必须将学校、地区或国家的师资能力建设与教育事业的运营目标紧密结合起来。这些包括国家制定和颁布的教师教育政策、地区性教师培养与培训计划的目标与任务，下达到各级所属部门并落实到每一个地区教师管理机构、每一所学校的具体目标和任务，必须形成一个切实可行的、统筹考虑的人力资源开发计划。

21 世纪以来，我国中小学教师来源渠道多，数量充足，其稳定性是空前的。但从另一方面来看，由于教育形态的急剧变革，提高教师对新教育的适应能力成了教师职业生涯管理与计划突出问题。在今天，我国到底需要什么样的教师？教师队伍专业结构、能力结构怎样调整？骨干教师年龄老化和后备师资如何储备与培养？新型教师教育体系如何建设？地区之间优质师资发展水平不平衡问题如何解决？凡此等等，越来越成为我国教师职业生涯管理与计划的矛盾焦点。要解决这些问题，可考虑从如下几个方面入手。

（一）激发教师职业生涯动机，提高面对教育发展的适应性

从个人角度着，教师职业生涯动机包括：提高应对教育形态转变和挑

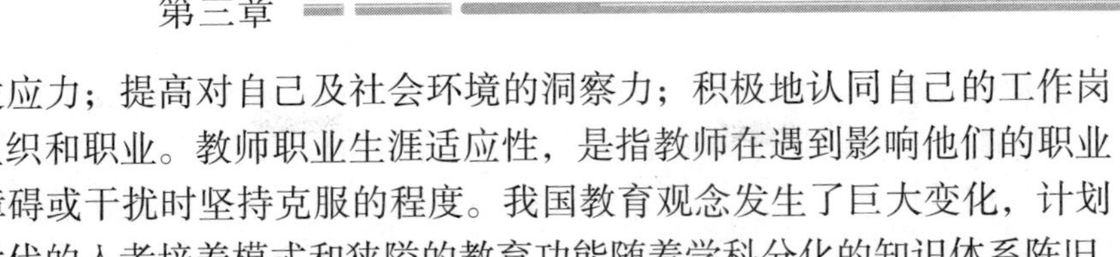

战的适应力；提高对自己及社会环境的洞察力；积极地认同自己的工作岗位、组织和职业。教师职业生涯适应性，是指教师在遇到影响他们的职业生涯障碍或干扰时坚持克服的程度。我国教育观念发生了巨大变化，计划经济时代的人考培养模式和狭隘的教育功能随着学科分化的知识体系陈旧，日益走向终结。

事实证明，我国经济社会全面进步和科技的快速发展迫使教育改革目标必须与大力发展先进生产力、发展先进文化、满足不同社会劳动群体的教育需要的客观要求紧密结合起来。事实上，我国教育在社会主义市场经济建设中在基本完成“两基”任务之后，出现了重大的历史性转折，具体表现为。

(1) 由服务于经济建设转变为经济建设的动力，科教兴国不仅成为全党全社会的共识，而且成为自觉的行动。

(2) 传统的封闭的学校教育模式和单纯的知识型人才培养模式日益为开放灵活的终身教育所取代，开发人力资源成为教育的主要任务和目标。

(3) 普及性的数量扩张型教育日益为质量提高型教育所替代，优质教育资源建设的紧迫感从来没有像今天这样成为这个社会关注的问题。

(4) 以人为本，发展先进的社会生产力与加强知识创新、科技创新、人才创新的紧密结合，大力推进教育创新越来越成为教育改革与发展的时代课题。

这些重大的历史性变化，是我国传统的计划经济时代的学校教育理论、教育政策、教育实践模式和教育制度都无法解决的。我国广大教师面对这些重大的时代性变革，深深地认识到实践创新能力先天不足的缺陷，新课程改革和各种考试和教学质量评估制度改革的不适应性，需要重新建构自己的教育观念，需要重新进行能力定位，需要提高职业生涯的洞察力。只有这样，才能找到与自己职业生涯目标联系的准确方向。

(二) 加强潜能开发，促进自主发展

一所学校的教师职业生涯管理与计划如要考虑与个人的自主发展需要联系起来，就必须对两个重要问题做出抉择：一是填补较高的教师职位空缺是依靠外来者还是依靠教师内部的竞争，二是晋升教师职位应该采取什么样的选拔标准，是年资或是绩效、是任人唯亲还是任人唯贤？

教师潜能的开发，在很大程度上取决于教师与直接上司之间维护的关系和态度。道理很简单，这就像学生的学习热情取决于他与任课教师之间的关系和态度一样。学校管理者只要对教师的发展目标和能力倍加关注，就能够有效地影响教师自主发展的热情。关注和重视教师潜能的开发，提

高教师职业生涯目标的水准，以负责任的态度挺当起教师职业生涯发展的辅导职能，应该说是每一个学校管理者责无旁贷的义务。

人们常说，一个好校长是学校教师的辅导员、是教师职业生涯发展道路上的“领跑人”。一个好校长应该与教师之间建立“辅导”的关系，通过这种关系积极地推进一系列职业生涯管理与开发活动，如支持、指导、了解与认知、保护、分配具有挑战性的工作等，还可以通过一系列能够帮助学校教师团队的新成员建立一种自我确认的个人支持活动，如角色模仿、建议咨询、接纳与沟通、友谊等。通过这些活动，提高教师的工作满意度和工作生活质量，帮助教师发掘那些未被利用的潜能和新兴趣，提高教师工作绩效的有效性，防止教师的技术，知识、观念和态度趋向陈旧，保持教师的工作热情和科研探索的激情，避免将它耗尽。

（三）以人力资源开发的理念，推动教师职业生涯计划与开发

如上所述，教师职业生涯计划与开发远远超出了专业化建设的含义，绝不只是一种特定知识或技术的获得，而是更多地包含了被高层管理者支持、建立开发与发展新理念，以及对开发活动内在联系和特性的真正理解。

高层管理者支持必须受到重视。因为学校的校长、地方教育行政部门的教师管理机构领导，既是教师管理的决策者，也是教师职业生涯发展机会的创造者，他们的支持对于促进教师计划与开发活动起着重要的作用。高层管理者对教师职业生涯影响的职能体现方式有多种，如可以将教师职业生涯管理与计划的决策权授予下级管理者，让他们开发年轻的教师；可以培养一种不同层级之间、校际之间，乃至社区之间进行频繁的、开放的沟通气氛；可以根据一定的管理哲学制定辅导者奖励制度等。考察一所学校、一个地区的教师质量如何，在一定意义上要看它的校长、教师教育管理者对教师职业生涯管理与计划的重视程度，政策导向以及实际开发能力等。

建立教师开发与发展的新理念，主要是从人力资源能力建设的角度看待教师职业生涯计划。教师职业生涯管理与计划要与甄选、岗位调整、报酬、绩效评估等有机结合起来，将教师内涵发展与外在的激励结合起来。这些人力资源能力建设的职能、各种方法措施，每一项都会影响教师职业生涯发展。但是，我们又要注意不能将教师职业生涯开发与发展与人力资源管理的方法措施混为一谈，错误地认为开发可以替代适当的甄选等。因此，我们必须真正理解开发活动的内在联系和特性。

（四）唤醒教师职业生涯的幸福感，开发教师自身生命的价值

教师职业生涯始终与人打交道，人不仅是理性、理智化的，而且是非

常感性、非常情感化的，天真无邪的孩子更是如此。因此，一位成功的教师，其职业的一切活动都应该带给自己内心满足、愉悦的感受。

一位成功的教师感到内心满足、愉悦，其表现有三个层次：一是对工作环境、条件、组织的高度适应，并且在报酬上获得了相对满足，这是最基本的适应型满足；二是能够将工作目标与人生奋斗目标有机统一在职业生涯的过程之中，在劳动过程中和在劳动成果上享受到了创造与勤奋、体验与前瞻的愉快，也就是说他的职业生涯处于不断发展的活跃状态，这是发展型满足；三是“随心所欲不逾矩”，主体诸认识能力处于自由、和谐关系之中，这是一种心理状态，也是教育教学艺术达到炉火纯青地步的体现，能够进入艺术欣赏美、创造美的境界，乃是心意自由型满足。

一名教师能够得到、享受职业生涯过程中的满足和愉悦，就会产生幸福感，就会充分展现人在职业生涯中的生命价值。要进入这种境界，他的职业生涯应该是处于持续的、与时俱进的发展状态。职业生涯的停滞，就意味着这种满足感的减弱。一位成功的教师不受岗位的限制，即使走下工作岗位，他仍然能够通过对职业生涯体验性总结、反思、研究等将其职业生涯的幸福感、快乐和内在的愉悦持久和升华。

第二节　教师职业生涯规划制订程序

一、结合教师身份认同，全面、客观地认识自我

尼采说，“认识了自己就懂得该成为怎样的自己”，科学合理地认识自我首先要做到勇敢地面对自我。因为各种各样的原因，很多人对自己都有这样或那样不满意的地方，有的不能够正确对待以至于造成不必要的心理负担。古语云吾日三省吾身，尤其是对于缺点而言，找到发生根源，并有针对性地加以改进，才能使自己朝着理想迈进一大步。

认识自己绝不单单指外表，更多的是个人的人格、兴趣、智力、特长、情商、气质、价值观。只有正确地分析自己的优点和缺点，才有可能对自己的职业方向做出正确的判断。对于教师的职业生涯发展而言，仅仅认识自己的人格、兴趣、能力等还不够，还需要当前的成长历程、职业发展现状以及对于教育教学能力的反思。以下是几种简单的自我认知方法。

（一）自我省察法

所谓自我省察法，指的是个体通过各种信息来确定自己的兴趣、个性、

能力、价值观和行为取向的一个认识自我和了解自我的过程，其目的在于通过对自己进行全面分析而为自己做准确的定位。教师只有对自我有了全面的分析，才能对自己的未来做出正确的判断，对自己的生涯目标做出最佳抉择。教师的职业生涯规划是一个过程。而自我评估是规划中不可缺少的一个步骤。如果忽视了这一步，或自我评估不全面，则规划将会根基不牢，中途夭折。

正所谓每个人都有两面镜子，其中一面用来看清自己的脸庞以及衣着打扮等外在形象；另一面“镜子”，就是省察个人内心的“内照镜”。在这面“镜子”中，人们可以看到完整的自己，看到自己内心真实的想法，所有的感觉、动机、嗜好、冲动及恐惧。人们通过对照自己内心的“镜子”，反思自己的行为及其后果，并从中总结经验。

（二）“乔哈里窗”分析法

“乔哈里窗”分析法又称“橱窗分析法”。“乔哈里窗”又称“自我意识的发现反馈模型”，它说明一个人的内在可以分成“自己了解，他人也了解”“自己了解，他人不了解”“自己不了解，而他人了解”“自己和他人都不了解”四个部分，如下表所示。

表 3–1 “乔哈里窗”分析法

	自己了解	自己不了解
别人了解	自由活动区域（公开我）	盲目领域（背脊我）
别人不了解	逃避或隐藏领域（隐藏我）	处女领域（潜在我）

（三）360 度评估法

“不识庐山真面目，只缘身在此山中”，正如“乔哈里窗”第二区域描述的那样，人总有自己认识不到的盲区，而自己没有认识到的问题有时别人反倒能看得清楚。为了避免自我省察可能有的片面性，可以采用360度评估法来进行自我认知。通过评估反馈，人们可以获得来自多层面人们对自身素质、能力等的评估意见，从而能比较全面、客观地了解有关自己的个人特质、优缺点等信息，并作为自己进行职业生涯规划及能力发展的参考。对于同学们来说，可以请自己的老师、父母、同学等对自己进行全面评估，如下表 3–2 所示。

表 3–2 全面评估

方式	评价内容	评价标准
自我评估	1.自己的才能是否充分施展 2.对自己的职业发展状态是否满意 3.对自己的学习、生活状态是否满意 4.对处理职业生涯发展与他人活动的关系结果是否满意	根据个人的价值观念及个人的人格、兴趣、能力
家庭评估	1.是否能够理解和肯定 2.是否能够给予支持和帮助	根据父母家人的反馈意见
老师评估	1.是否获得老师的认可 2.是否有明显的缺点 3.是否获得了长足的长进 4.是否各项能力都得到了提升	根据行为表现及综合素养
同学评估	1.是否获得同学的认可与好评 2.是否在某些方面树立了榜样 3.是否存在哪些缺点	根据行为表现及同学感受

由于每个人成为教师的理由不尽相同，很多教师是出于个人的兴趣志向所在，而也有少数教师并非出于个人意愿成了教师，这类群体就需要注意反省自己的职业方向是否还在教师这个职业。如果方向感发生偏离则需要及时调整或者纠正。

二、社会、学校环境分析

环境对于个人职业生涯规划的影响是显而易见的，人作为社会的一员，一方面要顺应外部环境的需要，分析外部环境的变化，在变化中挖掘机会，不断调整自己的计划，趋利避害、因势利导，最大限度地吸纳各种资源；另一方面，根据客观环境的变化，及时调整自己的状态，以积极主动的心态面对各种困难和风险，避免因为一时成败给自己的情绪造成大幅度的波动。在规划实际操作的过程中，要注意两者结合，才更有利于个人目标的实现。

(一) 社会环境

社会环境分析需要回答以下基本问题：你处在一个什么样的时代？当代社会的政治、经济、科技、文化有什么样的特点？这些特点对你的职业

和工作提出了哪些要求？提供了什么样的有利条件？提出了哪些挑战？这给目前的工作和发展带来了什么机遇？本地区的社会环境有什么特点？对自己的工作发展有什么样的影响。

在职业发展的过程中，我们必须清楚的熟知周围的环境以及我们所处在怎样一个大的社会环境中，在这个环境中会有什么样的困难等着我们，又会有什么样的机遇是值得我们不惜耗费大力去争取的。

(二) 学校环境及发展机会

通过短短几个问题就可以使我们了解我们所处的学校环境究竟如何？比如你所处的学校是一所什么类型、水平的学校？学校的文化怎样（物质文化、精神文化、行为文化等）？这些环境将对日后发展具有哪些影响？

当然了学校环境也囊括学校文化、学校管理制度、学校领导者素质和价值观、学校的水平层次与发展前景、人际关系等。

从学校文化分析，以价值观为核心的学校文化影响教师的职业选择与职业发展方向，教师生活在学校环境中，必然会受到学校文化的影响，特别是领导和大多数人的价值取向常常会左右教师的价值取向。学校文化正是通过影响个人价值观而影响教师的职业选择与职业发展方向。工作在一个纪律严明、积极进取、锐意改革的教师群体文化中，松散、懈怠和守旧就会为群体文化所不容。

从学校管理制度分析，以激励和惩戒为基本管理手段的学校管理制度影响着教师的职业生涯发展。教师的职业生涯发展归根到底要靠管理制度来保障，包括合理的培训制度、晋升制度、考核制度、奖惩制度等等。学校价值观也只有渗透到制度中，才能得到切实的贯彻执行。没有制度或者制度定得不合理、不到位，教师的职业生涯发展就难以实现，甚至可能流于空谈。

从学校领导者素质和价值观分析，校长倡导什么、支持什么也直接影响教师的职业发展方向。

从学校的水平层次分析，教师所在的学校是一个什么层次和水平的学校，在同类学校里它处于什么层次，也与教师的职业生涯发展密切相关。因为，教师的职业发展是与学校的发展密切相关的，同样水平的教师在不同的学校教学，经过若干年的发展，肯定有很大的差别。选择好学校固然重要，但充分利用学校现行的发展资源亦同样重要。学校的发展资源主要包括学校的运行制度。

三、确定生涯发展目标

在科学合理地认识自我和清晰明确地分析环境之后，个人职业生涯规划就进入了明确定位、确定目标的阶段了。有效的职业生涯规划需要切实可行的定位和目标，这就好比“枪和子弹”的关系，如果定位或是目标出现了问题，那对于个人规划而言就是灾难性的后果。在决策过程中应当重视个性与执业特质的匹配，情趣与职业内容的匹配等。

(一) 职业生涯目标的发展线路

职业生涯目标的确立应由“职业生涯发展路线的选择——职业生涯目标的选择——制定职业生涯目标”三者构成。

1.职业生涯发展路线的选择

这里探讨的职业生涯路线是讲一个人在确定自己的职业目标后应该沿着怎样的路线去实现。需要通过“知己”“知彼”的评估，即自我评估和环境资源分析，对自己的教师职业生涯发展的路径做出选择，包括对职业中的工作方向做出路线选择。教师生涯规划论认为，并不在乎个体是否选择了教师职业，关键在于选择自己的职业发展路线，设立明确的目标；选择职业发展路线是指向教育教学研究方向发展，还是向行政管理方向发展。不同的发展路线对从业者的素质要求不同，影响到今后的发展阶梯也不同。当然，在路线抉择中可以扪心自问：想往哪一路线发展？适合往哪一路线发展？可以往哪一路线发展？每个人的基础素质不一样，适合的职业发展路线也不一样，有的适合做研究、有的适合做管理、有的适合做专职教师。总之，要综合考虑你的个性、兴趣、能力、价值观与社会组织环境条件，再权衡确定自己的发展路线。

职业生涯路线的选择取决于以下三个要素：目的、条件、可行。第一个要素是通过对自己兴趣、价值观、理想、成就动机等因素的分析，确定自己的目标取向。第二个要素是通过对自己的性格、特长、智能、技能、情商、学识和经历等因素的分析，确定自己的能力取向。第三个要素是通过对当前及未来的学校环境和社会环境等微宏观因素的分析，确定自己的机会取向。以上三个要素是相互联系，缺一不可的。因此，在确定自己的职业生涯路线时，必须综合分析和考虑这三个要素。

2.职业生涯目标的选择

路线确定之后，接着就要确定目标。教师应明确自己的专业发展目标。有效的专业发展规划需要切实可行的目标，以便排除不必要的犹豫和干扰，全心致力于目标的实现。有了目标，教师便有了人生奋斗的方向，目标的

确定是教师专业发展规划的核心部分。目标对教师所采用的专业发展策略、行动方案、实施后的反馈和思考都起着导向性的作用。[1]

教师专业发展目标分为短期目标、中期目标、长期目标、人生目标。短期目标时间是1年以内，是中期目标和长期目标的具体化、现实化和可操作化，是最清晰的目标。短期目标的制定以分析当前最需要解决的问题为基础。中期目标时间为2—3年，它要与长期目标保持一致，内容具体，有比较明确的时间。长期目标是专业发展规划中持续时间最长的目标。它是指时间在5年以上的专业发展目标，设计时以勾画轮廓为主，通常不用太具体，内容可随着学校内外部形势的变化而变化。人生目标，是教师整个人生的发展目标，人生目标的勾画必须在符合自己价值观的基础上，与社会发展需求相适应。人生目标的内容除了专业成长以外还应强调教师的自身修养和追求，应该有情感、情操方面的要求。

人生目标是我们最终的理想。哈佛、耶鲁的调查结果说明，一个人能否成就大事，很大程度上取决于有没有一个正确的人生目标。所以，每位教师应思量一下：有生之年，想做什么事？想成为什么样的人？想取得什么成果？再结合自己的社会情况和实际情况，便可以确定自己的人生目标。接下来，再考虑如何接近、实现这个远大的人生目标，这又要再度对内部个人因素、外部环境各因素做一个全面的分析。从内部来说，要分析自己的优势、劣势。以自己的优势为例，可用下面的问题来检测：你做过什么？即你的人生经历和体验中有哪些方面能反映你的长处？学了什么？即专业、选修、自学了什么？有什么独到的长处？最成功处是什么？其成功的必然性是什么？其中能否归纳出自己性格的优势？从外部来说，既要把握机会，还要规避威胁，避免造成规划目标体系的“内耗”。总之，有优势并能利用机会是最好的；居于劣势又无法把握机会的情况是应尽量避免的。

3. 制定职业生涯目标

职业生涯目标的确立最终是要落实在“制定职业生涯目标”上的。因此，目标的明确和准确陈述对教师专业发展规划具有重要意义。

教师制定目标时除了要关注成长环境等诸多因素以外，更重要的是要关注专业成长能力的培养。教师在制定目标时应从专业成长指标中的要素出发，刘堤仿、邵中庆的研究指出：这些要素概括起来主要包括职责、素质、效能三大部分。职责部分主要是指教师应当承担的责任、完成的任务及其达到的目标和标准；素质部分主要是指教师应当努力履行的各种职责、

[1] 张莹. 如何进行职业生涯规划和管理[M]. 北京：北京大学出版社，2003.

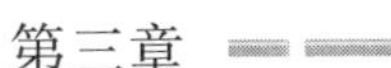

完成的各项任务，最终具备学校整体工作目标要求所应具备的思想品格、专业知识、业务能力、文化知识水平以及心理品质等，主要是从教师的专业方面来讲的；效能部分主要指工作和培养学生的绩效方面。这三大要素是相互联系、相互作用、相互制约的，其中教师素质标准体现了从一个合格教师向优秀教师发展的过程中不同时期、不同阶段的基本素质要求。而教师素质对于创新教学的开展及教学方案的选取和确定起决定性作用；教师职责标准反映在创新教学活动中不同时期、不同环节的职能和责任要求，对促进教师采取有效措施培养人才的职责有着优化作用；教师工作效能标准反映的是教师在学校指挥系统、执行系统、反馈系统、监督系统下工作的效果和效率，对专业化发展效果有着极其重要的作用。[1]

（二）制定目标时的注意事项

每个人都有自己的愿景，但在很多情况下，人们对自己的愿景往往是模糊不清晰的，或是有误解的，这样就会造成行为的盲目。因此，对于个人来说，关键并不是如何建立个人愿景，而是理清个人愿景。当然了教师在制定目标时应该掌握基本的注意事项。

（1）目标的水平高低恰到好处，应该是“跳一跳，够得着”的。既要具有一定的挑战性，又要以经过努力才能达到为标准。但也不要要求过高，以致感到力不从心，从而放弃了努力。好的目标是使自己充满信心，努力工作，而不是丧失信心，放弃努力，致使目标落空。

（2）目标的幅度不宜过宽，最好选一个窄一点的题目，把全部精力都投放进去，较易取得成功。同一时期的目标也不宜过多，最好集中于一个。

（3）目标的确立要适合自身特点。不同的人有不同的优点。这种特点就是你的人格、兴趣、特长等。要将目标建立在你的最优人格、最大兴趣、最佳特长上。

---

〔1〕 刘堤仿，邵中庆．谈教师专业发展规划的制定与运作[J]．新课程研究（教师教育），2007，（3）．

第四章

天时、地利、人和
——教师职业生涯的环境

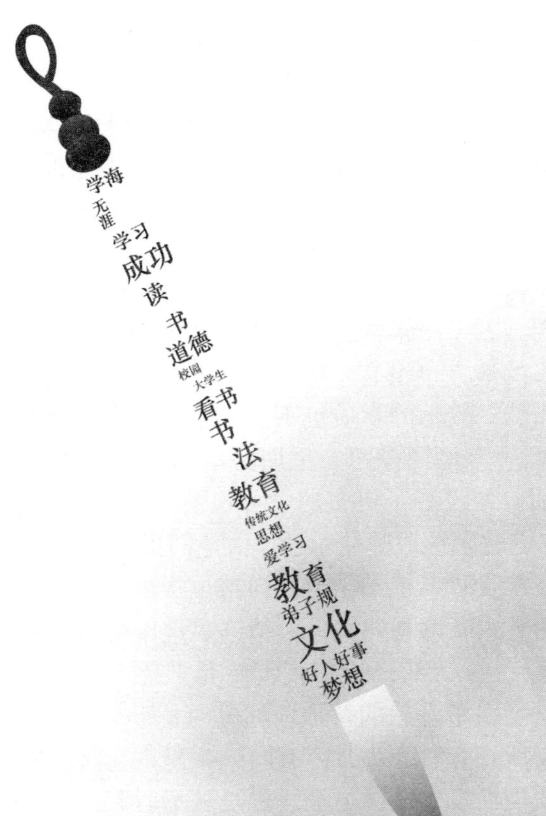

任何一个职业的发展都离不开职业环境的影响。根据环境的覆盖面大小，可以将职业环境分为社会环境、行业环境和个体环境。社会环境分析是对个体生存的时代背景和环境的分析，社会环境对处在某一时代背景下的所有个体的生涯发展都打上了时代的烙印；行业环境分析突出某一行业的特点，是中观层面的环境分析，就教师职业而言，更加侧重于学校环境的分析；个体环境分析是微观层面的环境分析，涉及个体的成长、家庭等诸多因素。本章侧重介绍当前教师所处的社会环境、学校环境。

第一节　社会环境

20世纪50年代中期，那时的教师苦不堪言。一间间破旧的平房就是上课的教室。地面还是凹凸不平的泥巴，一块黑色的木板就变成了黑板。寒冷的冬天就连生个炉子都是可望而不可即的。一到初冬，脚上、手上、耳朵上就开始长冻疮。学生更可怜，小脸、小手总是冻得发紫，破皮。更要命的是，这样艰苦的条件，还得给学生上晚自习。由于没电，学生们都得从家里提着煤油灯到学校上课，教室里常常充斥着难闻的煤油味。更加不幸的是，年轻的老师连个学习的地方也没有。那时候，也不管什么教学方法，只要教会学生就行了。当然，教师的素质也不高，生产队有时就叫念过高中的一两个人去参加为期一个星期或两个星期的培训。培训结束后，这些教师便上岗了。上岗之后，便没有了更多的学习机会。到了60年代，情况有所好转。学校组织一些老教师结成师徒对子，由他们指导一些方法，教育学生。其实，师父也没有接受过系统的学习，懂得也很少，大部分都是在实践中得出来的。改革的春风吹遍神州大地，给许多地区带来了很大的变化。内陆地区的影响稍晚一些。到了80年代，便有了更高一级的组织——地方教育局，教育局又增设了专门的教师培训机构。于是，那时的年轻教师便有了正式的学习场所。有时一个月，有时一个星期，年轻的教师们可以去教育局设立的教师培训机构接受培训。也是从那时起，教师的学历水平、综合素质都有了一定的提高。

社会中的政治、经济和文化等因素都会对教师的职业生涯发展产生直接或间接的影响。首先，社会的政治制度和经济发展水平是教师职业生涯发展的保障。我国在十年动乱时期，知识被贬低，教育被忽视，大家忙着搞政治运动，教育的社会功能被大大削弱甚至取消。对教师而言，这一时

期这一群体的整体发展陷入“停滞期”，原有的教师被认为是“臭老九”，很多教师跳出教育领域，改从他行，退出了教育的职业生涯。随着改革开放的到来，1978 年恢复高考制度，教育重新得到应有的重视，一部分教师回归教育岗位，也让教师的职业开始有了一定的吸引力。然而，随着经商潮、下海潮的到来，又有一部分教师“下海”，退出教师行业，改入他行。当前，我国随着科教兴国、教育先行等国家战略的实施和深入，教师职业对人们的吸引力越来越大，教师职业逐渐变成了“香饽饽”。不仅师范类高校的毕业生想要进入该行业，很多非师范类高校毕业生也在考教师资格证，想要加入教师行业中来。由此可见，社会变迁对教师职业发展影响之大。

此外，国家的经济实力也在一定程度上决定了教师物质生活的满足程度。就浙江而言，20 世纪 90 年代，农村小学教师的每月工资在 400 元左右，虽然能在一定程度上满足教师的基本生活需要，但绝对不是宽裕的。到 2012 年，就浙江省而言，农村小学的每月平均工资在几千元，基本满足生活需要，而且每月还会有一定结余，用于更好地文化和精神的需求，突显更高层次的生活质量需求。

从教育发展和教师增长规模来看，我国的教育发展至今，已实现了突破性的变化。2010 年，全国共有各级各类学校 53.1 万所，比上年减少 2.2 万所。各类教师人数不断增长。从基础教育教师的分布和学历来看，农村义务教育学校高学历教师比例大幅提升。

可见，当前的社会发展环境中，教师的发展一方面得到了国家很强的政策保障，另一方面，也要看到，教师职业的社会竞争之激烈，持证上岗保障了教师的质量，也给师范类院校培养教师以巨大的压力。此外，教师的高学历、高职称比越来越大，也给很多在岗教师参加职后培训的压力。

此外，社会文化因素（如教育理念、对教师角色和地位的认可度等）也是教师职业生涯积极发展的推动力。当然，随着教育改革的不断深入，一些全新的教育理念的提出，对教师而言，既是动力也是挑战。这些改革给教师以全新的机遇和挑战，要达到基础教育课程改革的目标，教师必须积极主动地改变自己的教学观念和教学策略，充分了解学生的特点，在某种程度上需要对自己已有的知识结构进行重组。如果一名教师成功地做到了这一点，那么这一次改革可能就会成为其向专家型教师转型的重要契机。

最后一点也是极为关键的一点，社会对教师角色和地位的认同也会影响教师对自身成就动机和角色的认知。只有对教师角色高度认同，具有较高成就动机的教师才能专心于教师职业的发展和理想角色的实现。

第二节 学校环境

教师心理健康影响教师职业生涯的可持续发展。全面发展是21世纪对人才的要求，学生不但要具备扎实的知识、较强的实践能力，同时还要具备健全的人格、健康的心理和文明的行为。教师角色的示范性，决定了教师在人格、心理健康、文明行为等方面的素质对学生具有不可替代和不可低估的作用。教师要想在这些方面给学生提供足够的影响和帮助，那么就必须至少在这些方面具备较好的素质。比如，当学生有心理或生活上的疑惑和困难时，他们通常愿意向值得信赖的教师咨询。教师要想很好地面对这种情境，首先必须自己心理健康，同时具备一定的青少年心理知识，还应该做到和蔼可亲、平易近人，能够为学生解决心理问题，成为学生心理健康的示范者、辅导者和帮助者。

教师的家庭稳定是其更好地进行教育教学、全身心地投入培养人的活动中去的保障和基础。如果一个教师家庭不稳定，常常为家庭的事情烦恼，如家庭矛盾、孩子的教育问题、家庭的经济问题等，使得教师无法全身心地投入教学，肯定影响教师的可持续职业发展。因此，在评估个体环境时，一方面评估自己本身的环境，如学历、职称、授课学科特点等，还需要评估家庭环境对教师投入教学工作的支持程度。

而学校因素在教师的职业生涯发展中具有不可忽视的作用。学校是教师成长的摇篮，并且，教师的职业生涯发展是在和学校发展互相作用的过程中完成的。当前，学校环境的新发展也为教师的发展带来了一些新的挑战，具体表现在以下几个方面。

首先，现代教育突破了传统教育观念中的时空限制，教育的时间、地点和方式等都呈现出开放、多元的特点，远程教育、网络教学、多媒体教学等成为当今教育的重要方式，构成了教育教学不可缺少的环节。这种变化除了对教师的教学方式方法提出新要求外，同时也对教师有了新的期望和要求。这就要求教师适应这种变化，突破传统的教员角色，努力树立教育信息化潮流下新的教育者形象。

其次，现代教育过程中的管理模式发生了变化，原有的集权式管理已经不能适应现代学校的发展要求。新的教育管理观要求教师和学生都参与到学校管理过程中来，教师也担当起管理者的角色。在我国，新课改还要求教师成为学校课程的领导者。另外，教师还要营造一种接纳性的、支持性的、宽裕的课堂氛围，创建能引导学生主动参与的教育环境，要让学生参与制定制度，参与管理过程，养成应有的责任心和使命感，并成为对自

己负责的人。

再次，新课改还要求教师成为研究者和校本课程建构者。我国新课改成功与否，关键在于课程的实施者——教师。传统的课程计划执行者的角色已使教师无法适应新课程改革的需要，他们必须参与到课程的研究中去，不断反思自己的教学实践，不断地关注和研究中国乃至整个国际社会的教育变化。当然，教师成为研究者，是要求教师为了改善自己的教育和教学工作而去研究教育问题，而不是为了研究而研究，不是为了宏观的理论构建。此外，新课改突破了传统的中央集权式的课程管理模式，实施国家、地方、学校三级课程管理新模式，学校成为课程领导者，并承担起校本课程开发的任务，相应地，教师也要承担起校本课程开发者的角色。

因此想要做好一名教师首先就要从自己的心理上接受教师这一职业，只有从心理上接受了这一职业才能做好这一个职业，学生们也能从中受惠。从王蕾这一案例中我们可以看出来，王蕾老师更多的是为了学生的未来着想，而不是眼前的高考利益，在不久的将来他的学生会有别的学生没有的广阔视角，看问题的方式方法必然也是多元化的。因此，教师自己的心理认同很重要，有了心理认同就会有一定程度的不安感，而这种不安感就是教师前进的动力。在定好了目标之后，教师自己就会一往无前，收益的也是广大的学生群体。

可见，教师对教育职业是否已经内心中认同了，是在职业生涯规划中考察教师个体环境的一个重要环节。此外，我们还要考虑教师自身的一些环境，如学历、职称、所教授学科特点，对教学工作、学生管理工作的适应程度等；另一方面，也需要考虑教师的家庭环境，如家庭是否具有较重的经济压力，教师子女的发展，等等。

一方面，教师的学历、职称等影响教师的职业生涯规划。当前，教师的竞争十分激烈，一方面表现为要进入这个职业的人群在不断扩大，对于在职教师构成潜在威胁；另一方面，新入职教师的学历不断提升，从大专到本科，现在很多研究生、博士都考虑着进入中小学，这对在职教师，特别是那些学历不是很高的教师构成巨大的压力。此外，当前教师的职称压力也是空前的，有很多老师在入职教育过程中缺乏进行教育教学研究的系统训练，没有养成在工作中思考并将经验进行提升的习惯，面对需要科研成果的职称评审时就显得力不从心。

另一方面，教师面对多样性社会的自我概念意识也在影响教师的职业发展。在当今社会，学校教育资源更具有开放性和多样性，教育内容异常丰富，教育教学手段也随着科技的突飞猛进而迅速发展。教师若不能适应形势的变化，提高自己的教育专业素质，就无法担当应承担的角色。例如，

信息技术已经逐步在学校普及，教师必须具备一定的信息素养，能够清楚地意识到何时需要信息，并能确定、评价、有效利用信息以及利用各种形式交流信息的能力。教师若是缺乏较好的信息素养，便难以承担起学生的信息资源查询者和教育资源开发者等角色，直接导致信息化教学的失败。

第五章

学而时习之——教师的自我认同、发展与培训

教师的专业身份认同是多元的、复杂的、动态发展的过程。教师只有确认自己作为一位专业教师，他才能真正清楚自己的专业成长方向，不会因为变动频繁的改革方案而无所适从，也不会追逐华丽的流行说词而随波逐流。因此，研究教师身份认同及其自我发展与培训对教师专业发展和优质教学具有重要的意义。

第一节　教师身份的自我认同

学术界或行政官僚体系界对教师专业技能的概念及专业自主的内容与范围进行了详细的划分，而教师只是被动的给予一套现成的专业标准。所以在整个教育改革的过程中，身为一名教师，所被赋予的意义、价值、自我身份认知等等一系列涉及身份的问题都不太会吸引人们的关注。教师单纯只是一个“角色”，并未赋予“身份”的含义。

然而，在教师的从业生涯中确认专业身份是至关重要的一部分。所谓的专业身份也并不是一味地强调“专业”二字，而更多的应该是将教师视作“一个人”的观点，在教师的专业领域获得自我认同。教师自我身份的认同必须要经过不断追问“我是谁”，这个追问不仅是作为个人，还要作为集体去追问，并在此不断追问的前提下建构一个具有独特生命的教师。唯有如此教师的生命才得以彰显，教育教学的自主性才得以提高。

一、揭开身份认同的心理学面纱

从词源上来看，认同（Identity）即是指“我是谁……我之所以有别于其他人”或“之所以属于某个特定群体”的内涵；这些属性的总和可称之为“身份”。当一个人要进行身份确认时，必须清晰的识别出自己异于他人之处，或者他人和自己各属于哪些特征；简而言之就是个人对内在自我寻求统合，对外区分与他人的差异。这个确认的过程可称之为“认同”。而这里所讲的教师专业身份认同即是教师对于自己作为专业人员身份的辨识与确认。

而教师的身份认同是教师个体自己对“教师职业”这个专业身份的认同。在讨论这个问题之前，我们有必要先理解一下教师的“专业角色”。

二、教师的专业身份认同——“建构”的过程

角色是指对于某一特定职业的特定期待与规范；期待是指预期承担某一角色者可能如何表现，而规范是指他“应该”如何表现[1]。所以，角色包含一套社会关系、规范知觉和权责体认；个体对角色的认知和接纳就是将自己置于社会关系中的某一点，找到这个位置，感知社会对其的责任和要求，并根据这一标准规范自己的行为。教师的角色也即社会对怎样才是好的教师的期许，按照角色理论来看待教师的发展，很可能将教师视为一个心智工厂生产线上的工人，专门负责传授某些技能，其次可能视为一个公仆，是促成社会变迁或维持社会控制的人。

随着教师专业发展理论的持续研究与探讨，教师的专业自主权开始逐步的赢得大家的认可，可以作专业决定的专业人员，于是，教师也随之赢得了专业地位。然而，对教师的角色认定常常侧重于社会对教师进行教育教学工作的特殊专业水平的要求，对教师品德的要求，却忽视了教师个人的发展。成为一名好教师往往成为社会对教师的要求，而非教师个体自己对自己的期许。

外界给予了专业过多的角色定位，便于区别群体之间的不同特征，而这些特征却可能是由局外人或教育社群所加给的。专业的刻板意象使教师承担一个既定的角色；于是，成为一位教师就意味着成为你“原本不是”的那个人。一般而言，从教师的职业生涯开始之初，教师都在努力将自己塑造成一个被他人所认可的教师，在进行专业化的过程中，有些教师却发现，不同对象不只是期望他们“做不同的事（doing）”，而且是要他们“成为不同的人（being）”。这些为教师角色所规定的要求、准则、标准很可能和家长、社会大众所期待的，特别是教师个体对自己所期待的有差异，有些甚至是相互矛盾的。由此带来专业教师个体对从事专业的诱惑：究竟什么样的才是专业教师，我究竟怎样才能成为专业教师？

从教师专业发展的历史进程中，我们可以发现，对教师专业发展的期许越来越从外部转向内部，开始重视教师自身对自己“成为一名教师”的关注和理解。20世纪60年代的研究主要是透过大规模调查和分析教师的社会地位，以一种粗略的、集体性的计算结果，将教师视为正式的在职人员角色，毫无疑问地符合一个权力来源对角色所框定的期望。20世纪70年代的研究者则视学校教育为一个社会控制过程，同情学生，而视教师如同恶徒一般；末期则开始注意教师工作的限制，视教师为被系统所要求、愚

〔1〕 陈奎憙. 教育社会学研究[M]. 台北：师大书苑出版社，1990.

弄的牺牲者。20世纪80年代，由后现代思潮所支持的观点认为，所有个体都有权利为自己发声，并且接受这些声音为真实的、正当的：关于教师特性的问题则开放为“教师如何看待自己的工作与生命”，视教师为建构自己历史的主动者，而不是被集体界定的角色。从研究方向的转变来看，已由教师专业角色标准的客观界定，到注重教师对自我认同的建构。以“教师作为一个人（teach—erasperson）”为专业发展取向的观点，已从教师专业的描述和规约性的意义，转而重视教师专业生命发展的专业自我认同，并且视“发展”为过程而不是既定的标准；不再重视“专业角色”的客观界定问题，而聚焦于身份认同的探讨。因为，所谓“专业教师”角色是一种存在于特定时期下论述的产物。随着不同时期，对教师职责与专业工作内涵的要求，教师专业的论述也有所改变。在教师的认同过程中，受到不同论述的影响，对专业身份的认定，其内容可能是大不相同的。而专业身份，已不是教师这个工作者所具有的特质，而是教师用来解释、建立自己意义及与他人、所处脉络之关系的凭借〔1〕。

教师作为一个人，而不是作为职业知识与技能的拥有者。作为教师，意味着什么？我希望成为什么样的教师？这一些问题并不是提前就已经发生的事实，而必须要凭借人的专业知识、智慧、经验、信念等一切去找寻并实现这一可能性。故而，对“我”这个概念的透彻理解是解释其本职工作的主要因素之一。要准确了解教师专业行为，有效地开展教师职业生涯规划，须首先分析教师如何看待自己作为教师的身份。教师获得、维持、发展其认同与自我感觉的方式，对于了解教师工作上的行动与职业是很重要的基础。也就是说，教师身份的认同并非先验的或社会预先设定的，是自己根据自己的性格、兴趣以及所从事教师职业过程中和环境的互动过程中“建构”的。当然，此一观点并非认为教师可以随心所欲，不理会属于“教师”的职业身份。教师工作有其特定的社会关系（如与学生、家长）与工作属性（如教学），所以教师对于专业身份的思考仍是“作为专业教师”为内涵；只不过这个内涵并非固定、强加的角色任务。

教育是“人”与“人”之间相互交流与互动的一个过程。因此教师与学生之间的关系是双方不同生活经验、期望、意义、价值的相接，并不是一个知识载体对着不同容器的传输过程，除非教师能明确自己究竟是这样的人，否则又怎么可能将学生视为一个个有生命、有期望的人来对待？所以，专业发展不应将教师视为一个“角色”，而应将教师视为一个“人”，鼓励教

〔1〕 周淑卿. 课程发展与教师专业[M]. 北京：九州出版社，2006.

师参与关于“专业”的论述和自身的探索，在生活的经验与故事中反思自己作为教师的意义与行动，构建起属于个人的专业身份认同。

唯有确认了作为一名专业教师的身份，教师才能真正清楚自己的专业成长方向究竟在哪，不因变动频繁的改革方案而无所适从，也不致追逐华丽的流行说词而随波逐流。这样的教师才真正拥有来自专业判断的自主权，才能真正“扩权增能”。

第二节　教师的自我发展

作为一名想在教育事业上有所作为的教师，自他从教的第一天起就应该考虑自己的职业远景，就应该考虑自己的发展方向。一名教师一开始，只能是一位新手，经过几年的努力，逐渐成为一名称职的教师、一名教学能手、一名优秀教师甚至可以成为一名教育专家。为能沿此目标发展，教师应该特别注重哪几个方面呢？我们认为，应特别关注做一名适应专业化发展的教师；做一个反思型教师；塑造一个理想的教师人格，同时不断发展自己的情感智力。

一、做一位适应专业化发展的教师

(一) 教师职业专业化的含义

教师这种职业专业化 (以下简称教师专业化)，是指教师这种职业具有自己独特的职业要求和职业条件，有专门的培养制度和管理制度。它的基本含义一般是这样界定的：第一，教师专业既包括学科专业性，也包括教育专业性，国家对教师任职既有规定的学历标准，也有必要的教育知识、教育能力和职业道德要求；第二，国家有教师教育的专门机构、专门的教育内容和措施；第三，国家有对教师资格和教师教育机构的认定制度和管理制度；第四，教师专业发展是一个持续不断的过程，教师专业化也是一个发展的概念，既是一种状态，又是一个不断深化的过程。

当前，教师专业化已经成为世界教师教育和师资队伍建设的共同趋势，各国都希望通过提高教师专业水平来提高教师的素质、改善教师的地位，实现提高教师质量的目的。

专业是什么？教育专业化中说的专业不是指教育学中的“学科专业”，而是一种职业，一种特殊的与学科专业相关的职业。

专业作为社会学中的一个概念，它是社会分工、职业分化中形成的一

类特殊的职业，它是以人或物为对象，以特有的知识技能进行的专门化活动，以解决人们的一些社会生存需要，推动社会进步。也有人这样说，专业是指一群人在从事一种需要专门技术的职业，这种职业需要特殊的智力来培养和完成，其目的在于提供专门性的社会服务。

目前，社会职业按照专业化程度一般可分为三类：一是专业性的，如医生、律师、会计师；二是半专业或准专业的，如护士、图书管理员等；三是非专业性职业，如售货员、操作机器的工人等。

那么教师这个职业目前是属于哪一类呢？关于教师的专业属性，早在20世纪60年代，国际劳工组织和联合国教科文组织就在《关于教师地位的建议》这一官方性的文件中对教师的职业性质作过明确说明："应把教育工作视为专门的职业，这种职业要求教师经过严格的、持续的学习获得并保持专门的知识和特别的技术，它是一种公共的业务。另外，对于在其负责下的学生的教育和福利，要求教师具有个人和集体的责任感。"但政治文件上的定性并不能代替学术的论证。如本学者认为，如果从专业标准来衡量教师职业，它还存在很多缺陷：第一，教育实践中包含的那些百科全书式的知识和技术，缺乏作为一门专业的那种特殊性，不能维持有别于其他专业的严密性；第二，教育工作的内容和程序都事先做了详细而具体的规定，教师的自由时间和工作独立性都比其他专业少；第三，教师的修业年限远比其他专业短；第四，教育许可资格容易获得；第五，教师多出身于社会中下层；第六，教师经济待遇低下。教师职业仅在非营利性服务这一点上符合专业的标准，在专业技术和长期训练及特殊才能和素质这一点上尚逊于其他专业，教师只能达到"准专业"的水平。美国学者较一致的看法是："依照目前的表现诊断，教育只能算是半专业。不过，就其贡献及其社会功能而言，在本质上，教育应该是一项专业。平心而论，教师一职并未充分发挥其潜能。"我国学者从教师职业的特性和教师培养的角度对教师这一职业进行分析，认为："教师是一种不同于其他任何职业，具有其固有特性的专门职业。教师劳动产品是活产品，某个教师的某种直接作用的效用是较难确定的，也不易看到即现的成败效应。与医生、律师等专业相比，是有一定替代性的专门职业。"[1]

就教师专业的现状来看，我们不能不承认其为半专业或准专业的状态。但是，这里还存在一个专业化程度上的高低问题。从教师职业的社会功能来看，它确实具有其他职业所无法替代的作用。

〔1〕 陈永明，钟启泉. 现代教师论[M]. 上海：上海教育出版社，1996.

专业化本来就是一个持续努力的过程，“化”是一个动态的过程。如现代化是指从农业社会到工业社会、从工业社会到信息社会的转变过程。专业代表一类特殊的职业类型，也就是说，专业化是指一个职业从普通职业向专业性职业的转变过程。

教师专业化的问题一直为大家所关注，各国大都以社会学家所总结的专业化模式作为教师专业的努力方向，努力于教育专业知识和教育专业技能的完善，努力使教师的社会地位提高，努力建设专业组织和争取教师在教育事务中的自主权利，努力进行教师教育，提高教师的教育教学专业水平，以促进教师这个职业获得专业化水平的提高。

综上所述，我们可以看出，教师专业化有两个方面的含义：一是教师职业是一种专业，教师职业有专门的理论知识作依据，有专门的技能作保证；教师承担着重要的社会责任；教师在职业事务中有高度的自主权。二是教师不是天生就可以承担这一专业的，他需要经过一个过程使自己逐渐专业化。1966年联合国教科文组织在《关于教师地位的建议》中提出，应该把教学工作视为一种专门职业，强调教师是具备经过严格训练和持续不断的研究才能获得并维持专业知识及专门技能的专业人员。那么具体说是要经过哪些严格训练呢？那就是学科专业和教育专业两方面的训练。也就是说教师必须要掌握广博的文化知识和学科知识，即必须要经过学科专业的训练，同时教师还要掌握教育学、心理学、学科教法等知识，掌握教育技能技巧，即又必须经过教育专业的训练。因此，教师这一职业具有双专业性质。此外，教师只有持续不断地研究才能维持专业人员的地位。强调教师作为一个教学专业人员，都要经历一个由不成熟到逐渐成熟的过程，都必须经过职前培养、在职锻炼和职后培训才能逐渐成熟。

(二) 教师职业专业化的实践

教师专业化的问题既是一个理论问题，也是一个实践问题。关于教师专业化的实践，这里将从整个教师专业和教师个体事业两个方面谈谈教师专业化的发展问题。

在人类的原始社会，长者即是教师。当时，教育还没有从社会生活和社会生产中分离出来，教育活动融合于生活与生产之中。原始部落的长者自然成为教育工作的承担者，年少者则通过模仿，在“做”中学习生产生活经验。

人类进入奴隶社会之后，社会生产力有所提高，社会产品有所剩余，这才使社会文化生活，包括教育活动能够从生产和生活中分离出来。这时，产生了专门从事精神生产的人——文人，但是教师职业还没有完全分离出

来。在我国漫长的封建社会，长期实行“官师制度”，也就是说，教师与国家官员同等待遇。在社会上，一些自由文人、僧侣、解职官吏也可以充当教师。总之，有文化者即是教师。

教师成为文化知识的传递者，是随着工业化制度建立起来之后出现的。教师需要经过专门的训练，一部分知识分子专门从事教师职业，这时，教师才成为一种专门职业、才成为一种专业。

随着社会的变化，教师的角色发生了历史性的变化。当前的素质教育在定格教师角色问题上提出了更高的要求，那就是教师再不是简简单单的将知识传递出去，更多的是如何挖掘有利于学生发展的教育资源，并且引导学生进行学习，将学生的角色由之前的被动接受变为现今的主动学习。所以说社会对教师提出了较高的期望值，相应的所求专业化程度也在逐步加深。

关于教师专业化实践问题，应该说是从师范教育产生那天起，教师这个职业就开始步入专业化的路子了。而所谓的师范教育就是培养师资的教育，或者说是培养教师的教育。学校虽然产生于奴隶社会初期，并且有了学校就同时有了教师，但是教师这一职业在相当长的历史阶段却没有产生。培养教师的师范教育，也是到了近代社会之后才产生的。师范教育产生之前的教师的职业属于非专业化阶段，师范教育产生以后，教师职业才步入专业化阶段。

人类在整个漫长的教育实践过程中，最初并没有形成系统的教育理论，只有先者留下来的教育经验，随着逐步的发展才演变产生了教育思想。而教育理论便由教育思想体系所组成。在对教师培养的环节中恰当地运用教育理论便形成了师范教育。师范教育发展轨迹经历了三个阶段：师范学校时期、师范学院时期和综合大学中的教育学院时期。

教师专业化也有相对久远的发展历史，站在世界的角度来讲，如果单单从班级授课制的建立，教师开始成为一种专门职业的这种新型教学模式算起，已经历经了300多年的历史。尤其是在第二次世界大战后，教师专业化已经成为研究世界教师教育的一个重要方向，极大地推动了许多国家教师教育新理念和新制度的建立，成为促进教师教育发展和提高教师社会地位的成功策略。关于教师专业化世界各国都大体经历了一个从无到有、从低层次到高层次的发展过程。它的机构经历了从初等、中等师范学校提高到独立的高等师范学院，又从独立的师范学院发展为综合大学的一个组成部分的演变过程。我国现有1000多万中小学教师，是国内最大的一个专业团体，承担着世界上最大规模的中小学教育。经过100多年的发展，我国在教师专业化建设方面取得了一定的成绩，在实践中也积累了一定的经验，具体来讲有以下几点：一是师范教育体系不断发展和完善。据统计，截至2002年3月，我国已有普通高等师范本科院校109所，师范专科院校101所，中等师范学校570所，教育学院138所，教师进修学校1866所、同时师范院校和综合大学联手培养师资的格局已经形成。二是形成了教师继续教育网络，师资水平不断提高。目前全国已有两个国家级高等学校教师培训中心，6个大区培训中心和31个省级教师培训中心。另外，还专门设立了138所教育学院和1866所教师进修学校，形成了省、地、县、乡、校分级培训网络。三是教师专业知识和教学技能不断提高。四是实施了教师资格制度。五是教师的政治地位和经济地位有了提高。六是教师职业形象不断注入时代内容。比如，现在的教师已不只是传统的传道、授业、解惑的实施者，又增加了尊重每一个学生的受教育权，相信人人都能成才，确立平等的师生关系，密切与社会各界合作，具有普通话、“三笔字”和现代教育技术手段等职业技能形象。

接下来，我们重点谈谈教师个体专业化的实践问题。

有关教师专业发展过程的研究表明：一位优秀教师的优秀品质是逐步发展和积累起来的，一些素质是在师范教育前初步具备或已经具备并基本成型的，而另一些素质则是在教师岗位上逐步养成的，师范教育仅是教师专业成长的一个重要环节。具体以教学专业能力成长分析为例，有关研究结果见下表。从中可以发现教师的成长并非师范教育阶段就可完成，许多教师专业技能大都是在工作过程中形成的，教师成长是多阶级的连续过程。如表5-1所示。

表5-1　中学优秀教师各种特殊能力形成时间的分布

各种特殊能力	大学前（%）	大学期间（%）	就职后（%）
对教学内容的处理能力	18.95	12.63	68.42
运用教学方法和手段的能力	21.65	12.37	65.98
教学组织和管理能力	19.59	11.34	69.08
语言表达能力	34.69	20.41	44.90
教学科研能力	18.18	11.11	70.71
教育机制	19.19	11.11	69.7
与学生交往能力	21.43	10.21	68.37
平均	21.95	12.74	65.31

可见，教师的专业化是个体不断社会化的过程，教师的态度、价值观、知识技能、专业精神以及种种行为表现无时无刻不在反馈、调整、接受挑战，表现出与职业发展阶段相适应的教学态度和角色行为，构成一个动态发展的终生历程。

（三）不断学习、实验、反思，提高自身专业水平

教师的成长，离不开学习，特别是面临当前知识更新速度加快和高度信息化的挑战，而教师的学习应该伴随其教育教学专业生涯的始终。教师要善于抓住每一个学习的机会和场所，拓宽学习的渠道，不只要向书本学习，还要向周围优秀的人学习，向自己的过去学习，向每一个实践探索的旅程学习，唯有如此才能不断巩固旧的学识掌握新的知识，才可引道道清泉、聚座座富矿、集百家所长，不断充实自己，才能使自身专业得以发展。而学习的方式无非离职和不离职两种，而具体的学习形式则是多种多样的。另外教师作为专业人员还需要经常阅读学科专业与教育专业的期刊，再进一步，还要经常撰写文稿，贡献出自己的教育研究与教学心得。如有条件还可以搞些教育课题进行研究，还可以出版一些学术专著。

而反思这一过程是一名教师从普通变为专业的核心因素。因为当教师把思想的目光投向自己教育教学整个活动轨迹时，那么就意味着对自己过去的教育理念和行为的一种扬弃，也意味着对自己未来教育教学的规划与创新。另一方面教师在现有的目标基础上有所成就后，定会陷入停滞性的“高原反应”。而只有不断的自我反思这个过程，才能突破“高原反应”，更上一层楼。因此，许多优秀教师都把经常反思、搞实践作为教师成长的最重要因素之一。语文特级教师李吉林从1978年开始搞教改实践，创造出“情境教学法”。钱梦龙1979年提出语文教学自读式、教读式、练习式的基本方式，1982年提出以学生为主体、教师为主导、训练为主线的“三主”原则。另外，如吕型伟针对“补短”教育提出的“扬长”教育，马芯兰针对传统的数学教学法提出了一套新的教学体系。这些都是教师进行自我反思，不断实践、不断创新的具体体现。

许多调查结果表明，我国中小学教师在实际工作中备感欠缺的能力主要包括外语和计算机能力、多媒体技术的运用能力、吸收信息的能力、教育教学科研的能力、表达能力、组织管理能力。其中，中小学教师最希望得到提高的能力是先进教学媒体的使用和教育教学科研能力。虽然过去的培训课程都包括了上述各方面的内容，但由于多种原因，效果并不明显。

因此，中小学教师专业能力要走向现代化，必须加强这些方面能力的提高。这里主要强调两点。

(1) 计算机为核心的现代教育技术能力

近年来，由于计算机多媒体技术、互联网络信息技术的发展，以计算机实用操作技能为核心的现代技术培训正在成为各发达国家的热点。美国、英国、日本、法国都把学校教育的网络化视为紧急课题，加大投资，培训教师这方面的能力，并对中小学教师继续教育提出了这方面的具体要求。与国外相比，我国中小学教师职前教育和在职教育在信息技术教育方面更是迫切需要加强。过去那种仅靠教师一张嘴、一支粉笔、一块黑板的传统教学模式与现代信息技术环境显得格格不入，21 世纪要求我国中小学教师必须学习和掌握以现代教育理论和信息技术为核心的现代教育技术。2000 年 10 月，教育部提出以信息化带动教育的现代化，决定在全国全面实施中小学"校校通"工程。为此，教育部特别提出要对全国现有的 1000 多万中小学教师全部轮训一遍，其中特别强调现代教育技术的培训和应用，把计算机知识、技能和辅助教学的培训作为实现全员培训的突破口，以提高教师获取信息、知识，接受新技术、新方法的能力。

(2) 教育教学科研能力

一所学校，只有坚持不懈地提高教育科研品位，才能有长足的发展。一个教师，也只有走教学与教研相结合的道路，才能将教育教学工作提高到一个新的境界。一定的教育教学科研能力，是教师专业水平持续发展的保证。教师不能仅停留在娴熟的教学基本功上，要实现最终的事业成熟，教师还必须是一个教育教学的研究者。从一些调查中发现，一般来说特级教师都很重视教育科研，绝大多数特级教师都承担了教育科研课题。教育科研能促使教师形成科学的态度和探索的精神，形成讲究科学、勇于探究的风气；能促使教师练就信息集纳、筛选和运用的能力，不断地实现知识的更新和吸收；能促使教师逐步学会将自己的经验和体会理性化，实现理论的升华。合格教师向优秀教师转化是一个漫长的过程，并不是每一个合格教师都能够转化为优秀教师。能否实现这种转化，关键在于教师是否具备自我提高的意识和较强的研究和反思能力，即教育教学科研能力。这一方面的例子很多，正如魏书生所说的那样："为什么同样是教书，斯霞、于漪、钱梦龙、欧阳黛娜等许多优秀教师感觉幸福、快乐，充满了新奇感，工作充满了创造性？重要原因之一，在于他们总是从科学研究的角度看待教育、教学工作。"上海青浦区的顾泠沅老师，针对中学数学教学质量不理想、差生面大的问题，设立课题进行研究，通过听课、专访等多种形式调查了一批优秀数学教师，收集了成功实施数学教学的经验、措施 100 多条，经过精心研究、筛选，提炼出改进数学教学的"四措施、五环节、四原理"，对大面积提高中学数学教学质量效果很好，"青浦教改实验"经验因此在全

国广泛传播。为解决外语教学低效的问题和治疗“外语聋哑症”，著名外语教师张思中经过长期研究和探索，总结出“适当集中、反复循环、阅读原著、因材施教”的外语教学法，其中的集中识词和集中进行语音语法教学、同堂分组复式教学、每堂课的“两两分级对话训练”、大量的原著阅读等，都具有一定的独到创新之处。这一套教学方法不论在城市还是在农村，不论是在重点学校还是在一般学校，都收到了良好的教学效果。其他一些名师们所实验总结的“导学法”“教读法”“情景教学”“成功教学”“自主教育”“和谐教育”“尝试教学”“六环节教学法”等，也都是教育科研的结果。

从全国来看，“以科研兴教育”已成为中国教育发展的战略思考，“以教研促教改”已成为广大教育工作者的共识，“做科研型教师”已成为不少教师努力的方向。各级教育行政部门都有了专门的教育科研机构，各类学校也建立了相应的教育科研组织。令人欣喜的是，我们自古好像与科研无缘的中小学、幼儿园，教育科研的春意也盎然了。不少中小学也相继成立了教育科研室，校园里到处可见教育科研的口号，中小学教育科研的队伍越来越壮大，中小学教育科研成果越来越辉煌。

要做科研型教师，不能怯生，要走近教育科研。华罗庚说过：“科学上没有平坦的大道，真理长河中有无数礁石险滩。只有不畏攀登的采药者，只有不怕巨浪的弄潮儿，才能登上高峰采得仙草，深入水底觅得骊珠。”你要在教育科研的春天里得到仙草、骊珠，就得走近教育科研，不管她离你有多远。

要想作科研型教师，得有毅力，追求教育科研。臧克家说过：“无论干什么工作，全凭着一点锲而不舍的精神，拼命追求的劲头。读书，研究学问，从事文艺创作，都少不了这点精神和干劲，否则就无所成，或不能大成。”所谓成，就是追求有了结果。育成，必先得把“言”字和“成”字组成一个“诚”字。有了诚心和毅力，才能在教育科研上取得成果。

要做科研型教师，先得入门，必须得有张入场券。这张入场券就是大量的知识，就是大量的书籍和自己的资料积累。叶永烈说过：积累知识，要讲究各种方法。最常用的方法是记笔记、剪报和写卡片。笔记，主要用于记录所见所闻。达尔文在随“贝格尔”号环游全球时，写下了18本旅行笔记。邓拓同志喜欢把剪报放进一个个牛皮纸大口袋，袋里注明资料类别。更常见的是把剪报分类贴起来，便于翻阅。卡片，一般用来记录论文、书籍内容提要，或者摘录某些资料。科学家，十有八九要做卡片，有的多达几万张。这便是你迎接教育科研入室的张张请帖，也是教育科研请你入门的请帖。知识、书籍、资料积累是你进入教育科研大门的入场券。

要做科研型教师，得有向导，以介绍教育科研之路。这里说的向导，指的是良师益友。良师是学术研究的领路人，有了良师，就像得了一个好向导，会少走弯路，会多得成果。“名师出高徒”这话不错。如果你没条件亲拜名师指点，还有个办法，可做“私淑弟子”，这办法是孟子说的。“私淑”即私下借取之意。见不到老师，可读他写的教育科研经验或通过其他方法借取他的经验，这也算拜名师了。另外，和有志于教育科研的人在一起相互启发、相互激励、相互琢磨，这就有了益友。在教育科研的实践上，得一两位朋友搭伙研究，对你的教育科研会大有好处。良师领路，必有新秀卓尔不群；益友相助，定成携手共进之势。

我们中小学教师的教育科学研究侧重于教育经验的提炼，教室就是“实验场”，每个学生都是研究对象，我们任教的班级和学校就是“实验田”，学科教学、教育学、心理学、学习科学等都是可探索的领域。只要我们自觉地、不断地用现代教育理论武装头脑，并在教育实践中注意反思、研究自己的行动，将教育经验上升为教育理论，并反过来指导教育实践，我们专业化的水平就会大大提高。

二、做一位反思型教师

研究教师发展的整个历程来看，但凡称得上优秀教师的，不仅有较高的道德文化修养，扎实专业的知识底蕴，更为关键的是这些教师还能利用已经掌握的知识触类旁通的反思现今所发生的问题，并且提出有针对性的解决措施。止步不前的教师是不可能成为优秀教师的，唯有那些持续不懈研究着一个个新的课题、新的环境、新的问题，并且不断地总结、反思的新时代优秀教师才能获得学生认可，所以说成为一名反思型教师不仅是自身要求更是这个社会的要求。

(一) 反思型教师的含义

反思型教师是指那些不仅掌握扎实的专业学科知识和应知应会技能，还应该有深厚的教育理论素质、前瞻性预见性的教育远见、对教育事业极其强烈的敏感性、过硬的教育科研能力的教师。

一些学者认为优秀教师之所以能成为优秀教师那是因为完成了教育和反思这两个过程。

1.反思型教师与传统的操作型教师

反思型教师在很多方面区别于传统的操作型教师。传统的操作型教师更像是一个技术操作工，完成别人设计好的课程大纲实现别人要求达成的目标。依据给定的教材或者是上级的安排循规蹈矩地进行着常规性的教学内容；而反思型教师则不同，他们有自己的思维自己的想法，会依据教材的内容进行思考辨别哪些内容是可以教授给学生，哪些内容是需要摒弃的，在授课内容上处于主动的角色，并不会一成不变的遵循着什么样的规律，他们有自己独一无二的“风格”，在日常授课教学中可以恰当运用。这两类型教师在教学上主要有以下三个方面的区别。

第一个方面是反思型教学和传统型教学在完成这一教学任务所持态度不同。传统型教学仅是一种“完成式”的教学，只要完成就好，具体完成的质量是不会考虑的。而反思型教师所要达到的是求质量的完成任务，要更好地完成。因此反思性教学会特别重视教学的过程，力求在这个过程中发现问题和不足，并且依据问题列出解决对策，逐步实施提升教学质量；而不像传统型教学，不求过程只求完成的结果。

第二个区别是操作型教学只是依据已经掌握的有限经验进行简单重复的教学，并不以现实实践为依据，这是典型的经验型教师。而反思型教师则恰恰相反，他们注重的是现实实践的合理性，他们之所以反思是因为反思可以让他们发现问题，使教学实践更加合理化，同时体现着他们对教学工作的责任心，不断地提升教学能力。

第三个区别便是反思型教师关注的是教师的整体素质实现全面的发展。不像操作性教师一样只是一味地发展学生，反而弱化了自身能力。反思型教师要实现的是学生教师双向发展、共同进步。因为当教师在反思整个教学的过程中，他会从教学前、中、后及教学主体、目的和工具等各个方面得到体验，不仅是自己变得越来越成熟，反而还会在不知不觉中感染学生。所以说反思型教师强调的是将学生“学会学习”和教师“学会教学”相统一的。相比较而言，操作型教学看似仅针对教会学生这一点，效果会更好，其实不然，如果教师没有不断地学习，只是停留在过去的教学水平，那么学生如何能学得知识[1]。

2.反思的研究范畴

本文主要从两个角度研究了反思型教师中所体现的反思。

第一个角度我们仅从一种抽象的思维去研究的反思型教师，杜威早在其1933年出版的著作《我们如何思维》中就对反思型思维作过论述。杜威把反思型思维界定为“对任何信念或假定形式的知识，根据其支持理由和倾向得出的进一步结论，进行的积极主动的、坚持不懈的和细致缜密的思考”，杜威认为反思型思维既回顾假定与信念以确定它们是建立在逻辑或证据上，也展望某一特定行动进程的意义或后果。杜威认为反思型思维对

〔1〕 刘捷. 专业化：挑战21世纪的教师[M]. 北京；教育科学出版社，2003.

呈现在他面前的任何思想观念都应持批判的态度，他们权衡各种对立的主张以寻求证据，以有助于他们解决疑问与困惑。基于这样的认识，杜威提出了著名的反思型思维五步说。这五步是：①感觉到困难；②困难的所在和界定；③对不同解决办法的设想；④运用推理对设想的意义所做的发挥；⑤进一步地观察和试验，得到肯定或否定，即得出可信还是不可信的结论。杜威的学生胡适把杜威的五步说进一步概括为：细心搜求事实，大胆提出假设，再细心求证。

反思型教师在反思型教学中必须运用反思型思维。在杜威看来，教育的一个根本目的就在于帮助人们获得反思习惯，以便他们能够从事理智行动。他认为，教育就“存在于清醒敏锐的、谨慎细致的和周到缜密的思维习惯之中”；教育不只是一种信息传递，这种信息如果不被理解或使用则实际上就是一种负担。那么，对教师来说，要提供能够培养反思型思维习惯的教育，其本身就必须是反思型探究者，而教师教育计划就应该帮助他们培养并意识到这些思维习惯。

第二个角度便是从客观的教学监控能力去研究和探讨反思型教师。林崇德教授从认知心理学、教师心理学的角度提出了“教师教学监控能力”的概念，强调教师的教育工作，多一分反思与监控，就多一分提高，就与优秀教师更接近了一程[1]。他认为教师教学监控能力是指教师为了保证教学的成功、达到预期的教学目标，而在教学的全过程中，将教学活动本身作为意识的对象，不断地对其进行积极主动的计划、检查、评价、反馈、控制和调节的能力。教学监控的实质就是对教学过程的自我意识和调控，即反思。

根据教师教学监控能力在教学过程不同阶段的表现形式的不同，教学监控主要可分为以下四大方面：①课前的计划与准备，即在课堂教学之前，明确所教课程的内容、学生的兴趣和需要、学生的发展水平、教学目标、教学任务以及教学方法与手段，并预测教学中可能出现的问题与可能的教学效果，这是教师进行教学监控的前提。②课堂的反馈与评价。这指的是教师对于课堂的状况、学生的反应的敏感性与批判性，或者说是教师对课堂教学过程中“问题性”的敏感程度，以及对所发现问题的解释与分析。可以说，评价和反馈是教师教学监控能力的基础，教师的教学监控过程都是从他对教学活动的反思、评价与反馈开始的。③课堂的控制与调节。如果说评价与反馈是教师监控能力的基础的话，那么调节与校正则是教学监控

〔1〕 林崇德. 教育的智慧：写给中小学教师[M]. 北京：开明出版社，1999.

能力的目的。教学监控能力的根本作用就在于它使教师能够有意识地、自觉地对自己的教学活动进行调节和修正，使之达到最佳效果，能最大限度地促进学生的发展，这也是培养教师的根本所在。④课后的反省。在一节课或一个阶段的课上完后，教学监控能力高的教师会对自己已经上过的课的情况进行回顾和评价，教学监控能力差的教师一般就不认真地考虑这些问题。教师教学监控能力结构的这四个组成部分实际上是从教学监控的全过程来区分的，是一种过程性的、动态性的结构，是教师反思的一种模式。

教师在对自己的教育教学进行反思的时候，也可从以下几点进行把握：①把教育目的、教学课程的期望与当下的教学实践结合起来反思。看自己的教育教学活动与原定目的、目标是否一致。②把学生的需要与自己的教学实践结合起来进行反思。看看学生的期望和要求是否在自己的教育教学实践活动中得到了满足。③把各种教育教学的资源与自己的教育教学实践活动的准确和精练程度联系起来进行反思。即首先看看这些资源是否能使实践活动更准确、更精练，然后看看能否调整一些资源来修正和充实自己的实践。

（二）反思型教师的特点

1.反思型教师特别注意观察

反思型教师通过观察学生的行为和自己的行为来进行自我评价，他们在课堂上对学生的行为观察得非常仔细。反思型的观察都是有目的的，都是用来评估自己设定的目标的。他们是通过观察将学生的反应和学习效果的好坏视为自己成功与否的尺子。当然，反思型教师重视观察的不仅仅是学生的行为，他们还要观察其他教师和家长的行为等。如有一位教师为了观察学习其他教师的行为，报名参加了舞蹈课。学舞蹈对于她来说是非常困难的，但她为了观察舞蹈教师的教学风格，思考他是如何教自己的，就把自己放到了一个学生的位置上。从而她观察到了很多东西，并在其中感悟到了孩子们的学习过程到底是什么样子，感悟到了教师耐心的重要，感悟到了让孩子在自己擅长的领域中发挥特长的道理。

2.反思型教师特别注意记录

反思型教师除了注意观察自己的教学效果之外，还特别注意观察记录自己的教学活动。许多反思型教师都记录教学日志，这些日志上面详细记录着自己每天进行的教学活动。他们通过写教学日志，给自己提出一些问题。比如，"我对学生的个别关注够吗？""我怎样做才能将学校制订的学习标准和我自己喜欢的教学活动结合起来，并借以把我的快乐传递给学生？""我怎样才能确保孩子们将课堂上学习到的知识运用到实际生活中去？"

他们记日志的目的是为了反思，是为了使用这种方法来促进自己思考，是用来记录和澄清自己的思想的。他们通过这种方法，能解决教学过程中遇到的问题。

3.反思型教师总是非常灵活地为自己设定新的目标

反思型教师除了注意评估自己的教学表现外，他们在追求自己的目标上表现出一种坚持不懈的精神。他们会经常评估自己最近一段时间的进步状况，总是时刻记着自己的目标，不断地调整教学方法以适应变化的环境和成长的学生，朝着自己的最终目标努力。但另一方面，他们又在不断地对自己的目标进行相应的修改。这表明了一个善于自我反思的教师所具有的灵活性，当他们认为自己最近的目标基本达到时，他们便开始对原有的目标进行相应的修改了。在反思型教师看来，这并不意味着以前的做法是失败的。相反，这表明整个过程在发生进步。这里应加以注意的是，那些反思型教师在调整自己的目标的同时，也在调整着自己的观念。也就是说，这时他的观念也发生了变化，或者可以这样说，是因为观念的变化引起了目标的修订。

4.反思型教师喜欢了解自己教育教学领域中的最新进展

我们曾经做过一些调查，发现几乎所有反思型的教师都喜欢阅读专业书籍和专业杂志。他们都喜欢读大量的教育专著，并不满足一般的教育学、教育心理学和专业教育法这“老三篇”，他们总是比一般教师多读了一些国内外挑战21世纪教育的新著作，多读了一些有关素质教育和课程改革的新书，多读了一些有关教师自身适应和发展的读物。调查还发现几乎所有反思型教师都喜欢参加学术研讨会和加入专业学术组织，他们参加这些研讨会和专业学术组织主要是为了了解自己的专业领域的最新进展和得到一些适合自己发展的资源，从而引起自己反思、引起自己改进。

5.反思型教师很难达到自我满意的程度

反思型教师和其他优秀的教师一样，他们给自己设定有很高的标准。他们认为自己的责任就是让每个孩子都成功，而且认为自己的教学表现是孩子们成功的关键。虽然反思型教师很难达到自我满意的程度，但是他们会为自己在教学过程中取得的进步感到高兴，而且期待着自己不断地成长。他们给学生树立了探索知识的典范，他们的工作和生活的方式本身对学生就是一种巨大的影响。他们对教育教学的反思，必然导致学生对学习的反思。所以可以这样讲，反思型教师将带出反思型的学生。

(三)反思与教师的可持续发展

反思是一种可贵的思维方式，在反思中生活，才是智慧的、充满进取乐趣的、具有哲学意味的生活。正如卡希尔所说:“认识自我乃是哲学探究的最高目标。”教师反思是指教师以自己的教学活动过程为思考对象，来对自己的行为、决策以及由此所产生的结果进行审视和分析的过程；也是教师对于教育实践进行理性选择的一种思维方式和态度，是一种通过提高教师的自我觉察水平来促进能力发展及专业成长的过程；也是教师直接探究和解决教学中的实践问题，不断追求教学实践合理性，进而全面发展的过程。

对于新手教师而言，不断进行自我反思，可以发现自身教学中存在的问题，对此展开研究，并通过学习补充相关的知识。另外，反思会使教师从新的角度认识和了解自我，会努力地寻找塑造自身的各种力量，使自己成为不断被塑造的人。可见，反思为教师提供了自我主动成长发展的机会，是教师职业可持续发展的基础。

对于在职业生涯中积累了一定经验的教师来说，这些经验可以成为教师从事教育教学的理论基础。但是如果没有反思，忽略这些教育教学经验所蕴含的基本原理，也很难将这些宝贵的经验升华为属于自己的教育理论。美国心理学家波斯纳在大量相关研究的基础上，提出了教师成长的公式：成长=经验+反思。相反，如果一个教师仅仅满足于获得经验而不对经验进行深入的思考，那么即使是有“20年的教学经验，也许只是一年工作的20次重复；除非善于从经验反思中吸取教训，否则就不可能有什么改进。永远只能停留在一个新手型教师的水准上”。[1]该公式说明，教师成长过程应该是一个总结经验、捕捉问题、反思实践的过程。这个过程可以帮助教师挖掘或梳理出经验中蕴含的原理，使经验升华为理论，从而建构起属于教师自己的理论体系。这个理论体系不仅支持教师的教育教学工作实践，还促进教师专业的提升和自我发展。

总之，在教师的职业生涯中，反思能力成为持续发展所必备的素质之一，教师需要具备敏锐的自我觉察能力，创造性地面对永远变化的环境和对象，不断探索和走向职业的新境界。

---

〔1〕 斯坦托姆，汪琛. 怎样成为优秀教师[J]. 国外教育动态，1983，(1).

(四) 反思的主要类型和方法

1.反思的主要类型

关于反思的分类，由于研究者和实践者对反思或反思实践的理解不同、着眼点和研究的角度不同，他们对反思或反思实践的看法与论述也会不尽相同。由于篇幅所限，下面将主要基于瓦利（Lvaiii）对于反思型实践与教师教育的总结，对反思型教师教育内容详加陈述。瓦利在对教师教育文献和强调反思的教师教育计划的考察与分析基础上，认为至少有五种类型的反思，并相信这些类型均可以纳入教师教育计划。这五种类型是：技术性反思、行动中和行动后反思、缜密性反思、个人性反思、批判性反思。

(1) 技术性反思

技术性反思是指在课堂教学情景中，反思教学技能技巧在课堂中发挥的效用如何。很显然这用反思方法的局限性非常明显，只要求教师针对教学内容反思教学技能和技巧即可，限定了范围，并没有要求更为广泛的思考，比如针对教学的社会背景和环境、社会的公平与公正等问题进行反思。在技术性反思里，未来教师和在职教师进行反思的目的是为了更好地完成预先设定的教学目标，他们为此要反思那些有助于他们完成这些目标的知识和技能、技巧，除此之外，他们并不过多地关注目标本身。在评判标准上，外部权威如专家、研究者和上级评定人员所建立和制订的规范、指导原则等被认为是至关重要的、不需怀疑的、不可动摇的。教师只需学会如何使他们的教学内容更加的符合那些标准，并且如何使用那些标准去判断他们所进行的教学是否是好的、成功的教学。经过这样的反思，可以使其教学的每一个环节都环环相扣、紧密结合的。他们也掌握了该如何将知识传授给学生，什么时候让学生回答问题，什么时候讲解学生易错难以解决的内容。有时候他们特像学徒的屠夫，通过师傅的教授明白“怎样下刀”“怎样分割”，然后再通过亲自实践使学到的技能、技巧得到进一步的提高。教师们无须知道教学的“为什么”，只需知道“怎样去做”即可。

未来教师和在职教师通过技术性反思能力的培养，可以具有较高教学上的技能与技巧。但瓦利也同时指出，这不是教师的全部职责。如果教师只关注这些，必将忽略对其他内容的反思。另外，如果他们只看重外部的评价标准，不对标准及其他进行反思，势必使他们自己陷入生搬硬套之中。然而令人难以解释的是，尽管技术性反思有着上述一些缺点，但是目前它在教师教育培训计划中仍然占据举足轻重的地位，而且目前未来教师和在职教师的反思大多局限于技术性反思。

(2) 行动中和行动后反思

行动中反思是指教师在教学过程当中所做出的自发的、直觉的决定。行动后反思是指一件事完结之后对此所作出的反思，如一位善于回顾思考的教师在上完一堂课后所进行的反思便是行动后反思。此外，行动后的反思其实也包含了行动中的反思。其实教师在授课的过程中充满着多变性、复杂性和不稳定性，他们的每一次授课都会多少区别于之前的授课和其他老师的授课，拥有每一次授课的独特性。另外教师不可能每一次都套用先前所学到的理论知识解决当前存在的教学问题，他们在教学实践中要想做出明智的决策，必须首先立足于他们自身的实践。他们要对他们本身特有的情况与问题进行反思，如他们自身的价值观、信念、课堂情况及学生状况等。只有这样他们才能在教学行动中做出正确的决策、解决所存在的问题，从而为进一步的行动打下好的基础。这就是行动中和行动后反思的宗旨所在。

行动中和行动后反思的教师教育计划与技术性反思的教师教育计划相比，行动中和行动后反思的教师教育计划并没有给在职教师和未来教师提供可供遵循的明确原则，此项计划仅仅是一个建议，要求教师以日记的形式记录下他们所亲历的事情，这一行为不仅有助于他们清晰回顾整个授课过程中所发生的任何事情，而且也有助于他们事后就此进行反思。教师们对自身或他人独有的实践情况反思得越多，他们在行动当中就越能做出更好的决策。行动中和行动后反思同技术性反思相比，虽然把教学背景的因素考虑进去了，但是对于诸如学校的教育目标、目的等问题仍未触及。

(3) 个人性反思

个人性反思指的是对个人成长和相关事情以及他们与学生的关系的反思。也就是说，个人性反思主要关注两方面的内容，一方面是按个人方式去反思他们的个人生活同职业生活的关系，反思他们自己的人生目标及作为一名教师该如何做才能实现自己的人生理想；另一方面是对他们的学生的关注，他们不只是关注学生的学业成绩，对学生生活的其他方面，如学生的个人追求、学生所关心的事情以及学生对未来的期望等都很关注。侧重于个人性反思的教师教育计划要培养未来教师和在职教师就他们自己的人生信仰、生活与工作态度以及个人喜好等进行反思的能力，他们要能够反思哪些事件能促进他们成为教师、哪些经验有助于他们成为好的教师、哪些事情妨碍他们的职业发展。这样做有助于未来教师和在职教师了解他们自己教育经验的局限性，克服不良倾向对他们事业发展的影响。

个人性反思与前面所讲到的行动中和行动后反思有着非常相同的内容，即这两类反思都过度依赖于来自教师内部的评判标准。这类反思缺乏对其

他观念的借鉴，这使得教师的视野具有一定的狭隘性。

(4) 批判性反思

批判性反思主要侧重点是在教学实践和学校内部所蕴含的社会、政治意义，这其中包含对教学法和学校结构的道德和伦理意义的反思。这种反思能促进未来教师和在职教师反思他们教学实践之外更宽泛的伦理、社会及政治问题，这其中包括对限制他们行动自由与影响他们行动效果的一些起决定作用的习俗与因素的反思；对学校教育中所呈现出的不公正、不公平的社会等级、种族、性别关系的反思；对促成这些不公平、不公正现象原因的反思，以及对清除这些现象途径的反思。具有批判性反思能力的教师不仅能够了解、反思上述问题，而且他们在实际教学中还能够致力于解决这些问题，努力提高边缘人群的生活质量。因此从某种意义上说，具有批判性反思能力的教师也是社会活动者和改革者。

2.反思的方法

(1) 观察法

观察法是教育教学反思中极广泛运用的一种方法。它是为了反思一个问题进行的。反思中的观察是根据需要按预定计划，做系统的、连续的、细致的观察。它不满足于大略的感知，而要求掌握一切具体情况，如反应的次数、时间、位置、强度、密度，等等。为了反思的观察是有一定具体要求的：要有计划、有目的、有中心、有范围；对所观察的事物应具备相当的知识；绝对不能影响被观察者的常态；要客观；要有系统；观察的次数要相当多；要抓住本质的东西；要及时做全面的记录；要对观察的材料整理分析，最后得出反思结论。

(2) 调查法

调查法也是进行教育教学反思常用的一种方法。它常用谈话、问卷、测验等手段搜集材料，从而对教育教学现象进行有计划的、周密的和系统的了解，并对调查搜集到的大量资料进行分析、综合、比较、归纳，最后形成反思认识。运用调查法进行反思一般可分为四个阶段：一是根据发现的问题，确定调查题目，制订调查计划。二是搜集材料。这是调查的关键环节。为了全面收集材料，先要确定调查手段，是开调查会，还是用问卷法，或者进行测验。为了保证获得的材料的可靠性，应尽可能注意客观性，不能把事实和意见混在一起，尽可能用多种手段收集广泛的材料。三是整理材料。从中找出存在的问题和矛盾，发现教育教学现象之间的联系。四是根据事实加以分析、评价，得出反思结果。

(3) 经验总结法

经验总结法也是进行反思常用的一种方法。它是在不受控制的自然状

态下，对日常教育教学实践所提供的事实，按照一定的科学的方法步骤进行分析概括，使之反思出一种理论认识的一种反思方法。运用这种方法应该注意四点：一是重视结果评鉴。经验总结是为了介绍与推广成功的教育教学实践经验的，因此，有必要首先确认这些教育教学活动是否产生了积极的教育效果，这些效果表现在哪些方面，从而确定这些教育教学活动与措施是否值得加以总结、介绍和推广。二是收集、分析资料。收集分析资料的重点在于回顾与核实整个过程中的各项工作的措施，它的由来、它的实施，各项措施的内在联系和意义以及由此而导致的结果，一般可按时间顺序、工作进展的线索收集、整理和分析材料。这时常常要开一些座谈会，走访一些人，并翻阅一些工作日记、笔记及对学生的各种记录，以便找出事物发展的轨迹，采集一些说明问题的数据和事例。三是进行初步反思。在收集和分析资料的基础上，根据因与果之间关联的紧密程度、根据因果之间的必然与偶然关系，摒弃一些无关或相关较小的因素，找出一些相关紧密的主要因素，并理顺代表这些因果关系的主要事实、事例和数据，从而归纳总结出经验来。四是进行理论论证。在初步反思的基础上还要翻阅或参照一些理论书籍，从理论上、逻辑上揭示和认识教育措施和教育效果之间的内在联系，从而提出并完善自己对经验的认识。当然，进行反思还可以运用实验法、文献法、统计法等方法，但运用最多的是上述三种方法。

三、塑造一个理想的教师人格

(一) 教师人格的基本内涵

“人格”一词源于拉丁文 persona，有“人”“个性”“性格”等含义。汉语中的“人格”“品格”“个性”“性格”等词，在欧洲语言中常用一个词来表达(如英文为 personality，法文为 personalite)，表明这些概念之间含义相近、关系密切。人格常见的义项主要有三方面。

(1) 在伦理学上，指道德上的权利和义务的主体。

一般认为是高于个性的概念，它的普遍意义大于个性。每个人都有人格和个性，但各人的人格相同，而个性互有差异。此词又常被用以指个人的道德品质，如人格高尚。

(2) 在心理学上，指人的性格、气质、能力等特征的总和基本上与个性或个性心理特征同义，一般认为可交替使用。

(3) 在法律上，指作为权利义务主体的资格此外，社会学把人格看成是人的行为遵循规范的表现。可见，人格的含义是比较宽泛的，不同的学科对人格有着不同的理解和定义。

这里所讲的人格指的是做人的基本之格，是现实中体现个人特色的思想和行为的综合，是除了环境以外影响个体行为的个体自身的所有因素的总和。通俗地说，就是人们在社会生活中通过自身的言、行、情、态等所表现出的为人的品位或格调。在这里，社会个体的言、行、情、态等外在表象是展示人格的媒介，人格是其内核。人格正是借助人的社会活动，把渗透在言、行、情、态中的人格水平以一种可以被他人知觉的方式呈现出来，由此完成一定社会个体的人格定位。

人格是做人的根本，人格是人际交往的基础，人格是社会风尚的表征。

再次是教师人格反映了广大教师对真、善、美的自觉追求。正像陶行知先生说的，教师应该是“千教万教，教人求真”；“千学万学，学做真人”。真、善、美是十分相近的品质，教师本身不懈努力所追求的就是求真、求善、求美，他们在学术上求真、在道德上求善、在技艺上求美。这是教师这个职业人的本性决定的人生的追求，也是教师的理想人格的集中体现和自觉追求。

现代化教师人格，对于整个教育过程乃至整个社会的精神文明建设具有不可忽视的重要作用。因此，在教育现代化的进程中，塑造现代教师人格应当是一项基础性工程。

(二) 教师人格的构成要素

教师人格与教师素质有着密切的联系，可以说，教师人格是教师素质的集中体现。

从表层来看，教师人格表现出的是教师的言谈举止、风度仪态、素质要求等。若深层次考察，它的深层次里蕴含着智慧人格、道德人格、情感意志人格和审美人格等不同侧面。下面只重点介绍教师人格的构成要素。

通常来讲，教师的品格、教师的性格、教师的体格和教师的资格这四部分构成了教师人格结构。在这四种要素中，品格是人格结构的核心成分，起主导支配作用，影响并且制约着人的性格、体格和资格的形成。

虽然品格决定性格、体格、资格，但并不意味着这三者就是消极的、被动的，他们在人格结构中也起着积极的作用，也会影响品格的发展。可以看出，教师人格是由相互作用、相互影响、具有特定功能的要素所构成的一种动态系统，它既有丰富的层次，又有复杂的结构。

1.教师的品格

教师的品格是由教师的人生观、世界观决定的，有相对稳定的思想、政治、道德特点和倾向。品格属于人的精神世界中高层次的因素，决定着人格的本质，影响着人生的成长。

教师的品格主要包括诚实、谦虚、正直、真挚、热情、敬业等各个方面，反映教师的整体精神面貌，支配教师的一切行动。

诚实，是我们中华民族的传统美德。对教师来讲，其诚实的表现是忠诚于人民的教育事业，热爱党，热爱社会主义，做好教书育人的工作，在做人的态度上要有实事求是的精神，待人处事不弄虚作假，言行一致。谦虚，也是一种美德。作为一名教师必须培养谦虚谨慎的品格。正直，指的是为人公正和直率。正直具体到教师身上，是要求教师在教育工作中能坚持全面贯彻教育方针，对学生全面负责，把个人得失置之度外，表现出一个人民教师应有的光明磊落、无私无畏的高贵品格。真挚，是一种情感，它是教师和教师、教师与学生的相互交往之间的亲密情谊，特别是教师对学生的真挚友情表现在对学生的爱和严格要求上。教师对学生的爱，是一种无私的、高尚的感情，这种感情蕴含很多社会责任。学生是祖国未来的建设者，是民族的希望。一个教师具有真挚的热爱学生的感情，关心学生，尊重学生，把自己的整个身心贡献给教育事业，是一种高尚的品格。敬业，是教师对自己的职业的性质、任务、社会地位和作用持有正确的认识和积极的态度。教师有了对教育工作的正确认识，就能确立乐于为人民教育事业而献身的职业信念，这信念是确立教师职业责任心的条件，也是教师敬业的、愿为教育事业献身的精神支柱。教师只有树立了敬业、乐业的思想意识，才能勤勤恳恳、兢兢业业地服务于教育工作，教师的辛勤劳动才能得到社会的承认和赞扬。

教师的品格特性主要反映在人品和操行诸方面，属于相对比较稳定的内在特质。教师的品格可以随着教师自我修养水平的提高，得到不断的充实、完善和发展。

2.教师的性格

性格是人格结构中最明显的一种对现实的态度和习惯化的行为方式，平时我们说的一个人的个性就是指一个人的性格。比如说有人外向、有人内向，这些性格都不是一朝一夕形成的，但是一旦形成，就比较稳定，并且能在他的所有行动中时时处处表现出来。

性格具有明显的社会性，不同的社会对人的性格有不同的要求，不同的社会环境也会影响甚至必然形成不同的性格。仔细考察一下不同出身、不同经历的人就会发现，每个人的性格里都打有深刻的社会烙印。

人的性格如人的相貌，千差万别、各不相同。有的人性格活泼开朗，热情奔放；有的人性格急躁粗犷，简单直爽；有的人性格坚毅果断，耐心细微；有的人性格沉静孤僻，优柔寡断。

教师这个职业和教师的工作实践需要活泼开朗、热情奔放的性格。因

为教育工作是培养人的事业、是教育人的事业，教师是要用知识启迪学生的心扉、用情感陶冶学生的心灵、用行为影响学生的心声的，这种工作特点需要教师的性格活泼开朗、热情奔放。因此，作为教师一定要努力培养自己活泼、热情的性格，努力使自己表现出一种乐观向上和积极向上的精神面貌，要热爱生活、专心工作、朝气蓬勃、勤奋学习，使活泼开朗成为性格中比较稳定的因素。这样，当遇到不顺心的事或遇到挫折时也能正确对待，而不轻易流露出伤感和悲哀的情绪。当然教师中也有各种各样的性格的人，有的人遇到后进的学生，经常恨铁不成钢，容易上火、着急焦虑，这样做既影响自己的身心健康，也影响教育效果；也有些教师的性格是多愁善感、孤僻抑郁或者腼腆忸怩、萎靡不振，但这些都是教师性格中不应有的东西，是教师性格中的缺点。

3.教师的体格

体格是人格的生理基础，与品格、性格是不可分离的。体格是品格和性格的载体，没有体格就没有品格和性格。强壮的体魄包括正常发育，抵御身体染病的能力，复杂环境的适应性，运动素质发展水平等。

体格健壮的人在生理上发育健全，神经功能正常，思路敏捷，具有较强的思考与分析问题的能力，办事效率高，能取得理想的教育效果。

教师的劳动既是脑力劳动，又是体力劳动。教师的工作很紧张，劳动时间长，劳动强度也高，很多教师都是在超负荷地工作着。在教师的工作中，没有上下班之分。白天要上课，课余要辅导，放学后还要家访，即使回到家里，到了夜深人静的时候，还要进修、批改作业。从这个角度看，教师的劳动只有工作环境的转移而没有工作内容的结束，是一种难以量化的连续性劳动，这就需要教师具有强健的体格。

教师强健的体格不只是教师个人生活幸福的需要，也是教师这个职业和教育这个事业的需要。因此，教师要经常参加体育活动，保持有规律的生活秩序，养成良好的作息起居习惯，而且要注意合理的饮食和营养条件，以保证教师强健体格的需要。

总而言之，教师所从事的一切工作必须要有一个强健的体魄最为支撑，唯有如此才可确保良好的品质和性格的形成，体现教师劳动价值的社会价值，最终确保教师伟大和高尚的人格魅力。

4.教师的人格

人格是人的思想、品德、情感的统一体。中国近代绘画大师、教育家丰子恺先生曾经说过：圆满的人格就像一只鼎，真、善、美好比鼎的三足。缺了一足，鼎必然立不成。人身在世，当求自身的圆满，即求真、至善、

达美。对于一个人而言，美是皮肉、善是经脉、真是骨骼，此三者支撑起一个“人”字。这段话，深刻地揭示了人格与思想、品德、情感三者的关系。在这里，思想是支撑人格这个“鼎”的“真”足，品德是“美”足，情感是“善”足。三者的和谐统一体即为“圆满的人格”，否则，就是有缺陷的人格。

乔拉德和兰兹曼写了一本书叫《健康人格》，他们给健康的人格下了两个定义：其一，是指这样一些行为方式，它们使人生气勃勃，并且不危害他人、动物及供给我们一切生计的环境；其二，这种行为方式由理智所引导并尊重生活，因此人的需要得到满足，而且人的意识、才智以及热爱自我、自我能力和他人的能力都得到发展。从这两个定义看，健康人格是相对于病态人格而言的，它介于一般人格和理想人格之间，就是在思想观念、道德品质、心理素质和行为方式上与现代社会相适应的人格，是有理想、有道德、有文化、有纪律的，集进取性、创造性和协调性于一体的社会主义新型人格。所以，健康人格的特征是具有进取精神、具有创造能力和具有协调品格。具有健康人格的人，既有朝气蓬勃的进取精神、开拓创新的创造能力，又有平等合作的协调品格；热烈地追求事业的成功，勇敢地开拓人生的道路，积极地创造人生的价值；同时又严于律己，宽以待人，坚持原则，讲究道德，是一个生活的强者。

健康人格的形成不是一朝一夕的事，它要经历一个由量变到质变的发展过程。它主要取决于个体的主观认识和努力，坚持将主观认识付诸实践，努力养成良好的行为习惯，均衡协调人格素质的完善，使自己的人格水平不断提升，达到新的境界。

塑造现代教师人格，既是教师这种职业的劳动特点、人民教师的崇高职责和建设社会主义精神文明这个历史使命的要求，也是广大教师内心的愿望。首先是教师劳动的特点规定了教师人格的特殊性。教师的劳动与其他行业的劳动不同，教师的工作是培养、塑造新一代，是做人的工作。教师的劳动对象是人，是活生生的具有不同个性的向教师求知的学生；教师的产品是人，是获取了教师给予的知识、品德和才能的，去影响社会的一代新人；教师的劳动工具也是人，是涵盖着全部人格、知识和才华的自身。所以各个社会和阶级总是对教师的人格有特殊的要求。因为，教师在学校里是学生最尊重、最亲切的人，他们往往是学生最直接的榜样，他们的人格无时无处不在潜移默化地影响着学生的人格。并且这种影响非常深远，甚至可能影响学生的一生。可以说，优秀的教师是学生人生道路上的楷模和导师。

其次是教师肩负的责任决定了教师人格的高尚性。人民教师肩负着教育新一代青少年、造就社会主义事业接班人和建设者的历史重任。现在的学生都是将来社会主义现代化的主力军，他们的思想觉悟、道德品质、文化知识和工作能力，直接关系到社会主义建设能否兴旺发达的问题。国家和人民把希望和未来都交给了教师，这是把伟大责任加在教师身上的一种重托。这就要求教师不仅要具有高度的文化修养、专业知识，而且要具有高尚的道德品质。也就是说，唯有高尚的教师人格，才能保证教师切实担负起培养社会主义接班人和建设者的历史重任。

（三）教师人格塑造的主要途径和方法

1.强化教师意识

教师意识是指教师对自己的教师身份，对自己在社会生活中的地位和作用，以及对自己的言行举止在学生中的影响的认识。不断强化教师意识，有助于发掘塑造动力和进行有效的自我监督。

首先，要强化“我是人民教师”的意识。教师是负有神圣职责的崇高职业，时刻不忘自己是一名“人民教师”，就会不断激励和鞭策教师忠诚于党的教育事业，履行教师的职责。

其次，要意识到自己的言行举止对学生的影响。苏联教育家加里宁说：“教师的世界，他的品行、他的生活、他对每一个现象的态度都这样或那样地影响着全体学生。但还不仅如此，可以大胆地说，如果教师很有威信，那么这个教师的影响就在某些学生身上永远留下痕迹。”因此，教师要在学生中树立良好的形象和提高教师威信，就必须清醒地意识到自己言行举止对学生的影响，敏感地接受来自学生的信息反馈，严格要求自己，积极进行有效的自我监督。

再次，教师要掌握自己的个性特点，自觉培养自制能力。教师的个性心理品质千差万别，且难以达到尽善尽美。因此教师要掌握自己的个性特点，努力塑造有利于教师人格形成的个性心理品质。所谓培养自制能力，就是重视培养自己的自我控制和自我调节能力。自制能力是教师步入更高人格境界不可缺少的意志品质。

2.认真学习理论

认真学习理论，是为了明确塑造方向。

首先，要学习马克思主义、毛泽东思想，特别是邓小平理论。此外，还要学习丰富的自然科学和社会发展规律的知识。

其次，要学习现代教师人格理论。现代教师人格理论阐述了教师个人利益与社会、集体利益的关系，揭示了教师人格形成和发展的规律，指明了教师人格发展的趋势和新境界。

再次，要向优秀教师学习。优秀教师的实践是教师人格理论的具体化，具有鲜明、生动、形象的特点。他们的先进思想和模范事迹，可见可信，具有较强的榜样感染力。虚心向优秀教师学习，往往可以对教师人格塑造产生更具体的激励和导向作用。

3.投身教育实践

投身教育实践，可以积累对教师人格情感的体验，这是完成塑造教师人格全过程的关键。一方面，教师只有投身于教育实践中才能与人、与社会发生关系，了解人与人之间的各种相互关系；才能不断积累情感体验，提高教师人格意识水平，并形成相应的行为和习惯。另一方面，教师只有投身教育实践才能暴露出个人人格在某些方面的不足，以便于在实践中克服和纠正，使自己更加趋于完善。如果理论脱离实践、言行不一，则会出现“双重人格”。事实表明，只有活生生的教育实践活动，才能促使教师把理论认识转化为内心深处的真情实感，并形成稳定倾向的行为习惯。

其次，教育实践是检验教师人格塑造的标准。要检验教师人格塑造有无成效以及成效大小，以什么为标准呢？这个标准只能是实践，如果没有实践也就根本无法进行客观评价。虽然教师人格塑造有一定的原则和要求，但付诸实践后，情况就很复杂了。比如在师生关系上，教师要了解、尊重学生，说起来简单明确，但实际上怎样做、做得怎样、具体的标准是什么，则只有通过对教育实践效果的考查，才能逐步做出客观的评价。

4.不断自我激励

自我激励就是教师在自我认识的基础上，鼓励自己为达到更高教师人格水平面努力的过程。不断自我激励，可以加大教师人格的塑造力度，是教师进行人格塑造的重要保障。自我激励的具体方法主要有以下几种。

(1) 目标激励

教师在人格塑造中一般都有奋斗目标，它是教师的职业理想，是教师如何做人的一面旗帜，是教师生活中的精神支柱，它会给教师指明前进的方向。在塑造教师人格的过程中用目标进行激励，可以随时给自己以力量，不断推动和鼓舞教师朝着既定的奋斗目标前进。

(2) 成果激励

成果激励是通过总结成功经验来激励自己进取的方法。任何教师在积极进行人格塑造的过程中都会取得一定的成果，这些成果一方面通过学生的健康成长和社会各方面的肯定评价反映出来，另一方面也可以从自身心理上的满足、欣慰和幸福感中反映出来。这些都会转化为精神动力，进一步激发和鼓舞教师去争取更大的收获。因此，不断总结经验、肯定成绩、

增强信心，也是进行教师人格塑造的一种好方法。

(3) 反思激励

反思激励也是一种塑造教师人格的方法。它是指当教师在塑造自己健康人格的进程中遇到困难或挫折时要进行反思，从而提高自己扛挫折能力的一种行为。教师在人格塑造过程中，遇到困难和障碍，遭受挫折和失败，这很正常，甚至还会因一些人的不理解或嫉妒而受到讥讽、误解或非难，这也不奇怪。重要的是，在这时候我们不能因此就消沉、抱怨、妥协和退缩，而应从挫折和失败的反思中、从克服困难和阻力的磨炼中，使自己更加成熟起来，这便是反思激励法。

(4) 对比激励

在我们日常教学过程，所遇到的老师不仅知识水平有差异，就是在人格素养上也会有不同。通常来讲，老师之间是既有优点又有缺点的，毕竟人无完人嘛！因此一个教师除了自身不断努力的进行自我人格塑造时，还应时常地向周围教师学习，不论是优秀的还是普通的教师，只要对自身有益的都应虚心学习。因为“三人行，必有我师”。向别人学习时，就要在与别人的对比中寻找自己的不足和差距。这就要求我们能够正确对待别人、严格剖析自己，这也是进行教师人格塑造的一种方法。

当然，进行教师人格塑造的途径和方法不止这些，具体运用时还要因人而异，重要的是要在理论和实践的统一中不断探索、孜孜以求。

(四) 教师人格的修养境界

“境界”一词原意为疆界，后多指造诣和意境。境界包含了两层意义：一为人们所处的不同境况，二为人们在学说、技艺、智慧、人格方面所达到的程度。境界好像阶梯，有着不同的层次与等级。

教师的人格境界是指教师在一定的人生价值观的指导下，在学识、技艺、智慧等方面实际达到的人格水平。在我国教师人格修养中，存在着以下三个层次的人格境界：

1.职业境界

有不少这样的教师，就其学识、技艺、智慧等方面的人格水平来说，只是达到了一种职业水平，也就是说只是一种职业境界。处于这种境界的教师，人们往往称其为“教书匠”，我们这里称其为“经师”。

这种教师素质偏低，他们属于知识型的。尽管他们有一定的学历和专门的学科知识，但是他们的课堂教学的主要特征是传授知识。就传授知识来讲，只是有生硬、呆板和熟练、顺当的区别。他们传授知识的特征多是灌输式的，他们唯上、唯书、唯教参，缺乏主见和创新精神，课堂教学墨

守成规，不敢越雷池一步，上课的注意中心都是知识。据一份抽样调查，当前80%左右的中小学教师属知识型教师。一位资深教师坦言：“……如果离开了《教学参考书》，至少有80%的教师写不好教案上不好课；离开了《课堂同步练习》，至少有85%的教师出不好练习题；离开了《标准化试题》，至少有90%的教师命不好试题；要是离了统编教材，至少有95%的教师不知道怎样给学生上课。”[1]

这样的教书匠，在传授有效知识的同时往往还传授无效知识。这些教书匠所教授的内容其实学生通过其他一些渠道同样可以获取，再听老师讲一遍不仅会浪费时间，学习的效果不一定好，而且还夺取了学生自由学习的机会，阻碍了学生发挥创新能力的潜力，打消了继续学习的激情。

另外这样教书匠所教授的知识往往还是模棱两可，不具有可辨识性。这里所讲的模棱两可，不可辨识是指教师教授的知识他们自身还是只知其一，不知其二，并没有完全吃透其中的精华，而是囫囵吞枣地全部吐给了学生。这其中表现出来的就是教师在照本宣科，完全没有结合当今社会现实以及靠近学生的实际学习、学习需求等。仅仅是一种应付式的、机械的授课模式。那么可想而知，这样的教书匠所交出的学生也定会是生搬硬套、死记硬背、固态地模仿，缺乏完全的新意，知识当然也不灵活，比较不能连贯其所学的知识，即所谓的融会贯通。当然了并不是所有的知识都是模棱两可的，有部分知识还是值得学习的。比如那些老师懂了的、研究出事情背后本源的教学内容，即相对比较熟悉的。但是其实想一想一个事物一旦可以通过时间的改变而变的熟练，那么这个东西也就不再那么珍贵了，也无须注入更多的智慧和财力了。但是在这个过程中教师的思维容易被固化，整体的教学能力将逐步下降。我们也不能否认这种模式完全错误，但是他最终培养出的学生将会是高分低能儿。

因此，这些教师做的仅仅是将知识直接灌输给学生。而在这个过程中教师和学生较量的是谁先获得且参透知识。这就是所说的知识属记问之学。

2.专业境界

也有一些这样的教师，就其学识、技艺、智慧等方面的人格水平来说已经达到了一种专业水平，也就是他们已经达到了一种专业境界。处于这种境界的教师，人们往往称其为智慧型教师，我们这里称其为“能师”。

这种“能师”一般来讲整体素质非常高，表现的特征是极强的专业知识而且非常精通，对这方面是颇有研究，学问高、聪明。他们在教授学生

---

〔1〕 王荣德. 教师人格论[M]. 北京：科学出版社，2001.

知识的过程中，常常迸发出智慧灵感的火花，深深地熏陶着学生们的智慧和灵感，并从中获得感悟。使自己变得越来越聪明有智慧。

达到专业境界的能师对所教学科内容钻得深、悟得透，讲起课来简单明了，常是一语破的、一语解惑、一语启智、一语激情，这是一种智慧、一种艺术、一种功夫、一种水平、一种境界。能师对教材常有真知灼见，能于平凡中见新奇，发人之所未发，见人之所未见。他们的课如一首诗、一幅画，学生听这样的课就像是在独享一片风景。能师不仅是某一门学科区域的专家，也是博览群书的饱学之士，他们讲起课来纵谈古今、横述东西、旁征博引、妙趣横生。学生在这样的课堂上，如同进入一个辽阔、纯净甚至可以嗅到芬芳的知识王国，使其流连忘返。

能师在教学方法上总是运用启发式，他们常用自己的灵性启迪学生的悟性。他们善于激疑布惑，诱导学生向未知领域探幽发微，把学生带进“山重水复疑无路”的困境，然后或抛砖引玉，或画龙点睛，或点拨指示，或取喻明理，使学生突见“柳暗花明”，豁然开朗。能师在教学实践活动中遇到偶然性问题和突发的意外情况，总能灵感闪现、机动灵活地加以处理，表现出一种教育机制。能师在教学中常常身怀绝招，对某种教学技艺达到了炉火纯青的地步，这是一种令人叹为观止甚至望而生畏、无人相匹的境界。

其实，能师是其敬业、乐业、长期不断追求和自觉探索的结果。能师的最大的特点便是对学术和专业有针对性的研究。他们总是可以从专业研究的角度去分析并从事教学工作，在这个过程中他们不断地发现问题、思考问题、研究问题，并且解决问题，一步一步地提升自己的从思考力、感悟力、判断力，逐步提炼出新的见解、新的观点，从而全面提高自己的学术水平和教育智慧。能师的另一个特点是勤奋。可以说，所有能师都是在勤奋的道路上成长起来的。能师还有一个特点是重视交流。勤奋出智慧，交流也能出智慧。能师常常是到处参观学习，善于博采众家之长为我所用，这也是走向成功的一条捷径。

3.事业境界

事业境界是教师人格修养的最高境界，达到事业境界的教师我们称之为“人师”。

“经师易得，人师难求”。因为经师侧重的知识教书这一方面，而人师除此之外还承担着育人的重任，还必须要求是具有高尚人格的教师才可以教育学生。并且人师这种人格教育对学生产生的影响也是极其深刻和久远的。

人师所能教给学生的东西远远高于教材交给学生的，而且这种能力是可以实实在在掌握的，达到了远远高于并且超越教材的境界。人师对学生

的心理了如指掌，能以高度娴熟的教学技巧和机智，灵活自如、出神入化地带领学生在知识的海洋中遨游，用自己的知识丰富学生的知识。更可贵的是，人师能在教学实践中用自己高尚的思想品格熏陶、感染学生的思想品格，用自己的智慧启迪学生的智慧，用自己的情感激发学生的情感，用自己的意志调节学生的意志，用自己的个性影响学生的个性，用自己的心灵呼应学生的心灵，用自己的灵魂铸造学生的灵魂，用自己的人格塑造学生的人格。

人师的教学已经进入了最高的境界——不教之教。不教之教，是指其教的内容已不是书本本身的事实知识，而是无法物化在书本中的一种人生智慧。人生智慧是一种心灵的彻悟，是一种有美感体验的豁然洞见。事实知识是“硬性”的，人生智慧是“软性”的，这种软性的东西无法通过言传口授、耳提面命，更无法“手把手”教出来。不教之教的最大特点是返璞归真，它没有明确的教育组织、没有明确的教学环节，它抽象不出一种大家都能效仿的普遍的模式。这种不教之教，一般来说是靠三种方式进行的。一是靠以身作则，即靠自身的榜样的教育力量以直觉的、形象的、具体的形式非常自然地作用于学生，使学生在不知不觉中受到潜移默化的陶冶。二是靠交流对话，即以一个参与者的身份和学生进行平等的对话，使学生在轻松愉快中、在赏心悦目中学到知识、获得教育。三是自我教育，即让学生以自我教育做基础，教师以高层次、高水平的教育促进学生发展，同时使教师在教育学生的过程中也进行自我教育，这便是真正意义上的教学相长。

如果说能师是教师群体中的佼佼者，那么人师便是教师群体中的精英。人师的学识、智慧、人格，像花的芬芳、酒的醇香，令人回味悠长。

人师兼备教育实践家与教育理论家的优秀素质。他们躬行实践，始终活跃在教学改革的实验田中，对教育教学进行最真实最有创造性的变革，从而不断突破自我、超越自我。他们思想深刻、勤奋耕耘、著书立说，在理论上有突出的建树。

人师是“名师”和“大师”。人师不仅是教育界的典范，同时也是整个社会的精英。所以名师和大师就是一面旗，这面大旗一竖起来，四面八方的学子就会慕名而来，聚集其麾下；名师和大师是一盏灯，这盏灯会引导学生进入知识的殿堂；名师和大师是一座桥，这座桥是连接奋斗与成功的必经之途，是由教师们的奉献精神和无私胸怀凝聚而成的。

翻开历史的画卷，我们会发现，人类一直在渴求真、善、美的人生之路上跋涉。人类从事的一切物质和精神活动，最终目的都是为了培养真、善、美的理想人格，造就一个真、善、美的理想社会。

审视人类滚滚不息的历史长河，教育永远是一首谱写不完的诗篇和乐章，教师永远是教育事业和人类精神文明的重要创造者。教师理想的人格，像大海中的航标灯，激励着学生沿着正确的方向前进；教师理想的人格，像高山上的旗帜，引导着教师向人格塑造的高峰攀登。

四、不断发展自己的情感智力

（一）情感智力是现代教师必备的素质

什么是情感智力？我们都知道，情感是人们对外界刺激做肯定或否定的心理反应，如喜欢、愤怒、悲伤、恐惧、爱慕、厌恶等，智力是指人认识、理解客观事物并运用知识、经验等解决问题的能力。情感智力也是一种能力，是一种情绪感染的能力、情绪表达的能力。

教师的情感智力，指的是教师对学生情感的教育与疏导能力。

这里，情感智力和智力不是包含关系，而是并列关系，前者属于情感范畴，后者属于认知范畴。二者结合、二者并重的教育，才是全面的教育。

翻遍我国20世纪八九十年代以来所有的具有代表性的教育学著作，没有专门写情感智力的。所有写教师素质的书，都没有把情感智力视为教师必备的素质之一，他们都是把教师素质归结为思想政治素质、职业道德、智能结构等几个方面。现在，时代进步了、教育发展了，教师的素质结构也该调整了。因为那种强调教育的政治功能，偏重于教师的知识、能力以及认知技能、技巧方面的要求，以发展学生的认知能力为主要目的的教师素质结构观未免有些滞后了。

只注重认知、不注重情感的教育，是认知与情感失衡的教育，这种教育必然导致学生“情感饥饿”。这种教育培养出的学生往往成为“单面人”，他们可能成为缺乏情感的理性人、技术人，也可能成为智力的巨人、精神的乞丐。许多学生会因此陷入情感的困境，受到情感的折磨，致使校园里不断出现心理障碍者和越轨行为者。其根源在于我们的教育缺乏对情感智力的重视，在于我们的教师缺乏情感智力、学校缺乏情感教育。

日本教育家井深大批评偏重智力的教育是“忘记了方向”“丢掉了另一半的教育”，提出要开发人的大脑右半球，重视情感智力的培养，造就出“智勇双全”的新世纪人。

美国研究人员最近指出，预测一个人能否成功的主要指标可能不是智力，而是情感智力，在影响一个人成功的因素中，智力只能起到20%的作用，而情感智力则发挥着80%的作用。

科学的教育观应把情感视为教育的主题之一，把学生情感智力的提高

视为教育的一个重要组成部分，这就给教师的素质提出了更高的要求。教师的职责绝不仅仅是向学生传授各种知识、培养技能和能力，而要把情感与认知两方面的知识均传给学生，使其为将来的竞争生活做好准备。教师不能再向学生施以偏知、偏智的片面教育，而应贯彻知情并重的全面教育。因此，教师的几种必备素质中，要有情感智力方面的要求。

从理论和实践上看，可以总结以下几点：首先，人的情感与认知是相互作用、相互制约、相互促进的；其次，情感本身也是教育应当达到的目标之一；再次，情感智力是学生未来成功的关键。这就要求教师具有较高的情感智力，从而去培养学生的情感智力。

我国教育家夏丏尊先生把教育与情感的关系形象地比喻为池塘与水的关系，指出犹如没有水就不可能称其为池塘一样，没有情感、没有爱，也就没有教育。教师情感智力在教育教学中的作用无论怎样估计都不过分。

“半亩方塘一鉴开，天光云影共徘徊。问渠那得清如许，为有源头活水来”。情感智力就是教师教育教学工作取得最佳效果的“源头活水”，情感智力应是现代教师必须具备的素质之一。

(二) 教师情感智力的构成要素

教师良好的情感智力对学生来说，具有潜移默化的影响作用；对教师自身来说，是身心全面健康的重要组成部分。因此，我们有必要进一步探讨一下教师情感智力的主要内容。从教师情感智力的结构上看，主要有以下内容。

1.自我意识能力

教师的情感结构中应有的自我意识，指两方面的内容：一是努力培养教师自己良好的自我意识，二是努力培养学生的自我意识。作为教师，一方面要有积极的自我观念，能以积极、客观的态度正视自己，既能看到自己的优点，充分发挥自己的积极因素，努力改进教育教学工作，又能看到自己的缺点，并采取有效措施加以改进。另一方面也要教育学生正确认识自己，不要让学生产生自卑或者自大心理，要让学生认识到世界上没有两片完全相同的树叶，也没有两个完全相同的人。每个人都是世界上独一无二的人，都有自己的优缺点，都是优点和缺点的结合体，关键是要发挥自己的长处。人贵有自知之明，一个人没有正确的、良好的自我意识，就不能正视自己的长处与短处。平足的硬要去练长跑，手指短的偏要去练钢琴，就不可能成功。所以必须要有良好的自我意识。

2.抗挫能力

教师情感智力结构中还应有正确对待困难和挫折的能力。在教育过程中，教师经常会碰到一些出人意料的困难和挫折。面对困难和挫折不能是满腹焦虑，不能意志消沉，而应该自信自己能够摆脱困境，尽量以一种积极、乐观的态度去应对。一个成功的教师不但自己要有乐观的情感态度，而且还要以自己的信心、克服困难的乐观情绪和坚强的意志去启发、感染学生，增强学生解决问题的勇气，使其摆脱由挫折、困难所造成的消极情绪的影响。教师要让学生明白失败、挫折虽然是痛苦的，但也是不可避免的。从某种意义上来说，挫折也是人生经历的一笔财富，挫折往往是成功的前兆。挫折对一个人来说既是坏事，也可能是好事，关键是自己如何去看待它。

3.自制能力

教师情感智力结构中还应该有一种自制能力。自制能力指的是教师善于控制自己的情感冲动程度，能抵挡情感波涛的冲击，自觉控制自己的情感，不做情感的奴隶，用理智的力量来控制自己的情绪并用适当的方法转移和调整自己的情绪的一种能力。情感冲动程度过高，可能引起紧张、焦虑，表现为慌慌张张、顾此失彼；情感冲动程度过低，也可能使得教师兴奋程度不高，表现为无精打采、有气无力。自制指的是避免任何过度的情绪反应，是适度的调整。例如，某教师在突然获悉亲人去世的消息后悲痛欲绝，从有利于教师个体的角度来说，痛哭一场以宣泄内心的痛苦是有利于身心健康的，但教师在听课的学生面前不宜采取这种方式，而只能采取封闭的方式，用顽强的意志控制自己的情感。

4.宽容能力

宽容能力是指教师能宽容别人的错误、过失，具有不苛求别人的能力。作为一个优秀的教师，不仅应能宽容学生的错误、误解甚至无礼举动，而且还应该能够以热报冷、以德报怨、以亲报疏。宽容本身就是一种教育的力量，也是一种教育艺术，这里我们称它为一种情感能力。

5.坦诚能力

坦诚能力是指教师应具有一种能真诚地坦白自己，以信任、友谊的态度对待他人的情感能力。缺点和错误人皆有之，教师也不例外。教师犯了错误，应该坦率地在学生面前承认错误，并坚决改正。这不但不会有损于教师的威信，反而会使学生感到教师可亲可敬，更乐于接受教师的教育。但现实中，有些教师由于情感智力不高，犯了错误往往不敢承认，明知自己错了还死要面子，放不下架子，甚至把自己美化成故意试试学生能否发现其中错误，害怕承认错误会有损教师形象，会降低自己的威信。实际上，教师如果把自己当作真理的化身、一贯正确的代表，从而装模作样、强词

夺理，结果反而会降低自己在学生心目中的地位，也会给学生天真无邪的心灵蒙上一层虚伪、欺骗的阴影，因而不可能培养学生诚实、正直的思想品质，也不可能达到教育的目的。一个优秀的教师并不是事事正确，没有任何错误的教师。偶尔犯点错误，若能坦诚承认，反而会让学生更喜欢、更信赖。因此讲坦诚也是一种情感智力。

6.与学生进行情感交流的能力

教育教学是师生共同参与的一种双边活动，教师除了自身具备良好的情感特征以外，还必须具有高超的与学生进行情感交往的能力与技巧。具体说，首先应该平等地对待学生，以正确的、学生可以接受的方式或方法表达自己的情感，并让学生感受到自己的一片爱心。其次要善于倾听学生的情感流露，多当听众，使学生情感得到正常的宣泄，不至于郁结、变态，甚至出现极端行为。再次要掌握一定的识别力、判断情感的技巧，能够洞察学生的情感状态，对学生的情感反映做出恰当的回答，并能据此诊断学生情感方面的病症，给以初步的教育与治疗。另外，教师还得会对学生情感进行指导，包括对愤怒的处理、冲突的解决、同情心的培养、冲动的控制等，采用正确的方法消除学生不良情感的干扰。

7.有友好和睦的人际交往能力

教师良好的人际交往能力的特点是在尊重他人基础上的团结、友爱、和睦、共处的人际交往关系，有温文尔雅的文人气派与风度。在学校内部教师群体间的水平关系和垂直关系都应是具有理智、和睦、团结和互助的特点，体现着一种高层次的社会心理相容性。而对学校外部，教师还需要有与家长、与社会有关机关人员交往的能力，这种能力还包含社交能力、共事能力、组织协调能力等。教师要有组织家庭和社会各种文化机构以及有关的社会团体对学生进行合力教育这种能力。严格地讲这类能力不在情感智力之列，但涉及教师与社会各种人员情感交流问题，也就算上一种情感智力了。

(三) 教师情感智力自我发展途径

关于教师情感智力的自我发展途径及发展境界问题，这里大胆提出这个问题并做了以下探索。

(1) 教师为了培养发展情感智力，必须首先专门阅读一些有关情感智力的书

教师作为人类文化传承的专门传导者，要具有理想的情感智力，首先必须具备获取和拥有对文化知识经验中的情感智力的有关知识进行学习的心理品质，应专门阅读一些有关情感智力的书。这个问题已经引起世界

各国的重视，如日本在1998年新修订的《教育职员许可证》中就提出，要让教师们学习一些专门的情感智力方面的课程。有关情感智力的课程，如“社会与情感课程”“生命技能”“社会发展”“人生技能”、“情感判断与分析”等，在美国已被纳入正式教育之中，并将其与传统的数学、语言等课程并列，规定这些课程是全体学生都必须修习的技能，而不仅仅是为问题儿童所设计的补救措施。因此，教师的情感智力自我发展，首先应该重视的便是进行学习、进行获取，进而拥有这方面的知识。

(2) 教师为了培养发展情感智力，必须具备将现有研究成果教育化的教学心理素质

所谓研究成果教育化就是指教师在教学过程中自觉对研究成果精选、加工和组织运用的创新过程。关键在于在实践中运用，然后在实践的基础上进行创新。新的教育观应该视情感为教育教学的主题之一，应该把情感教育渗透到各科教学之中。如果我们能够专门给学生开设一门情感智力教育课程当然更好，如果在既有的教学体制中加入情感教育的课程有阻力的话，可以在各门专业课里对学生进行这方面的训练。比如说，一年级的语文课会读到一则青蛙与蟾蜍的故事。青蛙急于与正在冬眠的蟾蜍朋友玩，恶作剧地让它早点醒来。学生可以此为素材讨论友谊及被捉弄的感受，进而扩大到其他相关问题，如自我意识、关心朋友的需求以及被捉弄的滋味、如何与朋友分享心事等，年级越高涉及的故事越复杂、讨论的问题也就越深入。其实，教材之中存在很多情感教育方面的素材可以挖掘，关键是我们的教师要有这方面的意识及其较高的情感智力。

(3) 教师为了培养发展情感智力，必须具备心理素养人格化的个性心理品质

心理素养人格化的个性心理品质，则使教师自身的人格和个性成为一本书。也就是说，教师的情感智力——自我意识、乐观态度、抗挫耐力、自制能力、宽容心态、诚意坦白的诸项品质已内化积淀在教师身上，并人格化为教师的气质、性格、才能、兴趣、自我意识和教学风格时，教师的人格化的情感智力将成为教师更富有影响力的育心、成人之“书”，教师的情感智力将在日常生活的一举一动、一言一行中成为学生直接学习的样书。我们认为，教师情感智力的人格化，将是教师情感智力发展的理想境界。

总之，教师的自我发展如果能够把握如下四点：能够适应专业化发展的需要，做一个反思型教师，塑造一个理想的教师人格，不断发展自己的情感智力，这就应该是我们不懈追求的现代化的优秀教师了。

五、做一位学习型教师

当代科学技术的发展日新月异，掀起了一场世界范围内的知识、学习革命。科技创新、教育创新、知识创新的速度大大加快，科学知识在迅速地更新，一次性的学校教育已经远远不能适应时代发展和社会变化的需要，大量的知识要通过再学习、再实践而获取。信息技术的发展，多种媒体的出现，使得人们获得知识的方式更加快捷、方便，也为终身学习创造了条件。

在学习型社会里，学校仍是教育的重要场所，教师依旧肩负着传授知识的重任，教师更应成为热爱学习、善于学习和终身学习的楷模，应是全民终身学习的引导者、示范者、推动者。教师唯有不断地再学习，接受新知识、掌握新技能，才能成为名副其实的知识传授者和教育者，才能更快地适应学生的需求和时代的需要。

由于现代社会的发展，人们的学习方式发生了很大的变化，获得知识的途径也不断扩大，而且社会整体文化素质也在迅速提高。不仅科学知识的迅速发展需要我们不断学习，而且学生及其家长的不断变化也督促着我们要不断学习。人们常用这样一个事例说明教师不断学习的重要性，据说，两位中学生在课间谈论“纳米技术”，班主任和蔼地说道：“快要上课了，准备上课吧，别再谈吃的了。”学生很诧异。那么怎样才能成为学习型教师呢？

（一）了解学习型教师的特征

学习型教师是在终身学习的理论下产生的，因此学习型教师的特征就带有终身学习的特点。

1.学习型教师的学习是持续整个教学生涯直至一生的历程

每一个人在任何生命发展阶段均需不断学习，学习不再是儿童或青少年特有的活动，教师更要不断学习才能了解所授学科的发展情况，以便传授给学生最适用的知识技能，并且只有不断学习才能有良好的适应性以跟上社会的变迁与时代的潮流，从而更好地了解学生的发展特点，进行有针对性的教育。

2.学习的渠道和方式是多元且弹性的

教师除了接受正规的职前教育外，还要在从教生涯中经常参加各种继续教育活动，当然还可以进一步升入大学接受再教育。这些学习活动可以是在学校专门进行的，还可以是教师在学校、家中等地方自学的；可以是在某种活动或环境中学习得到的，也可以是通过网络或其他形式学习得到

的。总之，学习型教师的学习体系涵盖了正规教育、非正规教育和非正式教育，且各种形态的学习必须具有弹性，有所协调统领，不仅是学校，家庭、社区、社团、工作场所等均可作为学习的场所，学习方式也不再限于面对面的讲授。

3.强调自主的学习精神

学习型教师的学习不再是因为学校的规定而进行的，不再是在他人或组织的督促下学习的，而是自发的、主动的学习。同时既重视自发性学习，也重视自我导向学习能力的培养。所谓自发性学习指学习是有意识、有目的的活动，而自我导向学习的能力则代表一个人不但要为个人的学习负大部分的责任，而且要知道如何学习。

4.学习内容不再局限于专业知识，而是全面的学习

通过不断学习，教师可以促进自己的专业成长和发展，增进各方面知识、技能与态度情感。在学习内容的广度上不仅要学习新知与职业技能，同时还要学习道德伦理、体能健康、美学艺术、社群关系等生活文化知识和技能，更要注重学习促进自身身心协调发展的有关知识、内容和技巧等。

（二）立足自我发展，做学习型教师

1.通过终身学习，不断超越自我

未来的教师应该是学习型教师，应当具有现代教育理念、精通教学内容、掌握现代教育技术和方法，并以积极健康的人格影响力和高超的教学技艺指导学生学习。教师要勤于学习、积极探索，不断超越自我知识、科研极限。学习应是教师教学工作外的第一要务，教师要通过不断地重新学习去不断地更新观念、充实知识、掌握方法，在客观审视现实的同时不断创新和超越自我。传统的书本中心、教师中心、课程中心等固有观念已远远不能适应社会变革和学生发展的深层次需要，超越自我成为教师的观念创新和行动动力。自我超越，使一个人才华逐步发挥直至极致，得到“高峰体验”，活出生命的意义。许多教师总认为没有发挥自我价值、没有自我实现，这就是因为没有意识和行动去超越自我。自我超越是十分艰难的，但又是可行的。教师可运用潜意识、自我激励，发挥强大能力，不断自我超越。

2.完善心智模式，善于悦纳学生

心智模式是每个人看待与理解周围事物的思维模式，决定着我们如何认知世界并影响我们如何采取行动。在教育工作上，教师的心智模式影响着教师个人如何应对外部客观世界、如何采取行动，决定自己什么该做、

什么不该做、什么时候做、具体怎样做。有些教师抱有以偏概全、先入为主、经验主义、自以为是等不良的心智模式，对于现代社会中不断发展变化的学生，日益显出其弊端。学习教师应该不断完善自己的心智模式，以开放的心态容纳学生，要相信每个学生都可以成为人才，能够对学生发展中的各种需求和问题做出尽可能客观的分析和行为，在学生面前以平等者、建议者的姿态提出改进方案，达到学生和教师“双赢”的结果。

3.建立共同愿景，感召共同奋斗

共同愿景是组织中人们心中所共同持有的清晰的愿望图像，是由个人愿景整合凝聚得来的，是整个团队的每个成员深受感召的力量，能够激发出强大的凝聚力、驱动力和创造力，能够培育勇于改革、创新、一往无前的精神。教师要在学校同事之间建立共同愿景，互相帮助、鼓舞，发挥集体力量，达到共同提高。并且教师要引导学生做到这些，教师要铭记“一滴水只有放在大海里，才会永远不干”。为了建立共同愿景，教师要乐于奉献、善于倾听、淡泊功利、追求进步、勇于改进。总之，教师要以学生发展为重、以学校发展为重，不断完善自己。

4.开展深度会谈，发挥团体智慧

深度会谈是团体学习的一个重要方式，是团体的所有成员摊出心中的假设，从而真正进行一起思考。通过深度会谈、团体学习，使组织成员之间达成完善、协调的一致性，强化组织思考和学习能力、行动能力，萃取高于个人智力的团队智慧，形成团队创造性张力，增强凝聚力，促进探索式学习。当前教改中流行的教师集体备课就是充分发挥教师的团体能动性，不同的教师聚集在一起就某一个教学知识点深入探讨，全面备课，“人多力量大”“三个臭皮匠，抵上诸葛亮”，发现问题及时调整，为取得良好的教学效果打下坚实基础。但是，事实上现在许多学校的集体备课流于形式，甚至成为学校管制教师的一种方式，并没有真正发挥其作用。造成这种现象，不仅学校有问题，教师本人也有一定的责任，主要是缺乏现代学习和合作的精神。因此，教师在提高自己师德修养时应该注意到这一点。

5.学会系统思考，优化工作设计

系统思考是学习型组织的核心修炼，要求人们掌握问题整体动作的本质，提升组织整体动作的群体智力。它使人们从关心局部到关心整体，使人们从事物的缓缓变化中察觉这种渐变，采取主动措施，不等问题扩大了再去解决。在教育教学中，教师要采取宏观、整体、系统的视角，动态地把握课堂教学的进程和及时吸收学生的反馈，深刻洞察学生德智体等各方面的渐变，密切关注学生的进步和改变，用动态的、鼓励的眼光支持和扶

助学生的成长发展。

六、淡泊功利

当前，教育的功利化倾向已经十分突出，主要原因就是应试教育的影响。在应试教育下，人们追逐分数、升学率，从而使教学带上了严重的功利主义色彩。而且在应试教育下，许多教育评价及培训等都过于虚假，对教师、对教育整体水平的提高造成极为恶劣的影响。而且教师自身的某些行为也过于功利，对学生、对社会造成不良影响。教师要完成为国家培养接班人的重任、搞好课程改革，就必须在市场经济大潮中不断加强自身的师德建设，淡泊功利，一心扑在教育事业上。

（一）当前教育功利化倾向的表现

1.公开课作秀

当前许多地方的公开课、优质课、竞赛课等相当于一出演练精当的好戏。公开课上，教师灵活镇定、机智自如，学生积极活跃、气氛热烈，教师运用各种先进教育技术，课堂环节环环相扣。总之，公开课几乎是没有瑕疵的。听得好评如潮，最后弄得几乎全部获奖，皆大欢喜。可是了解内情的人知道如此精彩的一堂课，很是巧心布置和打磨了一番。而且，随着“级别”不同，其“精细度”也不同。校内评课，一个或几个任课教师忙活；校外的演示课，整个学校忙活。教师要对教案反复“组编”和“试演”，时间长短不一。然后，对学生进行调整甚至规定各自的任务，如回答什么问题、如何回答、如何组织活动、气氛要怎样，这些都是教师事先都想好的。几场彩排之后，最后，一场表演真正开始。结果，教师花费了很大精力，获得一纸证书。学生更是浪费了许多的时间和精力，而且更使他们对教师、学校多了一层看法。

2.考试作弊

一般情况都是学生作弊，可是现在出现教师创造条件帮助学生作弊，其方式多样，例如，故意漏题，教师考前反复强调某些内容，结果这些内容原封不动地出现在试卷上，而且几乎每次都这么“准”；排座，考试前教师有意识地将班里学习成绩不同的学生相互搭配，以利于他们能互相“帮助”；试卷做标记，考前教学生做好统一标记，以利于评卷时很快找到本班或本校的学生卷子。笔者曾在一次某中等学校的全省统考考场的黑板上，看到没来得及全擦完的试题答案。

3.拷贝论文

现在网络技术发达、信息丰富，个别教师随便上网搜集一下，就可以出来一篇很有“质量”的论文，有人总结当今“速食”论文的三大“法宝”：网上搜集相关文章，粘贴；拿来几份类似论文，组装；查找现成作品，照搬。而且现在部分刊物也不怎么认真审查，只要交版面费就可以“发表”了，这种现象也助长了这种不良风气。

4.培训走过场

国家强调继续教育培训，是为了给广大教师提供学习的机会，也是保障教师权利的举措。可是许多教师就认为只是“走走过场”，拿一个培训证书。培训的时候，虽然时间很短，可教师们要么不来、要么来了就早退、要么就干别的，很少有全神贯注从头听到尾的。培训考试虽然简单，但有时考试监考也不严格，教师更是对培训不在意。

此外，还有一些其他现象，如上课不讲重点内容，让学生课下到家接受教师的有偿辅导；还有就是为了考试，只讲和考试有关的内容，其他学生必备的利于身心发展的内容就放弃了，许多教师在教育实践中多少都会遇到一些这样的情况。在教师专业化的今天，一定要提高警惕，作为教育专业人员，教师要不断提高师德修养，淡泊功利对自己的影响，减少给学生、社会造成的不利影响。

(二) 提高师德境界，淡泊功利

事实上，教师对待教育的功利化倾向很大程度上和教师自己正常的生存和物质利益的需要有关。教师不是圣人，也需要正常人的一切需要，不能对教师过分要求。有句俗话说“既要马儿跑，又要马儿不吃草”，如果学校和社会不给教师实际上的支持，要求教师不去考虑物质利益是做不到的，因此社会应该给予教师足够的支持。当然，我们在此所说的那些只为一己私利而无视教师职业道德要求、过分追求功利的人，应该及时回头。广大生活还比较清贫的教师要逐步提高自己的师德境界，从精神上、内心里获得教育所带来的幸福感。有学者认为，教师职业有三个层次的境界：生存境界、责任境界和幸福境界。第一个境界，教师是把工作当作糊口的工具，因此任劳任怨、勤勤恳恳、认真上课、批改作业、管理学生等；第二个境界，教师把工作当作一种职业，在道德、责任、契约的约束下工作，认为勤于工作是职业本身的要求；第三个境界是指教师把教学当作一种生活艺术、一种不懈的追求，不是出于外界而是教师从内心里对教育产生热爱并从中获得幸福。我们所追求的师德境界就是要尽可能地达到这个目标，这样我们自然而然就淡泊功利了。

教师职业虽然清贫，但是有着无穷创造的魅力，教师灵活地、创造性地进行教育教学，看着学生一点一滴发生变化，这本身就是一件幸福的事情。教师通过自己的努力，使许多学生健康地成长，自己的思想将在这些人的心里留下痕迹，自己的努力将在这些学生身上得以体现。如果过分追逐功利，教育教学本身带来的幸福感、成就感就会削弱，而转入低层次的要求，这种要求的幸福感是短暂的、易变化的。因此，教师对待教育要淡泊功利，从教育本身体会幸福和自身的价值，从更高层次上体会自我价值的实现。

第三节　教师的培训发展

教师成长与发展是一个全世界都在关注的话题，知识的“爆炸”、信息的“高速公路化”在改变着人们的观念。人们正在用不同的视觉审视着我们的传统教育，督促着我们的教师在专业知识、专业道德、专业精神、专业发展、专业自主、专业组织等方面有突破性的发展。

一、教师的现状与思考

我国的师范教育发展有着悠久的历史。古代教育的特点是长者为师、能者为师、学者为师、以吏为师，没有专门用来培养教师的机构，学在官府、官学一体是漫长历史中自然形成的官学教育。跨入近代，科举制的废除与新学堂的设立，涌现出了具有现代意义上的学校，主要特点是为培养近现代社会所需要的劳动者，实行的是班级授课制，教师已不再是古代官学与私学馆中的儒家经师。这一时期人们对教师职业有了一定的认识，教师已成为一门专门的职业。

我国的教育发展至今，已实现了突破性的变化。目前小学专任教师达586万人，学历合格率占96.9%；全国初中教师324.9万人，学历合格率占87.19%；全国高中教师75.7万人，学历合格率占68.49%。从数量上看，我国拥有了一支庞大的师资队伍，那么它的状况如何呢？这是一个全社会都在关心的问题。据有关资料研究，我国教师的现状并不令人满意，具体存在如下一些问题。

(一) 教师教育潜伏危机，课程结构不尽合理

师范院校应是培养高素质、强能力、人格健全、身体健康的师资的理想之地。可多少年来，这仅是一种愿望。社会上公认的师范“二流”现象难

以根本改变，即“二流”学生上师范，“二流”师范生当教师。现行师范院校课程设置上也存在一系列问题。其一是以学科为中心，仍沿袭着苏联师范院校的专业设置模式。这种以核心专业学科来开设全部课程的模式，忽视了社会发展的要求和师范学生发展的需要。其二是课程比例严重失调，学科专业课占总学时的80%左右，教育学知识、情景教学知识及教育应用课程仅占10%左右，且多被设为公共课，重视程度明显不足。而现代教师论的新观点认为最需要的知识应是“教育专业(41.8%)、学科专业(20.55%)、基础文化(37.65%)”。其三是班级管理、教育科研、教育评价、多媒体教学、实验与操作等现代教学手段滞后，缺乏严格的规范训练。其四是师范院校的教育见习、实习流于形式，致使绝大多数毕业生走上工作岗位以后，要有相当一段时间的教学适应期。

(二)职业道德潜伏危机，敬业精神有待加强

教师职业的本质就是教书育人，这是由教师的职业特点与工作任务所决定的。就职业道德来看，随着市场经济的冲击，人们的观念在变，作为育人工程中的教师也在固守“清贫”的不变中悄然变化。在道德规范与经济大潮的平衡与冲击下，一些教师的价值观念失衡，出现了一些问题。一份资料认为，问题主要表现在以下几个方面。

(1)进取意识不强，敬业奉献精神不足。有63.4%的学校领导和46.8%的教师认为，教师职业道德方面存在的“最大问题”是“事业心、进取意识薄弱，缺乏为教育事业献身的精神，主要表现在懒于看书学习、工作得过且过，不能认真遵守劳动纪律等”。

(2)体罚学生的现象仍然比较常见。学生反映教师体罚学生的手段，除罚站外“还有打耳光、拧耳朵、揪鼻子、拧胳膊、打手板、罚蹲、罚跑、罚抄作业(抄课文)等，另外，还有相当多的教师经常用带侮辱性的语言伤害学生”。时至今日，体罚或变相体罚学生的现象仍屡见不鲜。据2004年3月19日《大河报》报道，河北曲周县侯村东高固有一个教师强迫该班42名学生把自己的掌心用削铅笔刀划伤，该教师已被刑事拘留。可见，该教师依法执教和职业道德规范的观念何等淡薄。

(3)部分教师不能正确对待学习成绩差的学生。有46%的家长认为教师有歧视和“赶撵”差生的情况。而学生认为他(她)所在班级“所有的教师都不重视差生”的占26.5%，认为多数教师歧视差生现象的比率占到63%。可见，歧视差生、偏爱好生是教育上普遍存在的一种现象

(4)受经济思潮的驱动，个别教师思想被扭曲。他们利用节日向学生索要礼品，借用课外时间为学生补课搞创收入，把学生当作赚钱的工具。这

些都是教师职业道德中潜伏的危机。

(三) 教育观念陈旧，教学能力低下

我国的教育还停留在传统的以教师为中心，以课堂为中心，以教科书为中心的被动型、依赖型、重复型的教育教学和以“升学率”为标准的教学评价模式中。这种教学模式与评价标准已在教师的思想上根深蒂固，形成了一种“习俗”，一时很难解决。固有的观念造成了不少教师对新的教育思想、新的教育理念接受上的情绪不安，甚至于有一种抵触情绪。一部分教师仍旧我行我素，一块黑板、一本书、一支粉笔、一张嘴，一直沿用陈旧的手段和方法进行教学。

现在社会普遍反映，学生的作业越来越多，书包越来越重，从小学生到中学生自由支配的时间越来越少，从早上5:30起床至晚上10:00入睡，绕着一个作业、为了一个考试，拼命为了升学。学生的劳作时间长和劳动强度大是社会公认的。造成这种现状的原因，一方面是我们的教育不够完善，另一方面是家长望子成龙心切。更重要的原因是与我们教师的教学能力低下有很大的关系，对自己的教学能力与教学效果缺乏自信。“中小学教师的知识结构不佳，讲课时依赖于教材和教参资料，能以自己为主体的‘知识形象’出现在讲坛上，视教材为知识‘生产工具’的人不多。”他们对自己的教学能力与教学效果缺乏自信，所以，只能靠增加学习时间和增大作业量来提高学习成绩了。可见我们的教师已经到了必须要充电和优化的时候了。

(四) 学历层次偏低，专业技能不强

我国师范教育历经百年沧桑，在历尽艰难困苦中为中华民族的教育事业的发展立下了不可磨灭的丰功伟绩。但是，百年的师范教育迄今还没有实现理想的目标，封闭型的师范教育还未能彻底改革。一般说来，从小学到大学修业年限是16年。而我们的师范学校相当于中等教育程度(第10～12学年或第10～13学年)，师范专科相当于大专教育程度(第13～15学年)，师范大学、师范学院相当于四年制大学本科程度(第13～16学年)。进入20世纪80年代，国家为了解决小学教师学历不达标问题，开始对相当部分的中小学学历不合格教师进行学历补偿教育，这项任务由各地市的进修学校、教育学院和专科学校完成，至2000年该项工作已基本完成。至1998年，我国小学和普通初中专任教师的学历合格率分别由82.7%和55.6%上升到94.6%和83.4%。高中专任教师的学历合格率从49.1%上升到了63.5%，基本上满足了该阶段的教育需要。然而，它离学历全部合格的比

例要求相差甚远，农村及偏远地区会更严重些，特别是随着我国加入 WTO、跨入国际交流的平台，学历层次偏低的现象便明显凸现出来。

（五）培养与培训倒挂，培训与实践脱节

我国师范教育虽然取得了辉煌的业绩，但并不能因此而掩盖自身的缺陷性。其一是，我国的师范教育仍是一种“终结性的教育”，教师的职前培养与职后培训严重分割，导致了教学内容、教学技能培养等方面与教学实践的脱离。其二是，教师职前培养与职后培训在教学水平上的倒挂，造成了人力、资源上的循环浪费。其三是，教育资源上配置不尽合理，各类师范教育系统内难以沟通，造成资源上的分配不均、使用不尽合理。

（六）自控时间不足，发展空间受限

目前，对我国中小学教师的调查，在教师发展上存在一些问题。

（1）现行授课时数多，教学业务紧，以及众多教学问题需要处理，教师很难有充足时间去参加组织活动。

（2）追求形势参加的培训，仅为了职称、职务的提升，不能站在学生发展和学习型社会的角度去考虑问题、去设计自己。

（3）参加的培训与教师聘任制等没有必然的联系。

（4）上级下拨培训经费有限，制约了参培教师的积极性（大多数地区经费要由教师自己从工资中支出）。

二、终身教育观

自终身教育概念的提出至今，终身教育观已经形成了较为完善的理论体系，各自不同的理论观点形成了不同的理论框架，它的核心应是指贯穿于人的一生的各个年龄阶段的教育。教育不仅限于学校，而且是拓展到家庭、社会的各个方面的教育网络。

新世纪是一个发展的时代、挑战的时代、竞争的时代，我们的国家也正发生着激烈变革。一是由原来的计划经济体制向社会主义市场经济体制的转变，二是由劳动密集型经济向知识密集型经济的转变。无论是国际形势的发展变化，还是我国经济的转型，它的结果必然是促进我国综合国力的加强。教育在综合国力的形成和发展中处于基础地位，国力的强弱越来越取决于劳动者的素质，取决于各类人才的质量和数量。一个国家能否在日趋激烈的国际竞争中站稳脚跟，是否能屹立于世界之林，关键在人才，而人才的培养关键在教育，教育的发展最终要有高素质的教师去实现。21 世纪中教师的教育改革和发展都将具有重大而久远的理论价值与现实意义。

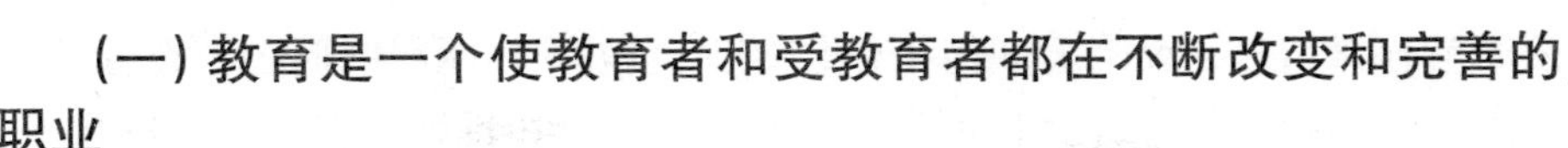

(一) 教育是一个使教育者和受教育者都在不断改变和完善的职业

只有当教育者自觉地完善自己时，才能更有利于学生的完善与发展。“没有教师的生命质量的提升，就很难有高的教育质量；没有教师精神的解放，就很难有学生的精神解放；没有教师的主动发展，就很难有学生的主动发展；没有教师的创造教育，就很难有学生的创造精神。”随着新世纪的到来，我国的基础教育发展也翻开了新的一页。国务院召开的全国基础教育改革和发展的决定标志着我国基础教育改革已经进入了一个新阶段，教育的发展已实现了三个转变：从重体制改革到重人才培养模式改革；从重规模速度到重质量效益；从重知识传授到育人为本，全面提高素质。这种转变正冲击着一切陈旧的教育观念，取而代之的是人人受教育、处处是课堂、随地可学习的终身教育观和终身学习的新理念。

(二) 终身学习的理念是为了人的终身的健康全面科学地发展

作为学习的指导者的教师，其职责应有根本性的转变：应由单纯的传授知识、教会应试变为教会学生学会学习、学会做事、学会合作、学会生活、学会做人，着眼点应从对学生的应试之需要转变为为学生的终身发展着想。教育的目的、任务的转变，就必然要求我们的教师在思想和行为、理论和实践、知识与能力等方面有一个实质性的转变，与时俱进全方位地修炼，牢固树立起终身教育、全面协调发展的终生教育观。

(三) 科学与进步促进终身教育的发展

人类进入新的世纪，科学技术的高速进步与发展对人类社会的进步产生了不可估量的影响。导致了人类几千年来所形成的习惯与观念的改变，使人类由一种固有的、稳定的传统社会向动态的、不断变化的社会迈进。这不仅对人们生活与习俗产生影响，最重要的是对人类的思想观念带来巨大的冲击。这种冲击遣使人类在困惑中寻求“平衡”，这种“平衡”就是变革与发展，教育也是如此。人类跨进21世纪，在经济发展、科技推动下，人们观念的变化与更新迫使教育进行变革，以适应新世纪的挑战。其一是科学技术高速发展推动社会进步加速发展，迫使人们去调整自己以适应社会。其二是科学技术的飞跃性的进步带来社会经济结构的调整。这种调整变化带来的是社会“职业流”的变向，人们不再是终生只从事一项职业，而终生教育为人类职业的再选择提供了有力的保障与支撑。其三是科学技术的发展带来的是人类社会生活方式的改变，为终身教育提供了生机。由于人类劳动生产率的提升，而用来保障其生存的劳动时间的缩短，人类的休

闲时就自然增多，面临着如何“支配”与“消费”休闲时间问题。教育便是一条有效而最具健康意义的时间“消费”途径，它打破了封闭学习的模式，可以多方位地，不受地点、时间限制，不限制人群地为人们所接受，这样终身教育便有了广泛而有力的社会基础。其四是科学技术的发展与进步迫使人们自我反思自身的缺憾与不足，促使人们自觉地、不断地去学习、去接受新鲜事物。

(四) 人口发展催生终身教育

人口问题是一个全球性的问题。据联合国人口基金会1993年统计，目前人类出生率在逐年下降，但是由于人口基数之大，导致人口仍呈现不断增长的态势。1993年全球人口达55.7亿，2000年达到62.5亿，估计2050年可能为100亿左右。人口的爆炸性增长，迫使有限的教育资源和庞大的受教育人群之间形成不协调性，导致的“选拔式”教育的产生和精英式的教育，这显然与公民接受教育的公平性相违背，导致了一大部分人不能公平地接受相应的教育的权利。解决这一矛盾的有效途径，就是已经在实行或正在发展中的灵活多样的教育形式。另外人口的老龄化给社会带来压力与挑战的同时，也给学校的教育带来了新的课题，迫使我们的社会对单一的学校教育体系进行调整，立足实现办学形式与教育对象的多元化、多样化，为人的终生教育提供发展空间与培训模式。

(五) 终身教育思想下的教师教育原则

终身教育思想下的教师教育应遵循:

(1) 连续性原则，打破教师教育职前与职后教育各自为政的格局，通盘计划教师的专业发展，让教师一生中受到连贯、一致的教育;

(2) 一体化原则，就是要求把教师培养单位与培训单位的工作系统化，实现教师教育的一体化;

(3) 持续发展性原则，就是要求把教师发展的各个方面有机地结合起来，实现知识、情感、技能、人格等方面一体化教育。

三、学习化社会

学习化社会的概念最先界定于联合国教科文组织1972年的报告《学会生存——教育世界的今天和明天》中，报告明确指出:“教育，如果像过去一样，局限于按照某些预定的组织规划、需要和见解去训练未来社会的领袖，或想一劳永逸地培养一定规格的青年，这是不可能的了。教育已不再是某些杰出人才的特权或某一特定年龄的规定活动，教育正在日益向着包

括整个社会和个人终生的方向发展。”报告内首次提出了学习化社会的概念：“社会与教育的关系，在其性质方面正在发生变化。一个社会既然赋予教育这样重要的地位和这样崇高的价值，那么这个社会就应该有一个它应有的名称——我们称之为“学习化社会”。这样一个社会的出现只能把它理解为一个教育与社会、政治与经济组织（包括家庭、单位和公民生活）密切交织的过程。”

学习化社会是一个具有国际性影响的概念，它从空间角度对教育问题进行了探讨。终身教育主要是从个体出发进行教育思想的构建，学习化社会主要是从人类整体角度进行教育体系的构建。两者既是具有相对独立性概念，也有不可分割的关联性。终身教育观与学习化社会融为一体为公民所接受，必然会产生推动人类社会教育文明，也就是说学习化社会是人类发展的加油站，是人类文明进步的动力源泉。

学习化社会是把学习当作“正常的和日常生活的事情”，把教育看作“所有公民的潜在人权”。学习化社会就是以学习者为中心的社会，把教育作为了人们生存的必然的社会生活，在教育生活方式的基础上的社会就是学习化社会。

学习化社会是当今世界上的重要的社会理想，终身教育是从人类发展中对个体纵向的时间发展角度出发建构的学习模式，学习化社会是以人类整体的横向空间延展为标准的一种目标。两者相互密切联系，终身教育是社会发展的必然要求，它有赖于学习化社会提供相应的条件和空间。

四、教师培训

教师培训是一个人们都熟悉的概念，不少著作和刊物上都有详细论述。下面仅就我国教师培训的经历、反思、培训的新理念和面对新世纪的培训模式进行简述。

（一）培训经历

20多年的教师培训对我国中小学教师队伍建设，起到了积极的推动作用。培训大体上经历了学历补偿教育、探索性继续教育和普及性继续教育三个阶段。前10年突出一个“补”字，缺啥补啥；后10年突出一个“提”字，不提高是不行的。回顾这段经历，有利于我们从中吸取经验和教训。

1.补偿性培训

1980年，全国中小学教师845万人，小学教师达到中师毕业程度的人数约占47%，初中教师达到大专毕业学历的人数约占10%。与此同时，中小学教师队伍中民办教师占到了中小学教师总数的53.6%。在当时的形势

下，这样的教师队伍对教育质量的提高极其不利。国家提出了“教什么，学什么”“缺什么，补什么”的原则，对中小学教师进行学历补偿教育。原则上是教师进修学校培训小学教师，教育学院培训中学教师。主要分两类，即学历达标培训和岗位合格培训。培训形式分离职学习和在职学习两种。岗位合格培训还采用了《教材教学考试合格证》和《专业合格证书》等形式，从不同层次对教师的学历补偿教育做出了阶段性工作。

2.探索性继续教育

20世纪90年代全国性的学历补偿教育接近尾声。国家教委在四川自贡市召开了“全国中小学教师继续教育工作座谈会”，会议指出，为了进一步提高中小学教师队伍的质量，必须开展中小学教师的继续教育。该时期国家教委提出，中小学教师不仅要学历合格，而且在政治思想、师德修养、教育理论、教学艺术、工作能力等方面都要合格。这一时期多渠道、多层次、多形式地开展的中小学教师继续教育是教育上的主课题。基本功训练（“三字一话”）是小学教师继续教育的重要内容之一，对有培养前途的中青年教师的培训开展的有岗位培训、骨干教师培训，对新上岗的教师有岗前培训。这一时期对中学教师的培训还处于学历补偿教育阶段。

3.普及性继续教育

全国性的普及性教师继续教育从1999年开始。当年9月，教育部在上海召开了“中小学教师继续教育和校长培训工作会议”，面向全国教师启动了“中小学教师继续教育工程”。这一时期的特点是面向全体中小学教师，突出骨干教师培养，将提高教师实施素质教育的能力和教学水平提升作为培训的重点。这一时期的显著成效是“在第一轮教师继续教育的基础上，全面地开展了中小学教师的继续教育工作，制定出了在职教师提高学历层次培训管理办法，建立了继续教育的评估体系，探索继续教育工作的有效机制，健全却完善继续教育制度，使继续教育工作步入了法制的轨道”。

（二）对培训的反思

通过三个阶段的教师培训的实践，我国在教师培训上已基本建立起了终身教育的理念。培训的类型主要体现在：新任教师培训、教师岗位培训、骨干教师培训、提高学历培训、计算机全员培训。

这些培训对教师队伍建设，起到了历史性的作用。从中也反映出一定的问题，主要是：经费上的零运转，使培训成本转移到参培教师身上，对贫困地区、偏远地区教师是一种负担，挫伤了教师参培的积极性，从一定程度上制约了教师发展的内动性与发展时机；部分地方没有从事中小学教师继续教育的专职人员，一些培训院校教育思想观念落后，知识陈旧，教

 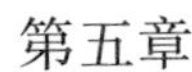 

师教育教学实践经验不足，大多数进修学校教师根本没有中小学教学实践过程，谈继续教育如同纸上谈兵，致使教师培训流于形式，效果不佳；参培教师意见很多，有的出现逆反心理，对参培产生消极被动态度；对参培教师的评价不科学，考核、考评制度呆板，大多沿袭传统办法或走向另一极端，考核流于形式走过场。有的教师反映，几年参培学会了抄作业、抄书本原文。

（三）教师培训新理念

教师的成长不单只是教师个人的行为，而应是全社会的责任。基于我国教师职业化和教师培训的实践，对目前新时期的培训必须树立新的理念。

1.全社会都来关注教师培训

面向21世纪的教育，必须有一支数量足够、质量合格、观念新颖的教师队伍。从国际教育发展的趋势来看，教师教育强调了教师职前培养、在职培训与在职使用之间的一致性；强调教师培养与教师培训中目标的一致性。内容的联系性、机构的协调性以及发展的可持续性；强调了培养与培训中突出教育专业理论和实践能力的培养与结合。

从我国教师教育体制的角度出发，必须重新认识中小学教师培训的重要性。让全社会都来关心教师培训，真正形成一种关心教育，支持教师培训的良好氛围，要解决教师参培的后顾之忧，建立教师参培的有效激励机制，让教师轻松参培、主动参培、有效参培。

2.教师培训是专业化发展的要求

我们应该认识到职前培养是教师参加教育教学工作的必要准备，但不是充分条件，也就是说职前的培养并不能保证他们胜任工作并持久地胜任工作。教师发展离不开教学实践这一块圣地，同时也离不开在职培训这一条永不衰竭的渠道，必须开展广泛多样、行之有效的教师在职培训工作。

3.教师培训是关系到人类事业发展的工程

终身学习是当今学习社会发展的必然趋势，一次性的学校教育已经不能满足人们不断更新知识的需要。教师培训与教育机构必须重新认识教师职业发展的连贯性与长期性、实效性，将培养现代化教育专家型教师作为人类事业的优先发展工程，充分考虑职前教育与职后培训的统一性关系。职前培养机构要充分关注并参与职后的培训工作，真正实现教师教育的一体化，使教师职业的发展成为一个不断扩展、丰富多彩的神圣事业。

各中小学校必须重视教师在职培训对教师个人与学校发展的积极有效的促进作用，支持教师的培训，解决培训中的困难，特别是培训经费、培训时间、精神支持上要毫不吝啬。

4.教师培训自我发展是基础

教师要牢固树立职业发展的观念。教师只有持续地发展、和谐地发展、主动地发展，才能不断适应教育变革的新要求。即使是一个合格学历教师、高级职称的教师，教育发展的要求也需要他持续学习、不断研究与探索、不断发展。

学习是现代教师的必备素质。既然现代社会把教师角色定义为“文化的传播者、潜能的开发者、学习的促进者、学生发展的伴随者、教育的探索者、心理问题的咨询者、教育共进的合作者”，那么，教师作为职业，我们没有任何理由不为这一职业夯实基础。

5.教师培训要抓住中心主动学习

第45届世界教育会议指出，当前教师发展的四项职责是：①终身学习并不断地再培训自己；②与同事共同开展工作；③保持与学生之间的良好关系，鼓励好奇心，发挥每一个儿童的潜能；④让学生学知、学做、学会发展、学会生存。这应是目前一个时期教师培训或教师自我发展上的指导性意见，也是国际教育界形成的共识。

（四）培训模式

1.网络教育

网络教育对教师促进与发展起着重要的作用。教师要从网络中获得的学习资源不仅数量大而且是多样的、多方面的、多渠道的、多层次的、多形态的。另外教师可以获得快速而大容量的信息，这对教师传统的教学参考无论从选择空间上，还是从选择自主性、主动性上都有极大的帮助作用。

（1）全新的载体

网络教育使人从时间、空间中抽拔出来，可以在不知不觉中畅游于虚拟的“开放社会”中，互联网上，轻点鼠标，便可与相关图文相连，这为教师的发展提供了一个交互的、超时空：高时效、大容量、超越国际的学习空间。

（2）交互性作用

在传统的教学中，教师与学生之间多是单向的作用，师生之间很难建立起平等的交互作用。网络教育为师生的沟通与交流、学习与促进，创建了交互式的学习平台。这种交互式学习的效果不仅表现为效率与效果，也是每个学习者从单向式、个体封闭的学习中走出来，为学会学习、学会合作，获得群体动力提供了支持。

(3) 创造性作用

网络教育构成的多维度的可能性空间，不仅可以使学习者从中体验，还可以使学习者从中设想有可能的、不存在的世界，使人摆脱现实世界的束缚，去设想、去创造一个未来的东西。这种开放性、多元性特征为学习者提供了选择的可能，使人思维活跃，激发其创造的欲望与能动性。随着一些新事物、新观念的不断涌现，学习者可以不断改变自己的思维结构，形成不断创新的思维模式。

2.学习型组织

(1) 学习型组织的概念

学习型组织的概念是：每位教师都是一个教育团体组织中的一员，在这个组织中，大家得以不断突破。自己的能力上限，创造真心向往的结果，培养全新、前瞻而开阔的思考方式，合力实现共同的抱负。教师职业的发展离不开自我反思、自我超越的独立学习，也离不开其赖以生存的学校文化环境的组织学习。

(2) 学习型组织的基本特征

学习型组织的基本特征是：①组织成员具有共同的目标和理想，凝聚不同个性的人朝着组织的共同目标努力；②团体是最基本的学习单位，是由彼此需要配合的创造性的个体组成；③终身学习、全员学习和全程学习的理念；④不但重视个人的学习和个体智力的开发，同时强调合作与群体智力的开发与整合；⑤边工作、边学习、边提高的自主管理形式。学习型组织内的教师发展具有增智、增能的作用，它发挥的作用是“1+1>2”的“增长”效果。学习型组织内具有张扬主体的积极性、主动性和创造性的作用，激发教师职业发展的责任感和成就感；学习型组织可以和谐人际关系，加深同志友谊，建立协作精神；学习型组织还可以起到专业资源共享的效果，成员之间信息整合、取人之长补己之短，超越自我，完善发展。

3.校本培训

校本培训是在学习型组织的概念上产生的以教师所在学校为主阵地、学校参与组织的教师在职学习的一种形式，这样的培训形式能满足学校和教师发展的双重目标和需要。

校本培训的模式可根据教师成长的不同阶段需要设置模式，分技能型、实践型、评价型、理论型和研究型。国外先后出现的可借鉴的几种模式有：①认识论模式，强调了教师培训中文化知识的传播；②能力论模式，其观点是合格教师不仅表现存知识上，更表现在能力上；③情感论模式，强调教师关注学生情感发展和具备良好人格特征是教师职业的必备条件；④构

建论模式，强调教师在终身学习过程中，需要不断构建自己的知识；⑤批判论模式，提倡教师要善于思考和重视独立思考能力的培养；⑥反思论模式，主张教师要不断反思自己的教育教学理念和教学行为，从中不断构建模式，推动成长与发展。另外，英国中小学近来用“回顾—计划—实施—评价”的方式来设计本校培调计划和课程的开发。

(1) 培训目标

国内外的研究，相同地方很多，大都强调以学校为基础，注重培训过程中教师经验的总结与提升，重视个体需要和自我教育，以此提高教师教学实践水平和教育科研的兴趣和能力。特别从目前教师队伍状况来看，自我教育应放在首要位置，至少在职业精神、职业理想、职业道德规范、职业法制观念上是有必要从教师培养的师范低年级抓起的。

(2) 培训方式

目前我国有以下几种培训方法：①课题带动法；②集体充电法；③师德结对法；④观摩听课法；⑤个人自修法；⑥校际交流法。

(3) 校本培训应遵循的原则

结合我国的国情和前几轮继续教育的经验与教训，目前的校本培训应遵循以下原则：①校本培训要与上级继续教育精神相结合的原则；②要真正体现出职前教育与职后培训沟通的系统性原则；③学校集中培训与自主学习相结合的原则；④掌握提高与普及相结合的原则；⑤学习、研究、应用与探索相结合的原则；⑥效果与任用相结合的原则。

(4) 教师发展学校

教师发展学校是在原学校建制内，由大学和中小学合作建立的旨在促进教师专业发展的教学教研共同体；是一边连着大学，一边连着中小学的一种新型的跨越学界的教师培训基地。教师发展学校是把教师发展的功能赋予了由大学和中小学合作建立的新型学校组织。

目前，全社会都在关注教师职业的发展。特别是在如何解决职前教育与职后培训的一体化问题上，壬长纯教授对教师发展学校的构想和探索，应该会对我国教师的培养与发展起到积极的作用。在他的研究成果中，对教师发展的认识是：教师发展既是教师，包括未来教师作为社会人的发展，包括个性、情感、世界观、人生观、身心等，当然也包括教师的专业发展。建立发展学校的目的是关注教师的职前教育与职后教育的协调发展，促进教师专业化发展。

五、教师发展

构建中国特色社会主义现代化教育体系，构建全面学习、终身学习的学习社会，是振兴教育行动计划目标，这个学习型社会和终身学习型社会的基础应是教师。21世纪国际教育委员会认为教学质量和教师素质的重要性无论怎样强调都不过分，因此，全面提高师资水平和奠定教育发展基础，应该是国家优先考虑的问题。

(一) 教师发展

1.教师发展是时代发展的要求

综观全球教育发展的趋势，必将要求教师的教育观念有一个根本性的改变。教师必须把自己的注意力导向智慧能力和理性心灵的发展，使学生能终身受益。新的教学目标要求教师教育必须先凸现出专业态度和应变能力，然后才是教学技巧和科学知识。

第45届世界教育会议要求21世纪的教师具备的四项责任是：①终身学习并不断培训自己；②与同事共同开展工作；③保持与学生之间良好的关系，鼓励好奇心，发挥每一个儿童的潜能；④让学生学知、学做，学会发展、学会生存。以上观点给我们指出了全面发展、可持续发展的教师的基本要求与发展方向。

2.教师发展是教育发展的主角

教师的职业道德、职业智慧和人格魅力，教师的健全的心理素质和职业精神，专业知识与教学技能的全面与不断提升，是培养全面发展的人的基础，是国民素质全面提高和社会经济发展的基础。

因此，教师发展是当今社会和未来社会的一个重大的课题。全社会都在关注教师的发展，重视教师的全面发展、可持续发展，教师更应重视自身的发展与能力的不断提高。这是世纪发展的需要，是社会赋予教师的崇高的使命，是教师职业内在的要求，也是教师自身价值可持续实现的客观要求。教师要把自身发展与全面发展视作自己职业生命的源泉，视作自己职业生命的精神食粮，像珍惜自己的生命一样去呵护自己的职业生命，让每个教师的职业生命永葆青春、健康发展、全面发展。

(二) 教师发展方向

教师发展的目标应该是健康的身体、健全的人格和心理素质、合理的知识结构、精深的专业知识、完美的审美意识和精神价值体现、对事物的综合分析与判断能力和高强的创新意识与创新能力的统一。要实现这一统

一，就需要多因素协同发展，它应是教师的全面发展、主动发展、可持续发展和和谐发展。

1.全面发展

全面发展，指一个人自身蕴含的全部潜能的多方面发展。它不单指教师的专业发展或职业技能的发展更应是德、智、体、心、美，包括人格的多方面发展。当前的教师与学生的发展问题已经是全世界关注的问题，新问题的提出对教师是一种挑战。其一是教师是知识传授者的地位已开始动摇。主要是现代科学知识量大且发展速度快，教师“教会学生学习”已经是时代的要求。其二是教师作为学生唯一知识源的地位已经彻底动摇。学生获取知识信息的渠道多样化，教师传授知识的职能有所改变，应是如何指导学生怎样获取知识和获取什么样的知识，指导学生怎样去获取知识的方法和对各种信息的处理方法。其三是学校教育给予的知识已远不足以供人终生受用，教师应把重心放在“教会”学生学会学习上。

全面发展的人是高素质的人的结合体，他可以扮演不同的社会角色，并出色地完成任务，承担社会人的各种职责。在政治上，应热爱人民的教育事业，把教育事业的兴衰作为己任，关心学生像关心自己的孩子一样，具有强烈的爱心与奉献精神；身心上，具有强壮体格，精力充沛，反应敏捷，开朗乐观，情绪稳定，意志坚强，能进行社会适应和心理调整；智慧上，敏锐机智，聪明颖悟，是知识、智力、情感与实践的综合体；文化知识上，应有广博的文化知识与自然常识和精深的学科专业知识和丰富的职业知识（像社会心理学、职业心理学、个性心理学、教育学等）；专业上，有创新意识与创新精神，有自我发展与自我反思的能力；职业精神上，有强烈的事业心和合作精神，有充沛的工作内驱力，有对问题探究的执着追求和百折不挠的毅力，有对学生“师爱”的强磁力的人格魅力。

当然，全面发展是方向。个性发展是全面发展的精髓，没有个性发展就没有全面发展。

2.主动发展

教师发展一方面是社会发展的必然要求，另一方面是职业保障与职业的可持续发展的内在要求。因此，教师的自主发展与主动发展是基础。主动发展靠自觉，靠内动力，靠对事业的不断追求的职业精神去驱动。教师只有把发展与事业联系在一起，才能具有自觉的发展意识，才能把发展作为生命体内在的理性渴求，发展才有可能。

教师发展除了有自觉、主动的发展意识，还要经常性地自我反思，审时度势，抓住主要矛盾科学有序地发展。也就是说每位教师要深刻了解自

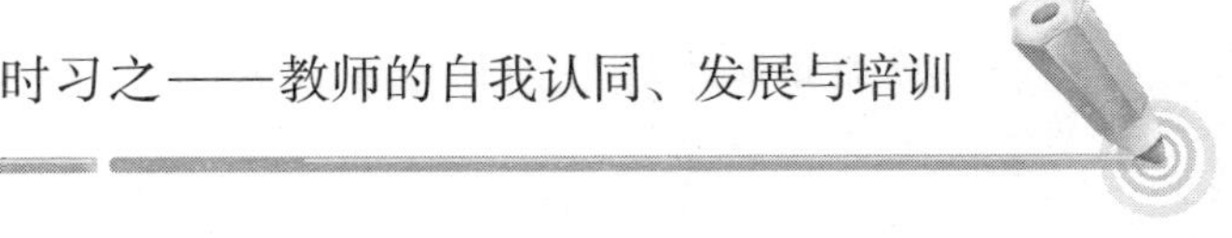

己的角色定位，在针对职业特点分析个人特长的前提下，选择切实可行的发展目标，制定行之有效的发展措施。

反思是主动发展的突破日。教师业务不精、能力不强等，多源于满足现状、不求进取。教师高人一筹的固有观念，阻碍了教师发展的步伐。像我国《中华人民共和国教育法》《中华人民共和国未成年人保护法》等法规已颁布多年，时至今日，教师违法违规等现象屡见不鲜。诸如无端地不让学生听课，对学生采取拒收、经常性劝退、变相开除等行为，都属于剥夺学生受教育权利的行为，是严重的违法行为，可仍有许多教师认为这是教育学生的法宝。像2001年5月8日发生在湖北宣恩县徐汇希望小学的教师朱莱强迫74名学生集体罚跪3个小时的事件，不单违背了教师职业道德、违犯了《中华人民共和国教育法》，甚至还触犯了刑法。类似这种事件不能不引起教师的反思，不能不让我们的教师有所警觉，不能不让我们的教师去真正地认识到观念和意识的滞后对教学行为的危害，认识到发展和完善自己的必要性。

当然，教师主动发展应建立在发展观念和发展理想上，要掌握科学的发展方式和发展步骤，有目的、有计划的发展，理性发展、科学发展，避免顺其自然随意发展、片面发展和被动发展。

3.可持续发展

可持续发展应是教师成长与发展的阶段性与终身性的统一。教师要在个人发展的基础上针对个人志向与兴趣，瞄准社会发展方向与需求，对自己的发展有长远目标的总体设计。教师要针对自身条件和客观因素，有选择地设计自己的职业发展方向与发展目标，有长远规划和阶段性实施方案，使自己在职业生涯中不断拓展，可持续性地发展，为终身教育提供不竭的动力源泉。

4.和谐发展

和谐发展是主、客体的统一。它指两个方面，一是个体内在的发展的多方面的协调与统一，二是个体发展与客观环境的一致性。和谐发展可以尽量避免发展的片面性，尽量减少人生发展中的波折与动荡。

教师和谐发展应着重考虑以下几个方面：一是自身各方面的相互和谐发展；二是教师自身与时代、与社会的协调发展；三是教师职业的发展与自然规律的协调与统一。作为一个自然人，不仅有物质的需要、有精神的需要，更重要的是要顺从自然与生态环境的规律，保持自然美。作为一个社会人，就要与他人进行协作与协调。作为教师，不仅要与学生协调发展，还要与同事、与领导、与任何社会人的生命个体和谐发展。21世纪教师的

最重要的四项职责中的两项就是“与同事共同开展工作；保持与学生之间的良好关系”。可见，教师职业的和谐发展是何等重要。

六、教师发展的专业要求

教师专业化是在职教师发展的核心和各项措施制定的出发点。在学习化社会中，教师发展应侧重以下几个方面。

（一）发挥教师职业作用

教师工作作为世纪发展的专业，其工作就不能单单局限于校园内。教师教学效果应与学校教育、家庭教育、社区教育、周边教育紧密地联系起来，使之成为统一体，“封闭式”“单独式”的教育越来越显得无力和脱离社会。教育的社会化的发展，要求我们的教师不仅是学校中的一员，而且是社区的一员，是社区建设和教育、科学、文明建设的共同参与者。教师职业要求教师角色从专业型、学校型拓展成为社会型，成为适合现代化社会发展需要的新型教师。

（二）明确教师职业理想

理想是树立教师职业形象的基础，只有明确职业理想，才能明确教师要培养什么样的人及培养目标。新世纪谁有资格做教师？目前，大量文章中的观点认为，21 世纪的教师绝不是“教书匠”，应该是学科方面的“学者”，是教育方面的一位“专家”。他们不仅是优秀的教学人员，还应是教育教学问题的研究者；不仅是青少年学习和行为的指导者，还应是青少年心理咨询者和心灵的优秀塑造者：特别是在当前新课程理念下，教师保持心理健康是胜任教师这一职业的必要条件。

（三）发扬教师职业精神

教师职业精神简单地说就是从事该职业的思想行为面貌，它包含合作精神、甘为人梯的无私奉献精神、热爱教育的敬业精神，以及追求真理的富于创新精神和不断充实与提高的自我发展精神。另外教师还应有关注人类发展、关心他人命运和强烈的职业负责精神，教师还应有一种不向挫折弯腰，不屈于权势的自强精神。

（四）树立终身教育观

一些教师的知识面很窄、内容很陈旧、结构很单一，这直接影响着学生的可持续发展，也制约了教师自身的发展。广大教师应发扬与时俱进的精神，真正摆脱“惰性”与不思进取的“惯性”，自觉学习，不断充电。从发展的角度来说，可持续发展的教师是终身学习型的教师，要认真学习和内化现代教育理论，转变教育观念；学习新课程，研究新课程，使学科知识在深度和广度上永葆发展的前沿性。

(五) 善用信息技术必备的工具

21 世纪是知识型社会和信息化社会，随着互联网和多媒体技术的广泛应用，人们的生存方式和学习方式不断发生改变，信息素养已成为人们的科学素养的重要基础，教师自身的信息素养直接关系到中小学信息技术教育的成败。为此，广大教师应自觉加强信息素养的培养，利用信息直接为教学服务。

(六) 具有健康的心理素质

良好的心理素质是从事教师职业、具备健康完善人格的具体要求，是培养健康向上、可持续发展的一代新人的基础。特别是在当前新课程理念下，保持心理健康越来越成为胜任教师职业的必要条件。正像加里宁说的："教师的世界观，他的品格，他的生活，他对每一现象的态度，都这样或那样地影响着全部学生。"因此，关注教师的心理健康，更是对学生健康和全面发展的真正关注，也是教师自身可持续发展的客观需要。

像教育领域经常出现的恶意体罚学生的现象无不与个别教师的心理因素有关。特别是中小学教师工作压力大，社会问题、家庭问题、子女就业等问题的交织，又缺少必要的调节方式与手段，积累到一定时期就会不自觉地发泄到学生身上，从而形成一些不该发生的恶性事件。因此，教师心理的调节与释放应引起教育行政部门的关注。

关于心理健康问题，对教师来说应做到：要科学用脑，合理安排学习工作时间；工作张弛有度，尽量消除紧张心理，增强适应紧张的能力；要乐群向外，具有合作精神，乐观豁达，淡泊名利，心情舒畅，精神振奋，化解人际交往中一些不应有的矛盾；要保持年轻的心态，心理年龄永远是十八岁，富有朝气，把学生永远视做自己的朋友。

(七) 做教育的研究者和反思者

教师职业的专业性之一应该是体现在对工作与自身的反思上，使自己从单纯的知识传递者成为研究者、反思者。教师是教育改革的动力主体，不能只是教育改革的对象和他人成果的消化者。教师对自己在职业活动中所做出的行为以及产生的效果进行审视与分析，是对发生在自己周围的教育现象的一个探究过程。而只有当教师的教育与研究、教学与反思交融在一起时，教师的教育行为才有了理性的动机，教育观念才有了科学的基础。

只有创造性的教师才能培养出创造性的人才，创造的基础就是要不断地研究与反思。教师只有不断地研究新情况、探讨新问题、适应新环境，并不断反思自己的教学行为，才能不断适应和促进教育教学工作的有效展开。也就是说，当代教师职业需要反思与研究型的教师。

（八）树立合作共进的思想

中国传统教育的一些观念还在禁锢着教师的思想，其中表现得根深蒂固的有保守、封闭和同行之间的自我防护心理，校内的各自为政，为职称和权力而恶性的内争等现象。校校之间的封闭状态，为了小圈圈内的名誉、地位，严重影响着教育信息的交流，阻滞了教育的发展步伐，与学习化社会的理念是相违背的，必须坚决摒弃。

从教育发展的方向和教师职业发展的角度看，学校间应是合作共进的，教师之间、任课教师与班主任及管理者之间应是工作的密切合作者。只有合作才能形成工作的合力，教育教学才能收到事半功倍的不可估量的效果；只有合作，信息才能沟通，优势才能互补；只有通过合作才能规避风险，减少失误。当然，这种合作应是广义的合作，它包括横向间的和纵向间的、团体间的和个人间的以及个人与团体间的合作。

（九）塑造高尚的人文精神

教师人文精神从外延上说，至少应包含文化品位、审美情趣、心理素养、人生态度、道德修养、爱国情怀，也包括自己的精神世界等。从教育观念上来说，个人高尚的人文精神应得到人文教育的培养，并以完善个体心智、发展个体人格、升华个体伦理道德为途径。我们在教育中能把人文精神与教育科学地融合，就会强化学生的人文底蕴，激发起学生的责任感和荣誉感，培养学生求真、求实、求美的情怀，净化学生的心灵。

教师的人文修养能对学生产生最直接的影响。一位品德高尚的教师常会使学生终身受益并令其终生难忘，这样的例子举不胜举。因此，广大教师应从发展的方向上，不断补充人文精神食粮，培养自己的人文智慧，丰富自己的人文情怀，提升自己的人文精神境界。热爱人类的博大胸怀，关怀学生成长的敬业奉献精神，良好的文化素养，完备的知识结构，健康的心理和人格特征，实践中凝聚的教育智慧，理性的教育观念与教育科研能力，都是人们期望的、时代的、可持续发展的教师职业品质。

第六章

行动是通向成功的阶梯——教师职业生涯规划的实施与调节

写出了翔实的职业生涯规划书并不意味着职业生涯的成功。在职业生涯规的实施过程中，会遇到很多的挫折和意想不到的问题。教师的职业特点之一是工作繁杂、细碎，突发事件较多，有的时候教师不得不扮演“消防员”的角色，在忙忙碌碌中，容易偏离自己的规划路线，甚至对教师职业产生厌倦。

本章将结合教师的工作特点，为读者介绍教师在职业生涯实施过程中可能遇到的两个主要障碍——时间管理、良好工作习惯方面的问题和职业倦怠感方面的问题，并介绍如何掌握好时间管理和养成良好的工作习惯，以便于消除职业倦怠。

第一节　教师职业生涯规划成功实施的保障

一、时间管理

布莱克曾说：“辛苦的蜜蜂永没有时间的悲哀！”时间是这世界上最匮乏且又不可再生的资源，区别于经济资源的“再造性”“替代性”“蓄积性”和“可恢复性”，时间不为人的意志转移而转移，不可随意地去停止或倒回，只能是合理地管理它，让它掌握在我们的手里，保证有效地前进。“时间管理”并不像我们单纯理解的那样是对时间的掌控，其实时间管理的本质是通过合理规划时间进行自身的约束。

其实我们也可以将时间管理理解为协助人类有效完成工作的一种工具、一种手段和一个技巧，它有一个至关重要的作用，那就是它的事先安排可以对人类工作起到指导和引领的作用。时间管理的核心意义并不是要一时之间完成所有任务，而是规定我们在一定的时间内怎样合理、科学地完成我们的任务。当然这个过程可以通过使用一些技巧来帮助我们更好地完成工作。

（一）时间管理的必要性

对职业生涯的管理离不开时间的管理。德鲁克（Peter Drucker）管理大师曾经就指出，凡是现代社会上用知识获得工作的人都可以称之为管理者，唯一有差别的便是大部分人没有属于自己的下级，但在并不能说他们就不再进行管理，其实对自身时间的管理也是一种管理。

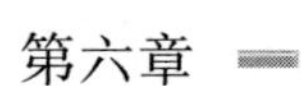

教师工作历来是比较繁重，而且时间紧张，大部分老师的工作时间已经不是8个时间这么短，时常是十几个小时之多。即使是很少的时间也是用来处理工作，总之每天都在忙，但是如果你细问在某件事上究竟忙了多长时间，应该忙这么长时间吗？其实根本是无从得知的。因此，目前的教育事业越来越重视工作中的时间管理，必须要有确切的时间、工作效率管理。这样才不至于感觉每天都在忙工作，可是没有任何效率。管理好时间对教师的整个职业生涯就显得尤为重要。

1.时间管理有助于教师应对急剧变化的社会

随着科技进步、社会变化速度加剧，人们的生活方式不断改变，工作节奏加快，越来越觉得时间不够用，产生了时间的紧迫感和压力感。社会变化发展加快，教师作为一个社会人的组成部分，首要的应对这种发展变化是必不可少的。所有通过加强时间管理、养成时间管理的良好习惯，以适应社会的变迁。

2.有助于教师提高工作效率

只要我们选择了生活，那么不论是一个整体还是一个部分都在这个运行的过程中可以更加的高效和有质量。而实现这一目标的本源便是对时间进行有效的管理。在有限的时间内无限的放大自我的工作完成量，而且要有质量感。

过去传统的教师理念从来是“只问耕耘，不问收获”，从不重视对绩效的管理。而如今生活在一个一切都讲究投资与回报的今天，学校的领导者更应该以“经营者”的智慧与头脑去反思学校原有的发展模式，剔除之前成就的管理方式，提高管理运行的效率。当然这一切的前提条件是管理者应该转换思想观念，认识到管理的重要性，日后的学校改革中不断的践行有效的时间管理模式，通过绩效管理的模式提高教师的工作积极性。

3.有助于教师实现自身的发展

教师只有进行有效的时间管理，才可以有足够的时间去反思自己的教学过程，以及丰富自己的知识框架进行人身的不断“充电”，毕竟教师是一个终身需要学习的一项职业。唯有如此，坚持不懈地努力着，这样才可以使教师不断地实现自身的发展。

(二) 时间管理的措施

每个顶尖的成功者，都是时间管理的能手。每个成功的教师，也应当是时间管理的能手。对时间进行管理，提高教师的时间管理能力不是加重教师的工作负担，而是要引导教师有序、有效地工作和生活，从而提升教

师的职业成就感和自信心，使教师为日后的发展储备必需的能量和资源，以实现教师的持续发展。

1.计划自己的活动

计划作为有效时间管理的重要原则，不仅是决定了事情的成与败，而且也决定着实现预期目标应该采取怎么样的行动。做事要有计划、有条理是取得成功的一个充分但不必要的良好习惯，也是作为一个教师应该必备的良好工作作风。教师在对时间进行管理的过程中遇到最有代表性的问题便是计划滞后且不强。大部分的教师总是按照学校的安排走，自己没有任何规划；有规划的也只是流于形式，执行力不强。正是这有没有计划的、被动的工作模式往往会使教师陷入长时间无休止的繁忙工作中，最后就会演变为应付工作。对自己应该负责的工作前期没有规划妥帖，最终造成工作效率不好，精神状态不好。依据最新研究报告显示，教师在进行时间管理的计划性方面是会受到年龄和职称的影响。在研究小学教师是我们发现，大多数的教师会处于26岁至39岁之间，拥有一定教学经验的他们，对学生和所要讲授的学习内容极其熟悉，明白自己的职业发展目标，了解基本的工作流程，是个人发展最快的一个时期，也是计划性极其强的一个时期。而一般来讲职位越高，工作的计划性就会表现得更为强烈、清晰明了；而职称较低的教师的时间管理的计划性较差。

2.区分重要的事

对时间进行管理，除了做计划之外，分清事情的轻重缓急也是极为重要的。俗话说“家有三件事、先从紧上来”。将最紧急的事情安排在一天中精力最旺盛的时候去处理，其余的事情接着处理。细算下来教师一天的工作量还是巨大的，既要备课教书，还出处理班级里的一些琐碎事物，考虑学生的心理变化。针对这么多事情我们要根据事情的重要性将其划分，用最饱满的精力投入到最为紧迫的事情中，用少量的时间和精力去处理其次的工作。比如：60%的时间安排在重要的事情上，20%的时间分配在一些次要工作上，最后的20%作为弹性时间进行随机合理分配。这样的安排既保证了主要事情的完成，还确保所有的工作有序顺利地完成。据说在半世纪前查尔斯·史瓦担任伯利恒钢铁公司总裁时，曾经就抛给管理顾问李爱菲一个很有挑战性的问题，那就是如何能在办公室内完成所需做的工作，花多少顾问费都在所不惜。随机李爱菲递给他一张纸，并且要求他写下明天要做的事情，先从重要的事情列起，依次做完。一天完后再重新整理今天做过的事情，然后着手处理随后的事情。查尔斯·史瓦不可置信地答到就这么简单，李爱菲的回答是就这么简单。有时看似一个简单的动作就是

解决问题的关键方法。后来查尔斯·史瓦所取得的成就也证实了这一点。

3.学会列清单

每天应该利用一些时间整理工作内容。将自己做过的事情和即将做的时间都列出来，进行合理规划。这样做的好处一方面可以避免遗漏一些重要的事情，另一方面可以有效地安排事情，争取做到今日事今日毕，不至于出现工作堆积的情况，而且还要对自己列出的清单依据工作完成的进度进行实时的调整和修改。比如：将年度目标切割成季度目标，记录下每一个季度需要干的事情；将季度目标切割成月目标，在每个月的月初依据季度目标进行重新整理记录一次，遇到紧急事情需要调整的再做相应安排，如果没有意外就按照目标执行下去；每个周结束的最后一天将下周要做的每一件事情大致理出一个框架；每天下班之前将第二天要做的事情记录下来。

建立清单最直接有效的方法还是通过手写的形式记录到笔记本上，这样一来可以加深影响，二来可以随时携带进行查阅；当然记录到手机的备忘录了也不失为一个方法。最终要选择什么样的记录方法当然是因人而异，只要实现最终的目的即可。

二、培养教师良好的工作习惯

习惯总是追随着人们的一生，而良好的习惯往往让人获益不菲，恶劣的习惯却会成为制约人们一生发展的障碍。著名素质教育专家陈峰就曾说过："好习惯出能力，好习惯出效率。习惯是思想和行为的载体，良好的习惯是成功的捷径。"不胜枚举的例子也证明了这一点。而教师这一份集知识传授、学生思想启迪，价值观及世界观塑造于一身的职业，养成良好的素养对这个职业发展来讲无疑是必备要素。而良好的工作习惯恰恰是这一要求的必然要件。对教师而言，工作习惯不仅仅是一种习惯，更多将会演变成为一种生活教育方式，最终会发展并且延伸到教育教学的各个阶段，直接影响教师职业素养的树立和培养。一名优秀的教师只有养成良好的职业习惯，才能有效地弥补先天性格在工作中的缺陷，保障教学的效果。好的习惯影响着教师的一生，好的习惯能够有效促进教师的专业成长，并成为优秀教师成功的基石。所以良好的工作习惯的养成是非常重要的。

（一）养成反思的习惯

教师是一项涉及面、复杂性极强的职业，所从事的实践教学活动与自身的学识、态度、素质等息息相关。所以，在如此繁杂的工作中时常的进行反思是非常关键的。通过反思可以发现很多问题，针对问题进行不断的

改正和补充。最终要实现改变现状、超越自我，朝着自己的目标不断地向更好的方向前进。很多的优秀教师都经历了不断反思学习的一个过程，逐步成长的。那么，教师应该反思什么呢？[1]

1.观念的反思

一切行动始于观念终于观念。教育教学的行为深受教育观念的引领和指挥。深入地分析各优秀教师成功的故事，不难发现这些教师除了拥有过硬的专业知识和高尚的职业道德外，还有极具超前的教育教学观念。

而通常我们所说的对教育的反思大多指的都是对教育观念的反思。全面透彻的分析比较各种思想观念，具体哪些观念是需要保留和传承下去的，而哪些观念又是需要剔除的。具体的做法表现为如下两种：第一种是用全新的教育理念去审视现在所执行的教育模式、教师方法，将自己外显的教育行为整合为所隐含的教育行为。第二种方法是所目前所践行的传统教学理念去反思和验证新教学理念的可操作性、科学性和合理性，比较分析新旧理念所各自具有的优缺点，敢于提出质疑，通过不断地在对立与非对立之间权衡，从而选择出适合指导自己教育行为的教学理念。

2.角色的反思

随着时代的进步，教育改革的不断推进，教师这一职业所担当的角色越来越趋向多元化。不再像过去一样，仅仅地局限在知识的简单传授上、管理上。而现在更多的是以一个朋友的身份去促进学生的发展进步。因此教师在进行自我反思时要考虑自己是一个传道、授业解惑的身份还是承担着思想心理的启迪者、开拓者的角色。是否以一种平等的姿态在和学生进行交流和合作分享；在教育活动的过程中是否以引导学生主动思考为目的；是否把学生看作是教育教学中重要的资源而进行开发等。

3.教学过程的反思

在教学活动过程中，要想提升教学的效果，掌握一定的教学策略、技巧和方法是必不可少的。而实际上一个优秀教师的综合能力的基本性质便是掌握一定的教学计较和方法。所以在教学的过程中教师需要进行反思，不断地反思自身的教学方法和手段究竟是什么；所使用的方式方法所产生的效果究竟如何；为什么我要在这个阶段采取这个方法，效果如何；当一个教学过程完成后，整体的感觉怎么样，是否达到了心中所预期的，专家和同事朋友们对此有这样的意见和建议；自己可以称到环节是哪个，感兴

〔1〕 常虎温．我的未来我做主——教师职业生涯发展规划设计[M]．长春：吉林大学出版社，2008.

 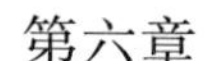 

趣、受益的是什么，如果有问题日后该怎样改进等。

4.对教学效果的反思

所谓的教学效果反思，即为这个教学活动结束后，要对整个活动所取得的成效进行价值上的评价。其中包括学生的自我学习感受和教师授课感受两个方面。前者主要针对学生的学习情况，是否掌握了应掌握的专业知识、学习能力是否提升，精神思想素质是否有突破。后者主要针对的是教师自己在整个授课的过程中的授课内容质量怎样，学生的掌握情况怎样，个人教学经验是否有改变，实施教学能力是否提升，教学思想观念是否有变化等。

5.对个人经验的反思

这个过程的反思是需要持续不断进行的，要想成为一个专业的教师所必须经历的这个过程。通常从两个角度去反思个人经验：一方面是不定时地对自己的日常教学经历进行反思，使之沉淀成为真正的经验；另一个方面是对经验进行解释、归纳和概括，提炼出其中的规律，使之成为有一定普适性的理论。

(二) 反思的途径与方式

教师职业生涯的规划与发展从动静态的角度分析它是相对的动态的一项复杂工程，在这个复杂的过程中，养成良好的反思习惯就显得格外重要。但是这个习惯并非一朝一夕就能养成，那么究竟教师在教学实践过程中如何才能养成良好的自我反思习惯？[1]

1.在学校中的反思

善于利用学习的机会养成教学反思的习惯。教师在向专家领导请教教育理论、教学实践经验和访读各类报刊读物的过程中，要及时地反思总结所获得的知识经验教训，将自己所获得的新鲜“血液”与“能量”和一些内化于心的前瞻性、先进性的知识与自己已有知识发生碰撞交汇，引发自身进行换位思考，萌发出一些新的思想、新的理念、新的想法、新的措施、新的技巧、新的点子等。每周写一篇学习反思日记，可以实现边学边思的成效，促使教师养成常想常思、常思常新的好习惯。

2.在教学实践中反思

教学实践是教师进行反思的最佳途径之一。在这个过程中，教师可以

---

〔1〕 宿仲瑞：让教育反思成为教师的良好习惯，http://www.kc100.com/html/xxx/20081220/3196.html.

通过外在的行为活动进行深思、考虑，将行为内化，及时发现问题对症下药，更新新的良方。没有了教学实践的反思就如同没有了灵魂的人类，是一具躯壳，丧失了神气。实践和反思是一荣俱荣一损俱损的关系，实践定是参与在教学实践的整个过程中的。我们可以将反思的过程和养成良好反思习惯的过程理解为是教学的过程。

3.在对话中反思

反思并不意味着一定是“闭门思过”式的，与他人沟通分享和借鉴经验也不失为一种有效的反思方式。具体哪种方式更见效，还需因人而异。其实教师通过对话进行交流的渠道还是很多的。比如，教师与教师、教师与学生、教师与自己甚至教师和书本之间的交流都能获得新的思维方式，为反思带来一些收获有价值的东西。教师与教师之间的对话便于教师直观明了地认识到双方在实践过程中存在的问题以及产生问题的原因；与学生的对话可以是教师从学生的反馈中得知自己的教学质量如何，是否达到了预期目标，从而更好地塑造自己的行为活动；与自己的对话那便是教师利用过去所积累的知识、经验与现状进行碰撞，发现新问题和新优点，解决问题保持优良作风；与文本对话即为教师通过阅读相关书籍和研究理论知识，不断提升看待事物的能力，从而进行更为深刻的反思、学习，并获得最终的持续发展。教师通过与不同“媒介”的实时交流，定会碰撞出新的思维，使自己在职业生涯中走得更远。

(三) 培养终生学习的习惯

古人云:“学无止境。”就连著名教育大家陶行知老先生也提出“活到老，干到老，学到老，用到老”的主张。联合国教科文组织在《终身教育的展望》一文中指出:“学习和工作应该是人从生到死连续不断的过程”；后来又在《学会生存》一书中指出:“学习是一辈子都要面对的课题”，“生活与学习是不可分离合而为一的”。现代社会已不仅仅局限于信息、科技型的社会，而更多的是一个学习型社会，所谓三年一代人，不学习就会被社会和时代淘汰。作为新一代教师，更应该树立起终生学习的良好习惯，积极乐观的去争取学习的机会并且享受这个学习的过程，在学习中提高和完善自己。

高尔基也曾用极其言简意赅的一段话道出学习的重要性。对于工作的目的我们认为最为直接的目的就是赚钱生活，其实往深了想是为了学习。赚钱、学习、工作这三者是密切联系的，学习是为了工作，工作是为了赚钱，赚了钱才能更好地学习，才能开展好自己的工作。教师最为一项传道授业的工作，教学的过程本身就是学习的过程，应抓住每一个授课学习的机会，从工作的学习过程中获得新技能新方法，促进专业知识不断提升。

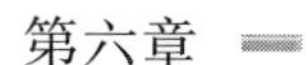

最早提出的终身学习理念对职业生涯的发展产生了很大的影响，打破了传统一次性教育可以解决终身教育问题的观念，使职业生涯的可持续性发展成为可能。作为一种把学习贯穿于人的整个一生的思想，终身学习主张学习的连续性和一贯性。任何人的职业生涯都不是一次性完成的，教师承担着开发高级的人类潜能和塑造新生代的重要责任，其职业生涯更是一个连续不断的发展过程，要使自身能够“保值”“升值”，只有通过不间断地学习，不断更新自身的知识结构，才能从容应对职业生涯中所遇到的各种变化与挑战。

第二节　教师职业生涯中对于工作压力与职业倦怠的应对

一、何为教师职业倦怠

教师职业倦怠是一种现实能力难以满足工作需求，而导致工作压力巨大所引发的极端心理状态，是教师各种姿态、形态和行为表现极为衰竭的状态。[1]1980年第一届国际职业倦怠研讨会召开后，职业倦怠成为一个专业名词开始流行，加上社会竞争日趋激烈，“助人者（如教师）不能通过积极的问题解决来化解痛苦以致在工作中表现为身心疲劳、情感耗竭状态”的问题越来越突出。职业倦怠包含着教师职业倦怠。教师职业倦怠只是众多职业倦怠的一种。在众多行业中教师这一职业是高发职业之一。教师这一项半公益特殊职业，本身就存在一种无形的职业压力隐含其中。如今的教师面临的学生越来越聪明、思维越来越活跃，而各个家长“望子成龙”“望女成凤”的愿望越来越强烈，无形之中就增加了不小的压力在教师身上。教师的这种心理若不及时疏导，最终极易产生职业倦怠。通常来讲教师职业倦怠主要表现在情绪和行为两个方面。

（一）情绪反应

（1）抑郁性：长时间停留在意志消沉、感情脆弱的情绪之中，对外界的一切事物提不起任何兴趣和激情。

（2）过敏性：常常将同事、好友、亲人的关系理解为看笑话，嘲笑，而

〔1〕 金忠明，林炊利．教师，走出职业倦怠的误区[M]．上海：华东师范大学出版社，2011.

且极容易因为一个无心之举而想入非非，总能与自己联系起来。时不时还会嫉妒一下别人。

(3) 易变性：这个时期情绪反复无常，说话刻薄，不仅伤别人也伤害自己。

(4) 自私型：不问事情经过就有批评学生的冲动，遇事不善于换位思考。总是盲目冲动。

(5) 封闭性：缺乏与同事、领导、学生交流的热情，没有一点团队合作的精神，封闭在自己的世界了不能自拔。

(6) 自我否定性：不论是对工作还是对生活总是没有信心，就是特别要好的朋友在身边还是感觉非常的不自在，感到自卑。

(二) 行为反应

(1) 无力性：无精打采，已陷入逆境感中，难以进行课堂教学，容易疲劳、失眠、头痛。

(2) 盲目性：不假思索，草率行事，欠缺周密考虑。

(3) 不安性：身心不安宁，注意力容易分散，工作效率差，做事经常有头无尾，"三分钟热度"。

(4) 怠惰性：教学行为和处理相关的学生事务，往往缺乏自己的主见和坚持，随波逐流，不求有功但求无过。

(5) 爆发性：情绪难以控制，常常将学生视为发泄对象，自控能力弱，轻则发脾气，重则会出现过激行为。

(6) 自我表现性：在课堂上支配欲强，喜夸大吹牛，不允许学生有不同观点，强词夺理，甚至言行轻浮、浅薄，"师道"感低。

二、教师职业倦怠的特征

(一) 耗竭感

耗竭感指自己感到的能量和资源耗尽、用完，包括生理耗竭和情感耗竭两方面。生理耗竭表现为极度的慢性疲劳、力不从心、疲乏虚弱、睡眠障碍、头痛、食欲异常等；情感耗竭表现为缺乏工作热情与活力、情绪波动大，容易迁怒于人，有一种无助感，并对生活冷漠、悲观。对教师而言，感到自己的情绪处于极度疲劳状态，畏惧早晨上班，对学生有消极的、玩世不恭的态度。工作不带劲，备课、上课都是有气无力的，总感觉有一种被掏空般的疲惫，无法像以前一样以饱满的热情向学生付出关心和爱了。一想到有一整天的工作要做，就感觉好像一晚上没睡似的疲乏，不只是身

体累，心也累。

(二) 去人性化

去人性化实际是在面对过度的紧张或耗竭时的一种防御性行为，是一种试图去避免不喜欢的工作或者减少感知到的威胁的一种反应性或保护性的行动。体现在教师身上，即冷酷、麻木，非人格地对待学生；视学生为“物”，而非当成“人”看待。刻意在自己和学生之间保持距离，减少接触，拒绝接纳学生，将学生视为没有感情的事物。具体表现有：打耳光、罚抄课文、在学生脸上刺“贼”字、罚跪、打手掌、脚踹、棒打等；用带有蔑视色彩的称谓来称呼学生，用标签式语言如“笨得像头猪、蠢得像头驴、白痴、笨蛋、傻大姐、低能儿、弱智、猪脑子”等来描述个别学生。

(三) 缺乏个人成就感

缺乏成就感，即觉得无效能、缺乏适应性，倾向于对自己产生负面的评价、感觉无助以及自尊心下降。长此以往教师可能感到工作能力的衰退和无力感的增加，丧失工作成就感，以消极的态度来评价自己，对自己的工作的满意度也随之降低。教师职业倦怠的几条主要表现在以下几点。

(1) 领导布置工作后，你总是等一段时间去完成，自己觉得工作简单，没必要这么急。

(2) 无论是学校组织的政治业务学习，还是教研组或备课组组织的教研活动，你总是走神或不积极研讨。

(3) 一学年内，你没有受过任何表彰或批评，但你不在乎。

(4) 学校内各方面工作安排，你认为其中有猫腻。

(5) 总是想不通，为什么你的领导看上去总会有错误的安排。

(6) 学校管理制度变革，在你看来只是走过场而已。

(7) 与其他同事在一起，你总是滔滔不绝地讲学校与你的一些事情，而且总得到他人的响应。

(8) 新工作的教师在你的眼中是“他们都在异想天开，其实什么都不懂”。

(9) 教学中出了问题，不想办法解决，而是用其他理由来搪塞，甚至是满不在乎。

(10) 工作上混混日子可以，因为你总是得不到和自己能力相适应的职位。

三、教师职业倦怠的不良影响

(一)教学效果下降

教师的身心过度疲劳，对学生的观察、教育能力就会在无形之中降低，对学生的心理援助、管理指导等精神维持能力也会随之变得低下。当然，随之而来的是教育、教学方法的不灵活或出现失常现象，工作被动机械、工作效率低、工作能力下降，最终导致教学质量降低。

在经历了若干年的教师工作后，得到了一个令人惶恐的结论：教学的成功和失败，“我”是决定因素。个人采用的方法和每天的情绪，是造成学习气氛和情景的主因。身为老师，我具有极大的力量，能够让孩子们活得愉快或悲惨，我可以是制造痛苦的工具，也可能是启发灵感的媒介。我能让人丢脸，也能让人开心；能伤人，也可以救人。无论在任何情况下，一场危机之恶化或解除，儿童是否受到感化，全部决定于我。

——美国教育心理学家吉诺特博士

(二)人际关系紧张

在人际关系上变得疏离、退缩、摩擦增多，情绪充满忧郁和攻击性。有些教师使用粗暴的体罚，急躁的情绪、行为来对待学生，实则是一种身心疲倦、压力增大后所产生的“危险信号”。教师心理疾病会导致严重的后果，有时会给学生带来难以弥补的伤害。

(三)自我身心伤害

教师的职业倦怠会造成教师的心理障碍和心理疾病，轻则是教师的消极态度和情绪表现明显，重则会因不良心理状态而引起神经衰弱，或因不堪压力而导致精神崩溃，最终直接影响自己的身心健康。对同事不愿理睬，对学生冷漠，经常觉得自己孤立无援。

此外，教师职业倦怠还可能会导致教师队伍的流失率不断增高，严重影响教师队伍的稳定和国家教育事业及整个社会的发展。

四、教师职业倦怠的产生原因

职业倦怠不是对某一特定事件的即时反应，而是在较长一段时期里，对工作中所遇到的压力，在情绪上产生的低强度递进的反应过程。结合当前中小学教师的具体情况来看，导致教师出现职业倦怠的主要原因有以下几点：

(一) 职业的特殊性

教师被美誉为人类灵魂的工程师。作为一种特殊的社会职业，教师扮演着多种角色：社会的代表者、社会道德的实践者、人类文明的建设者、父母的代理人、知识的传授者、课堂纪律的管理者、班级的领导者、人际关系的协调者和学生心理健康的维护者。但是实际上，教师不可能把每一种角色都扮演好，这时就会产生角色冲突。同时，部分教师由于对其职业的权利、义务、责任等缺乏清晰、一致的认识而感到对工作无法胜任，形成角色模糊。

角色冲突和角色模糊会导致教师的情感衰竭和教学效能感的下降，引起职业倦怠。根据斯可瓦布、布瑞恩（Schwab 1982，Bye 1992）的研究，角色冲突、角色模糊与职业倦怠之间有显著的正相关。此外，由于信息化时代的来临，学生的知识量大大增加，同时我国进行的教育改革对教师的素质提出了更高的要求，使得教师在很多时候感到力不从心，不能很好地完成教学任务，从而感到知识的枯竭和应对学生问题时方法的枯竭，最终引发职业倦怠。

(二) 工作压力大，负担重

从工作的投入来看，工作时间长、劳动强度大、福利待遇偏低，久而久之老师就会对教育工作失去兴趣和动力。据一项调查显示，某地区中小学教师人均日劳动时间为9.7个小时，比其他岗位的一般职工日平均劳动时间高出1.67个小时，娱乐时间少0.5个小时左右，积累起来，年超额劳动时间为420个小时。虽然近年来教师工资有过几次大的调整，但从总体上来看，与劳动性质和强度相当的其他行业相比，中小学教师的工资待遇依然偏低。Brissie等发现，教师的个人回报感越高，教师的职业倦怠水平越低。

从工作的内容上看，教师的教学工作是一项重复性很强的工作，教学内容的不断重复，教学方法的不断熟练，容易使人产生“不新鲜”的感觉，逐步丧失对教学内容、教学方法的探求兴趣，诱发教师产生倦怠感。

从教师实际完成的工作任务来看，与教师职业相关的任务有：①教书，要取得好成绩。②育人，要保证学生遵规守纪，不容闪失。③学历，要“再上新台阶”。④晋升，要电脑、英语双过关。教师本人的学历进修和各种继续教育培训（教师每年要接受不少于72学时的“继续教育”），评职称前的各种达标要求，使个别教师疲惫不堪，顾虑重重。

(三) 教学环境的影响

教师的大部分时间都是在学校中度过的，学校各方面的环境对教师职

业倦怠有很大的影响。良好的工作环境可激发教师的教学积极性，使教师能够充分施展自己的才能，有利于提高教学质量。反之，不良的学校氛围则容易导致教师的职业倦怠。有研究发现，当教师感受到学校有一套对教师教学赏罚分明的激励机制，在工作中能感受到更大的自由度和更多的自主权，并且觉得自己能够参与学校的决策时，教师的职业倦怠就会降低。在教师的工作过程中是否有来自于学校领导的支持、同事的支持、家人成员的支持以及学生的支持都会影响教师的职业倦怠。

五、教师职业倦怠的调试策略

教师的职业倦怠是由日常工作中的挫折、焦虑日积月累造成的，是一个渐进的过程，一旦产生便容易陷入难以突破的恶性循环中，因而需要教师在平时积极做好自我调适以预防和消除职业倦怠。

(一) 调整认识，以开阔的心态认识工作的意义

从事教师职业，与学生打交道、与学生沟通，经常感受到学生的智慧、情感，在这个过程中，不断丰富自己的精神世界，教师可以提升自己的人生品位。同时，心胸要广阔，真正的快乐不在几张荣誉证书，而在师生灵犀相通的默契，心灵的融合不在作秀的公开课，而在真实的课堂。这样想来，很多事情就变得简单多了，因为简单，老师们就会尽力作好自己认为重要的每件事情。

(二) 不断追求目标，关爱学生，培养职业情感

有追求才有劲头。每一次的成功，都会带给你快乐、喜悦和成就感。教师正是在一次次成功的愉悦中，不断培养和加深对职业的情感。同时，优秀教师的成功经验告诉我们做教师要克服职业倦怠感，获得幸福感，就要学会关爱自己的学生，使自己在关爱学生中，在学生的成长中获得快乐与幸福。关爱学生才能为学生所爱戴，才能为社会所称道，才能真正从中体验到做教师的幸福与快乐。

(三) 积极地自我暗示，学会反思，不断进取

自我暗示就是运用内部语言或书面语言的形成来自我调节情绪的方法。积极的自我暗示既可激励自己，保持信心，克服困难，又可松弛过分紧张的情绪。例如把“我不行”变成“别人能行，我也一定能行”，把“学生让我很恼火”变成“学生很淘气，但也很可爱”。同时，教师自己也要学会反思，只有经常性反思，才会以人为本，着眼于学生的可持续发展和终身学习。

(四) 丰富生活，学会放松，合理调节情绪

教师在工作以外要多从事一些有意义、自己感兴趣的活动，多接收各种有益的知识和信息，多与各种职业、各种层次的人交往，以开阔视野、丰富生活情趣，使自己的角色多样化，避免角色固着。教师们要通过各种方式做到劳逸结合，放松自己。这对舒缓压力和紧张的情绪是非常重要的。如有心理问题可以通过心理咨询和治疗来解决。

六、如何摆脱教师职业倦怠

“一个重大的新的疾病正在折磨着教学职业，倦怠的感受正在打击着无数有爱心、有理想、乐于奉献的教师们——教师们已在逐渐地放弃他们的专业工作”。——美国教育协会（NEA）主席麦克古瑞

(一) 拥有强健体魄

健康的生理状态是愉快工作的基础，而体育锻炼则是保持健康生理状态的最佳方式。平时一谈到体育锻炼，各个老师都以工作繁忙为借口不进行体育锻炼，长此以往下去，不仅身体机能跟不上发展，而且还会诱发各类职业病，其中就包括最常见的职业倦怠病。回顾教师的整天活动行程，我们发现教师除了授课时站在讲台上，其余时间都是坐着看书、批改作业等。就这样简单的肢体动作，非常不利于学生各个器官的协调运作，除此之外，严重还会导致精神不振、情绪倦怠等情况。

1.坚持体育锻炼

体育运动贵在坚持不懈。很多人锻炼身体往往是一曝十寒，三天打鱼，两天晒网，这种心血来潮的所谓体育活动，无法达到调养身心的目的。教师锻炼身体贵在持之以恒，当然也不必天天练习，一个星期坚持3～5次，足球、篮球等全身性、对抗性的运动每次1个小时左右即可，而乒乓球、羽毛球等运动的时间可适当延长。

2.保持健康饮食

均衡的饮食能为身体补充丰富的能量，让身体处在较为健康的状态之下。部分教师将“化压力为食量”作为转移烦恼、消除倦怠感的良方，长此以往下去形成暴饮暴食的恶习。一遇到压力不顺心的事情就通过这种方式来逃避。尤其是一些女性朋友非常喜欢一边是零食一边进行工作，特别是现在的工作环境是相互隔离的，相互之间没有了监督，吃起来更肆无忌惮。在这里给大家一些建议。

(1) 控制脂肪的摄食量，避免人体脂肪含量过高。

(2) 多食用水果、蔬菜以及带麸的谷物。

(3) 少吃熏肉或盐腌食物。

(4) 减低化学物的污染。

(5) 减少烟酒摄入。

(二) 寻求合理的专业期望

从古到今，教师这份职业被世人套上了太多光鲜亮丽的光环，这个光环在潜意识了影响着教师对自己的期望和目标。初任教师的人一般教学热情较高，总想着构建“乌托邦”式的教育，带着这种理想信念走进中小学，立志要用自己的全部生命投身于教育事业的践行事业中。这种不切实际假大空的理想抱负，再加上前期的准备工作不足，加之目前的教育实际与教育理论在某种程度上存在脱节，使之四处碰壁。

抛开社会期望，抛开初出茅庐的并不成熟的教育理念，以职业道德为导向，用冷静客观的心态寻找自己的专业期望，这个期望是符合自身实际水平的，是符合自身所处环境的。这可以通过设置合理的教师职业生涯规划目标得以实现。

(三) 紧跟时代步伐不要掉队

网络、科技的飞速发展，倒逼着教师不得不进行改革，否则单凭目前掌握的知识储备、信息使用能力，已完全无力扼守专业权威的地位。在新形势下，教师若再不根据新形式进行教育改革，跟不上“时代潮流”是迟早的事情。而且随着教育体制的改革，人才的不断涌入，加上教师的年龄等各种因素都在发生变化，如果不进行改革，那么日后不仅会影响自身的发展，而且还会拖慢教师发展的脚步。

许多教师的困惑来自于经常变动的教学安排，而教学安排的变化往往是教育改革发展的一个侧面体现，如果教师能够钻研教育改革发展趋向，也就能够很好地把握教育改革的脉搏，对于教学安排更具前瞻性与主动性。当对教育事业有一定驾驭能力之时，成就感随之而来，倦怠感相对降低甚至消失不见。

(四) 另觅他处

不断更换工作对职业发展并没有任何好处。大多情况下，年轻的一些中学教师并没有认真的考虑不满意目前工作的真正原因是什么，也没有清晰地辨别摆在眼前的机会究竟是不是自己真正想要从事的，就放弃了目前所从事的职业。

其实，这是教师在大学里的从教理性和社会现实之间的所产生的落差导致的，而并不是教师本身出现了什么问题，所以教师在换工作时一定要想清楚，另觅他处之后眼前的烦恼就能消除吗？当下的矛盾就能解决吗？其实需要改变的往往不是工作而是自己。教师完全可以通过调整生涯规划的方向与实施方法来缓和不悦的内心感受，让自己变得积极主动。

第七章

享受四时之景
——教师职业在不同时期的发展

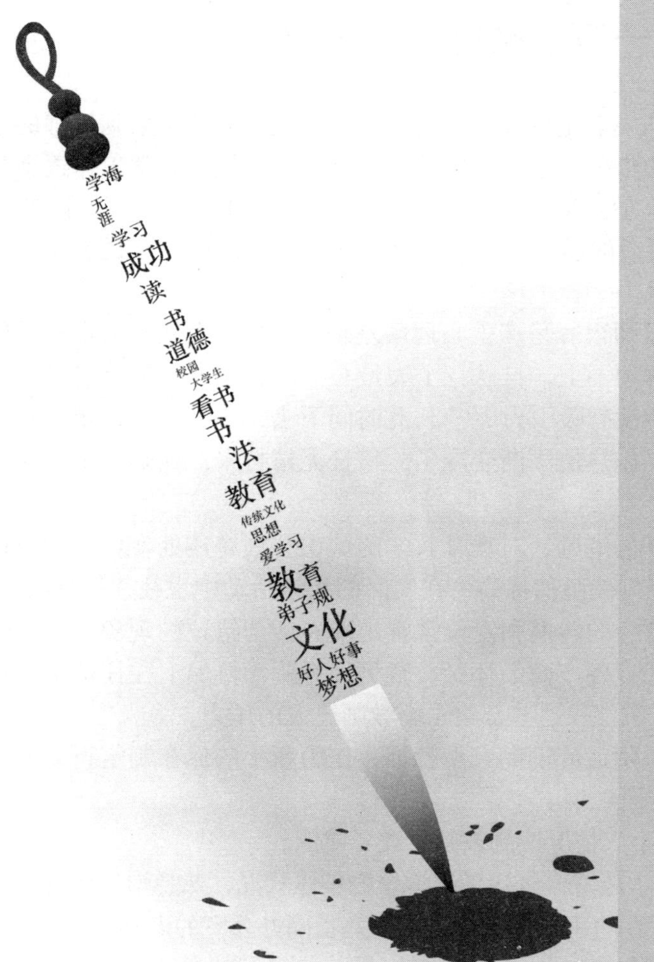

按照教师职业发展的五阶段论，可以把教师的职业生涯分为五个阶段，即职业适应期、职业成长期、职业成熟期、职业高原期、职业超越期，并分别为处在不同发展阶段的教师拟定个性化的行动方案。

目前你处在职业生涯的哪一阶段？这一阶段你应该如何度过？……在为自己描绘了美好的人生蓝图后，你还需要根据所处的职业生涯阶段来为自己策划一个具体的实施方案，否则，目标只是空中楼阁，永远也不可能实现。

第一节　教师职业的适应期

教师职业适应期一般是指教师在角色心理上完成了从学生到教师的过渡，全面进入教师的角色，逐渐适应学校和周遭的环境，教学工作逐渐步入正轨，但是在教学方法等方面还缺乏灵活性和创新性的时期。一般来说，师范院校处于实习阶段的学生和大学毕业从事教师职业 1 ~ 3 年的教师都处于教师职业的适应期。

步入适应期的教师很容易产生心理落差感。例如一个教师大学里学的心理学、教育学根本用不上，自己花了大量心血准备的课，就是自己都觉得索然无味，又怎会没有吸引力呢？长此时间下去，心理压力肯定会变得越来越大，原有的工作热情逐渐变冷了，整日无精打采，他陷入了深深的迷茫之中。

像这样刚刚入职的老师，对教育教学的认识和理解还处在体验和模仿阶段，专业知识技能发展亟待提高，在实际的教学活动中也往往循规蹈矩，灵活不足。而且其角色的转换和定位常常出现失衡与错位的现象。在人际关系方面，又面临来自各方面的怀疑、猜测和观望，再加上往往被学校作为工作的重点而备受关注，这些都给了新教师莫大的压力。

面对上述种种教师适应期的典型特征，作为新手的你在制定行动方案时不妨从以下几个方面着手。

(1) 根据自己的个人情况绘制教师生涯导航图。

(2) 尽快熟悉教学环境，包括了解学校的整体状况、熟悉学校的各项规章制度、了解自己所在的年级和班级、尽快熟悉同办公室的老师。

(3) 选择一位良师。选择一位优秀的老师作为自己的导师，通过对其教学及管理的先进经验的学习，尽快弥补自身的不足，加快成长的步伐。

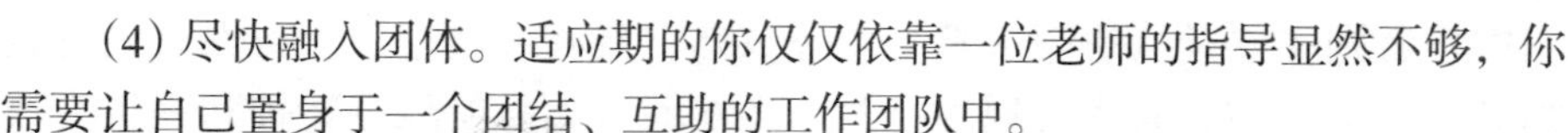

(4) 尽快融入团体。适应期的你仅仅依靠一位老师的指导显然不够，你需要让自己置身于一个团结、互助的工作团队中。

最后，要苦练教学基本功。作为一名老师，具备过硬的教学基本功将为终身的发展打下良好的基础。基本功包括知识更新能力，极强的处事应变能力、清醒且缜密的思维表达能力，时常与他人沟通进行学术上和情感上的交流，有科学的方法处理事务，提升自身的整体素质和能力。

第二节　教师职业的成长期

教师的发展期称之为教师职业的成长期，也就意味着对于教师来讲这是一个非常关键的时期，意味着角色要开始发生转变了。一般来说，入职以后第 4 ~ 7 年的老师便处于职业成长期。处于这一时期的老师已经适应并能胜任教师工作，对教师职业有了更深层次的认识。

处在这一时期，作为教师的你在做职业规划时，要注意以下几点。

(1) 正确分析自己，寻找发展的突破口。作为一名职业成长期的老师，在各个方面都有了一定的积累。

(2) 坚持学习，厚积薄发。成长期应该掌握扎实的专业基础知识、教学课程的整个知识体系和适用的相关知识是非常必要的。因为现今各门学科的知识都不是孤立的。此外，还要避免盲目地学习，要明确自己的学习方向。合理规划学习使自己的学习要做到规律化、应用化，即固定学习时间与学习内容，将学习与实践紧密结合，学以致用。

(3) 教师这个职业是一个需要不断突破、实践和反思的一个过程，所以学会通过反思来提升自己的能力，总结实践经验，寻找缺点差距是极其关键的。使自己的知识水平、教学经验等进一步提升。

(4) 构建和谐的师生关系。根据学生的特点，多了解学生，并时常在学习时的分组、提问、表扬中恰当地表现这种期望，都会使你在教育教学中产生巨大的亲和力，实现与学生心灵上的“零距离”。

第三节　教师职业的成熟期

当一个教师步入职业成熟期后，那么意味着它已经完全适应了教育工作的环境，对学生的自主权也是尽握手中。一般来说，入职以后第 8 ~ 20 年的老师处于这一时期，拥有一套属于自己的授课风格，逐渐成为学校教学骨干。当然了衡量教师是否成熟的标准，国内外学者有许多种说法。而

国内学者则主要是从思想成熟、业务成熟、身心成熟这三个方面去论述教师进入成熟期的。具体表现为：教师必须拥有无私的献身精神和一生为教育事业奋斗的决心，有高度的社会责任意识；具有观察了解学生的能力，具有信息组织、转换和传递能力，组织管理能力，教育科研能力，能够独立地和主动地开展多项复杂工作，能够灵活地处理事情；遇到困难与挫折时，有耐受力及调节力；具有清晰地自我分析、自我反思能力。[1]尽管有关成熟型教师的说法众说纷纭，但是他们还会具有普遍存在的特征，特征如下。

一、个体发展特征

处于成熟期的教师的典型年龄段为30到40岁。在人生这个阶段，他(她)们正处于事业发展的黄金期。从客观身体条件看，往往拥有强壮的身体，思维敏捷、想法有前瞻性、精力旺盛；极其敏感的选择判断能力，看待问题全面清晰，对自己的人生观、价值观、世界观有清晰明确的认识。这个阶段的教师，通常都已经是有家室的老师，这个人生轨迹和目标已经非常明了，所以他们会将大部分精力投入到自己的职业发展上，集中精力一心只为自己的事业奋斗，追求目标也更加明确。

在人格特征上，与新手型教师相比，熟手型教师性情较为随和，更能适应教学环境，更加关心和理解学生，对学生的管理更为民主，但在情绪稳定性和自我调节能力上仍不如专家型教师。[2]

二、教学策略与方法

相对于新手型教师，那些拥有丰富实践和教学经验的教师，他们对自己的整个教学流程和计划已经非常熟悉，而且形成了定性，难以改变，即使是不太受欢迎也难以改变。课前准备起来非常熟练，而且花费时间较少，但是相比较而言准备的课程就会显的套路化、模式化，而且极容易让人产生对课程不重视的认识。

在课堂控制上，熟手型教师的课堂教学控制水平更高。新手型教师尽管前期已经做足了功课，从计划到教案的书写真个过程做的是天衣无缝，但是整体观察下来，有呆板、教条、流于形式的成分在里面，只是为了完成任务而已，一旦遇到任何突发情况，也不会随机应变，表现得特别被动。

---

〔1〕 陈惠津. 教师职业成熟的阶段和标准[J]. 教育评论，2003，（5）.

〔2〕 连榕. 新手熟手专家型教师心理特征的比较[J]. 心理学报，2004，（2）.

相比较而言，熟手型教师就能在课堂上表现得非常流畅、从容淡定，准备的时间还非常少，计划和教案也不像新手那么充分，最主要的是遇到紧急情况，可以灵活变通随机解决。所以说经验和长时间的实践能力是非常关键的。通过熟手型教师和新手型教师的表现我们不难发现，正因为这一点才保证了熟手型教师的教学顺利有效地进行。

在课后评价方面，新手型教师关注周围人对他的评价，而熟手型教师更注重课堂的教学是否有效。他们的课后评价主要是以课堂教学是否成功作为标准，但是相对于专家型教师来说，对如何提高教学质量考虑得并不多。由此可见，熟手型教师还不善于进行课后反思。[1]

总起来说，成熟期教师在丰富经验的支撑下，形成了自己独特的教学风格，处于教育智慧不断迸发和生成的阶段。

成熟期处于个人职业发展的决胜阶段，如果能够把握好现有的条件并且发挥得当，那么像很高层次发展将成为一种可能；但是相反的如果没有把握住好的时机，那么你可能会停滞不前，一直留在熟练的工匠地位，甚至步入职业高原期，职业从此有下坡路。所以处在教师职业成熟期的你在制定行动方案时要围绕以下几个方面进行。

(1) 要有成就意识。心理学上有这样一项法则“人的智能减退法则”，这则法则说明一个这样的道理，那就是当智力不断使用、开发，智力的潜力将是不可估量，提升的空间巨大；相反而言当智力长期不使用就会秀逗，会自动减弱的。而成就意识就是开发智力的一剂催化剂，最为一名老师，但凡拥有了积极向上的教育态度，就会拥有冲破一切常理无法想象的潜力。比如之前听到这样的故事，普通话不好的老师，朗读的课文却是那么的令人振奋；字写得特别难看的老师，板书好到让人不忍离开双眼。这些看是极其普通的故事，之所以会产生惊人的结果，都离不开成就意识的催化。

(2) 加入专业组织。处于成熟期这个阶段的老师专业化对他们的帮助极大。它可以让教师可以跳出这个熟悉且范围受限的圈子，与同行的其他人进行实时的沟通交流。目前这些组织在研究教育教学方法上算是最为前沿的平台了，对提升教师的水平有极大的益处。

(3) 加强对教育发展的前瞻性和预见性。有一位名人指出：“眼光决定前景，心态决定命运。”

(4) 处于成熟期，是否有超前的眼光和开阔的心境是决定你日后发展的关键。在进行实践科研的时候，尤其要开阔自己的视野，多方面地学习和

---

〔1〕 连榕. 教师职业生涯发展[M]. 北京：中国轻工业出版社，2010.

汲取信息，以使自己更快地迈进新的发展阶段。

(5) 不断积累。环境一般是自己创造的。所以教师要善于利用现有的资源和条件营造属于自己的环境。比如通过多做一些任务和勇于承担一些责任可以更好地让领导们看到你的能力并且获得认可，确立自己在学校中的地位；多参加一个教学科研项目，检测自己的能力并且向专家学习，不断提升自己的专业方面的能力，获取舆论界和行政领导的扶植，为自己的专业成长赢得全方位的支持。

第四节　教师职业的高原期

职业发展高原期是指教师成长过程中的一个相对静止的状态。多数老师在入职以后的20～30年间，会处于“高原”状态，即教育教学水平停滞不前，甚至出现倒退的情况，渐渐丧失对教育工作的热情。

一、正确认识高原期

“高原现象”本是教学心理学中的一个概念，是职业发展中一种规律性的现象，同时也是因自己的一些消极因素造成的。当然了遇到职业高原期有时候也并非坏事，只要合理归因，积极面对，客观看待自身存在的问题和职业发展的现状，进行合理的调整和拓展，为自己找到新的发展目标和前进方向，通过自己的努力，最终可以克服高原现象，并有可能为今后的发展奠定更好的基础，使职业发展更上一层楼。

美国职业心理学家最早提出“职业高原”现象，拟为“职业高原是指在个体职业生涯中的某个阶段，个体获得进一步晋升的可能性很小”。高原期的特殊状况往往会影响教师的职业发展。

作为教师的你，不妨认真回想一下，你是否有上述案例中那两位老师遭遇的困境，是否常常感到有不同程度的挫折或者倦怠感，是否觉得自己正徘徊在教师职业生涯的十字路口，不知道该何去何从。

从年龄上看，处于高原期的老师一般都在40岁左右。首先表现为体能的下降，你是否感觉自己常常力不从心，失眠、多梦，如果身体被查处有疾患，就会在思想上也有负担。

其次，处在高原期的老师往往缺乏成就动机，因为处于这一时期的老师往往评上了高级职称，滋长了自满情绪，失去了专业发展的热情和动力，对未来没有太大的期许，因为缺乏目标而彷徨不前，就像案例中的孙老师那样，只想多照顾家庭。

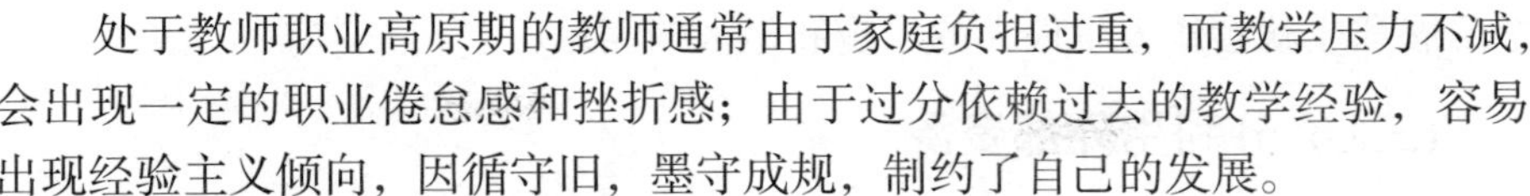

处于教师职业高原期的教师通常由于家庭负担过重，而教学压力不减，会出现一定的职业倦怠感和挫折感；由于过分依赖过去的教学经验，容易出现经验主义倾向，因循守旧，墨守成规，制约了自己的发展。

还有一部分老师走入职业高原期是因为过分看重和依赖过去积累的教学经验，不愿意求新求变，习惯于按过去的经验办事，因循守旧，墨守成规，排斥新观念、新方法，这样就限制了自己向更高层次发展。

二、高原期教师生涯规划的要点

针对高原期老师的种种特征，如果你处于高原期，在为自己的未来做规划时要从以下几个方面着手。

(一) 客观分析自己，寻找发展的突破口

要想攀登高峰，就要找到适合的路。作为一名处于成熟期的教师，不论在教学还是育人等方面都有了一定的积累和沉淀，对职场和自我提升的认识均有了质的提升。这时，能否正确客观地认识自己、分析自己，并在此基础上寻找适合自己的发展定位，就显得尤为重要。正所谓“金无足赤，人无完人”，每个教师都有自身的优势，因此要在准确定位自己的基础上，找到职业发展的突破口，以新的目标激励自己，充分发挥自己的优势，引领自己走向职业生涯的更高峰。所以说，如果你已经有相当一段时间都没有思考过自己未来的只有发展前景或者从来是不曾思考过，那么此刻的你不妨安静下来，即使是简单的请他人评估一下，抑或借助其他工具，再或者进行一次彻底的自我审视，你都要重新利用我们在前面介绍过的方法认真审视自己，重新为自己确立一个明确的目标。不妨问自己以下三个问题：我想往哪一方面发展？我能往哪一方面发展？我可以往另一方面发展？

(二) 努力培养成就意识

教师的自我成就意识即教师个人确立的职业目标、专业方向及个人的成才志向等，是教师取得成功的精神力量和个人特质。在职业生涯中，教师职业成就意识的培养非常重要。成就意识就是激发教师智能潜力的催化剂，作为教师，只要有了积极的教育态度，就会有突破常理的超越。因为拥有了成就意识，教师就会不满足于现状，会努力去探求更高的发展目标，表现出教育的主动性和创造性，并且享受着探索路上的种种欢乐和痛苦，

把发展和成就看作人生最大的乐趣和最大的满足。[1]

（三）充分利用外部资源

教师职业能力的突破性发展，既需要在校内与同事的相互合作，也需要在更广阔的领域内与同行进行多方面的交流。只有这样，教师才能不断提高他们的理论修养，不断学习到各种前沿的教育理论和教育科学知识，从而摆脱停滞状态，走出职业发展的“高原期”，获得新的发展。处于成熟期的教师，大多已经确立了自己的骨干地位，在发展的校内校外条件上都有了一定的积累，因此要有意识地利用好这些条件和资源，为自己创造最优的发展环境。如主动要求承担额外的责任或任务，进一步展示自己的能力；主动参与教学科研项目，得到专家的引领等等。

（四）不断进行自我反思

对于成熟期的教师来说，具备强烈的自我反省意识，能够帮助教师更快地达成自我发展的目标。教师反思的维度可以从四个方面人手：第一，我们可以从我们自身的历练中认识自己。任何一位教师的成长经历都蕴藏着他（她）的体验和经验，从而可以了解他（她）生活的是怎样的环境。但是，所谓的经历并不能说明它们得到了反思，要想推进教师的进步和发展，我们要不断地对它们进行理解、分析和批判。第二，我们可以经过学生的眼睛认识自己。教师有好的教学方法和最后的结果的重要性是取决于学生对自己的教学的反思与认可。所以，学生的反应和学习效果让很多优秀教师来调整自己的教学进度和教学行为，同时把学生的学习效果当作是自己教学成就得重要反思标准。第三，我们可以从同事的建议中认识自己。同事的建议和帮助，让教师认识自己的教学是非常重要的，只有这样他们才能更有效地对自己的教学实践起到更客观和批判性的反思。最后，我们应该从理论解读中认识自己。系统理论可以从各个方面帮助教师审视教学的纰漏，以及为教师自身提供更多的实践的机会，又或者有助于教师清晰地认识到自身的所作所为以及思想方面的支持。

当然了除了上面所讲的这些方法之外，处于高原期的你还可以在必要的时间里适当的找寻组织的帮助。经常性的与学校的领导流通交流，反映你目前遇到的问题以及在工作中的一些改进建议，让他们可以实时的掌握你的动态及发展愿望，必要时候让他们助你一臂之力。必要时候向上级教

〔1〕 程振响．教师职业生涯规划与发展设计[M]．南京：南京师范大学出版社，2009.

研部门申请一些有助发展的信息资源。这不失为一些有效的方法，可以帮助你顺利地走出高原期。

其实，处于高原期并不可怕，是作为教师的你成长过程中的正常现象。进入高原期不必紧张，过分的紧张反而会适得其反，只要利用我们所推荐的方法，摆正心态，积极学习，你就一定能快速平稳地度过高原期！

第五节　教师职业的超越期

跨越了成长期、成熟期，攀越了职业生涯的“高原平台”，教师实现职业理想的终极目标时，也就进入了教师职业生涯中的超越期。这是教师职业生涯进入收获期的一个重要阶段，一个普通老师经过二三十年的努力才有可能达到这一阶段。处于这一阶段的老师对教师职业和教育工作都有独到的理解，他们已把教育理想升华为教育信念；将教育当作一种事业、一种生活方式、一种艺术，可以醉人而不知，育人而不觉，他们一般具有稳定而持久的职业动力、个性化的教学风格与模式、先进独创的教学思想和理论、丰富而突出的教学科研成果。知识水平、业务技能、经验积累、教学成绩、专业发展水平、社会影响力等都达到了较高程度。在现有的教师评价体系下，他们往往被界定为“学科带头人”“特级教师”乃至“教学名师”等，成为专家型教师。[1]

能经过“成长期”“成熟期”并最终进入“创造期”，并不是每个老师都能做到的，即我们所说的超越期。一个教师理想的终极目标就是进入自我超越阶段。他们都具有稳定而持久的职业动力、显著的创新精神、个性化的教学风格，在社会上有一定的影响力和知名度。

处于超越期的老师就是我们常说的“‘专家型’教师”“特级教师”“名师”。是不是处于这一阶段的老师就不用规划自己的未来了呢？显然不是，有些老师就仍然在规划自己的未来发展道路，不满足于现在取得的成就。

处于这一时期的你，在制定行动方案时有着与其他阶段不同的要领和要求。除了自我实现外，还要善待学生，善于抓住机遇，乐于进行教育科学研究，乐于和其他同事分享自己的成功经验，还要乐于向其他同事学习，并在此基础上不断总结经验，当然，还不忘拥抱乐观的健康生活。

总之，生活是多姿多彩的，教学也是二种生活方式，处于超越期的你

〔1〕　程振响．教师职业生涯规划与发展设计[M]．南京：南京师范大学出版社，2009.

不仅要有执着的人生追求、过人的专业技能，而且必须有健康的心理、积极的生活态度。你有什么样的情怀，就有什么样的处世方式；有什么样的期许，就有什么样的行为；以什么样的态度对待生活，生活对自己也会有什么样的回报。

第六节　教师职业生涯发展案例

一、教师职业生涯发展阶段

教师从具备教师身份到退休大约有几十年的时间。在这漫长的教师职业生涯中，也会表现出职业发展的阶段性特点。与其他职业生涯一样，教师的职业生涯发展也遵循一定的规律，在不同的阶段具有不同的发展任务，这与教师进入职场的时间、自身的年龄、人生发展阶段、职业阶段等有着密切的关系。

关于教师职业生涯规划的概念，最早由美国麻省理工学院的施恩教授提出，而后，研究者们开始关注教师职业过程的不同发展阶段。如 1969 年，福勒（Frances tulle）提出了教师职业过程包括教学前关注、早期生存关注、关注教学情境和关注学生四个阶段；20 世纪 70 年代，Unruh 和 Turner 提出教师职业发展阶段包括出事教学期、建构安全期和成熟期的观念。1973 年，Gregor 通过观察伊利诺伊州部分中学教师的职业发展，提出教师的职业发展阶段包括形成期、成长期、成熟期和专业全能期。到 20 世纪 80 年代，KevinRyan 等在俄亥俄州立大学进行的一系列教师职业生涯发展的质性研究基础上，提出了教师职业生涯周期理论，具体的教师职业发展阶段包括职前期、职初期、能力建构期、热情与成长期、职业挫折期、稳定与停滞期、职业消退期和离岗期。20 世纪 90 年代，关于教师职业生涯发展的研究以美国亚利桑那州立大学心理学教授 Berliner 和 Sternberg 的研究为代表。这些研究使教师的职业发展有了规律可循，对教师职业生涯发展规划的指导提供了科学的依据。

“职业高原”一词来源于英文 Career Plateau，Plateau 有两层含义：在地理中的“高原”，或特指一个稳定不变的水平、阶段或状态，即发展的平稳

期、稳定状态或停滞状态。很多学者认为，职业高原现象对个体的发展会产生负面性影响，如工作投入程度更低，工作绩效更差，离职意向更高等。但也有学者认为，职业高原是一种正常现象并且为个体承担更多的职责作准备，并且职业高原对个体的士气、组织效率产生正面影响或负面影响取决于个体的个人目标和组织环境。教师是职业高原的易发群体。

1992年，张继安在《中小学管理》上发表了《教师能力发展中的高原现象》，在教师职业高原中将其概念引入到教育领域中它可以称得上是最早的一文，至此我国的教师职业高原逐步兴起。接下来是几位学者从不同角度对教师职业高原进行了阐述，[1]章学云认为，教学水平与工作年限是呈正相关的，新任教师在职业中适应能力比较强，一段时间后将会出现教学技能迟缓现象，极大可能出现下滑，当他们大约有6年的经验，这个阶段属于基本定型期，会出现停滞不前的现象，进入“职业高原”期[2]。从心理学的角度考虑，寇冬泉和张大均认为，职业高原相当于考验一名教师从一阶段到另一阶段所必备的职业技能的进步，以及在心里和行为上的基本表现，并将职业高原结构分为层级高原中心化高原、内容高原和职级高原。[3]

教师进入职业高原阶段后，这个阶段他们会产生一种普遍想象，出现职业认同危机，在教学中发生明显的变化，安于现状不会寻求新的教学方案，通常会显得力不从心，对自身的职责范围也抱着模棱两可的态度，欠缺作为一名教师所具备的积极、创新的态度，以至于每天反反复复进行教学。身处职业高原阶段的教师往往职业情感逐渐淡漠，职业水平发展停滞、工作投入减少、晋升机会缺乏的状态。

国内研究者曾进行过探讨关于为什么会出现教师职业高原的这一现象，诸多学者发出声音，其中连蓉认为，造成职业高原的最大原因是教师在教学的过程中的职业压力，他们产生这种心理主要是由于对社会、环境及学校的期望值过高所造成的。[4]徐长江认为，职业高原对于一名从事十余年的教师职业的一种正常想象，[5]宋智灵则认为，教师出现高原现象是由于学校对其的培训过少，以致长时间的处于同一水平面停滞不前，甚至出现

---

〔1〕 张继安.教师能力发展中的高原现象[J].中小学管理，1992，（5）.

〔2〕 章学云.中小学教师高原现象的研究评述[J]. 师资培训研究，2005，（3）.

〔3〕 冬泉，张大均. 教师职业生涯高原现象的心理学阐释[J]. 中国教育学刊，2006，（4）.

〔4〕 连榕，张明珠. 教师成长中的“职业高原”现象之有效应对[J]. 教育评论，2005，（3）.

〔5〕 徐长江，钟晨音.教师职业高原期的培养对策[J].天津教育，2005，（2）.

滑坡现象；进而教师心理会产生失落感；当下社会的形势复杂从而对教师加大了严格要求致使教师压力过大。[1]王惠卿认为，造成教师的职业高原现象[2]是由于教学的单一，没有先进的培训以及得不到相应的支持和鼓励，又或者教师自身的效能感不足等等原因。

综合以上分析，我们认为教师职业高原的原因可以从教师、学校和社会三个方面进行分析：教师方面，教师的人格特征，心理挫折、认知偏差、价值取向、需求的满足程度可能是主要原因；在学校方面，是否具有公平的竞争机制、教学生态、职业进步机会以及职业压力等可能是主要原因；在社会方面，巨大的职业压力、片面的评价、社会地位以及和社会比较的不协调等可能成为教师进入职业高原阶段的主要原因。此外，教师个体、学校以及社会环境的多方面交叉作用，可能是教师进入职业高原的关键影响因素。

二、解读教师职业生涯发展案例

根据以上的教师生涯发展阶段论，教师的生涯根据其发展形态和发展重点任务，可以将教师生涯分为“适应”与“发现”期、稳定期、试验期或重新评价期和退离教职期。我们拟利用教师发展的生涯故事，帮助读者更好地理解教师生涯要经历的这些阶段。

(一)“适应”和“发现”期

作为一名新上任的教师，往往会面临两种境况，即“适应”和“发现”，何为“适应”，新任教师面对陌生的环境、紧张的师生关系、工作的紊乱再加上自身对教学经验的欠缺，难免显得力不从心；但是在他们心里还是比较兴奋的，他们发现此刻的自己受人爱戴且尊重，同时拥有自己的学生及讲台，还可以和新同事一起规划教学方案等，因此积极乐观的心里早已驱赶了消极的恐惧。

(二)稳定期

新任教师必须面临稳定期这一常规现象，主要包括两个基本点：教育稳定和专业知识，前者体现的是新任教师通过学生的成绩及自身差异对其进行不同的备案教学，梳理一套属于自己的教学风格和适应教学的课堂

〔1〕 宋智灵．教师职业高原现象探析[J].泰山学院学报，2007，（1）.
〔2〕 王惠卿．教师职业生涯“高原现象”原因与对策分析[J].中国教师，2007，（11）.

环境；后者强调的是对自己所选择的专业必须付诸行动，进而承担该有的责任。

(三) 试验期或重新评价期

当新任教师熟悉了学校环境之后，则会出现一种现象，他们感觉自己所在职责范围内的工作不具有挑战性开始有不安于现状的想法了。有的开始关注学校管理层的漏洞，有的开始对教材和学生以及教学进行改革，他们各自运用不同的方式来与学校的阻挠进行征服。

一名教师的职业危险期是从稳定期到重新评定期这一重要阶段。他们已经开始有“跳槽”的概念再次审视自身所处的环境决定是否在一生中只做这一件事，假若准备其他项目，那么就赶早不赶晚，太晚担心被其他行业拒之门外。据调查，教师中大约有 43% 的比例有这种想法，可怕的是在教龄 7 ~ 15 年的阶段是职业危险期的最高峰。

(四) 平静期和保守期

在 20 ~ 30 年的教龄阶段，大多数教师已经没有当年激情澎湃的心气而去重新找出路，现阶段，他们已经开始怀念过去吧，安逸的教学生涯，随着自己的性子做感兴趣的事情，并且对自己的教学充满了激情和信心。由于教龄和保守主义的原因早已将激进主义抹灭趋向平静的心态，他们开始变得谨慎小心，进而安心地从事自己的教学工作。

(五) 退离教职期

教师专业生涯的最后阶段便是退休。从社会学上讲，这是自然的新陈代谢，为年轻人的成长和新的观念发展提供机会。而对教师个人来说，却是职业生涯的总结，有些人是平静地离开教职，更多的教师可能心里充满着悲伤的情怀[1]。

---

〔1〕 陈永明，钟启泉. 现代教师论[M]. 上海：上海教育出版社，1996.

参考文献

[1] 刘素梅．教师职业生涯规划策略 [M]. 长春：东北师范大学出版社，2010.

[2] 徐碧美. 追求卓越——教师专业发展案例研究 [M]. 陈静、李忠如译．北京：人民教育出版社，2003.

[3] 董丽敏. 高耀明等译. 教师职业生涯周期——教师专业发展指导 [M]. 北京：中国轻工业出版社，2005.

[4] 李海芬. 教师职业生涯规划与策略 [M]. 重庆：重庆大学出版社，2014.

[5] 赵振杰. 习惯教育论——一种教育哲学的思考角度 [M]. 浙江：浙江大学出版社，2008.

[6] 申继亮. 教学反思与行动研究 [M]. 北京：北京师范大学出版社，2008.

[7] 吕洪波．教师反思的方法 [M]. 北京：教育科学出版社，2006.

[8] 张再生．职业生涯管理 [M]. 北京：经济管理出版社，2002.

[9] 孙孔鼓．学校时间管理学 [M]. 南京：江苏教育出版社，1990.

[10] 伍新春，张军. 教师职业倦怠预防 [M]. 北京：中国轻工业出版社，2008.

[11] 刘兴富，刘芳.教师专业化发展的理论与实践 [M].上海：光明日报出版社，2010.

[12] 吴江．职业生涯发展 [M]. 北京：中国劳动社会保障出版社，2008.

[13] 林荣瑞．管理技术 [M]. 厦门：厦门大学出版社，2000.

[14] [美] 布鲁克菲尔德（Stephen. D. Brookfield）. 批判反思型教师 ABC[M]. 张伟译．北京：中国轻工业出版社，2002.

[15] 史蒂芬・柯维著. 高效能人士的七个习惯 [M]. 王亦兵等译. 北京：中国青年出版社，2008.

[16] 陈峰．教育就是习惯培养[M]．北京：九州出版社，2008．

[17] 张莹．如何进行职业生涯规划和管理[M]．北京：北京大学出版社，2004．

[18] 朱林生．中小学教师职业生涯规划与管理研究[M]．苏州：苏州大学出版社，2015．

[19] 黄艳芳．教师职业生涯发展与管理[M]．桂林：广西师范大学出版社，2010．

[20] 程振响．教师职业生涯规划与发展设计[M]．南京：南京师范大学出版社，2007．

[21] 刘素梅．教师的职业生涯与规划[M]．上海：华东师范大学出版社，2010．

[22] 金忠明，林炊利．教师，走出职业倦怠的误区[M]．上海：华东师范大学出版社，2011．

[23] 石恢．生涯规划与自我实现[M]．广州：广东世界图书出版公司，2010．

[24] 杜秀芳．教师职业生涯规划与发展[M]．上海：华东师范大学出版社，2015．

[25] 吕洪波．教师反思的方法[M]．北京：教育科学出版社，2006．

[26] 申继亮．教学反思与行动研究[M]．北京：北京师范大学出版社，2008．

[27] 黄艳芳．教师职业生涯发展与管理[M]．桂林：广西师范大学出版社，2010．

[28] 陈惠津．教师职业成熟的阶段和标准[J]．教育评论，2003，(5)．

[29] 苏秋萍．教师专业发展阶段论对教师教育的启示[J]．广西教育学院学报，2009，(6)．

[30] 李其龙，陈永明．教师教育课程的国际比较[M]．北京：教育科学出版社，2002．

[31] 李宝元．职业生涯管理：原理・方法・实践[M]．北京：北京师范大学出版社，2007．

[32] 申继亮．教师人力资源开发与管理：教师发展之源[M]．北京师范大学出版社，2006．

[33] 赵瑛．传统性教师评价与发展性教师评价的比较研究[J]．辽宁教育研究，2001，(10)．

[34] 赵昌木．教师反思的维度[J]．早期教育（教师版），2004，(7)．

[35] 张天乾，庞湘萍．反思性教学与教师职业发展[J]．北京航空航天

大学学报(社会科学版)，2003，(4).

[36] 杨雪梅.学会管理自己更重要[N].中国教育报，2008—10—7.

[37] 饶素玉，何应林.论反思与“双师型”教师的职业生涯发展[J].科技信息，2006(5).

[38] 王少非.教师专业发展规划：意义、内容策略[J].中国教育学刊，2006，(2).